MEDO LÍQUIDO

Obras de Zygmunt Bauman:

- 44 cartas do mundo líquido moderno
- Amor líquido
- Aprendendo a pensar com a sociologia
- A arte da vida
- Babel
- Bauman sobre Bauman
- Capitalismo parasitário
- Cegueira moral
- Comunidade
- Confiança e medo na cidade
- A cultura no mundo líquido moderno
- Danos colaterais
- O elogio da literatura
- Em busca da política
- Ensaios sobre o conceito de cultura
- Estado de crise
- Estranho familiar
- Estranhos à nossa porta
- A ética é possível num mundo de consumidores?
- Europa
- Globalização: as consequências humanas
- Identidade
- A individualidade numa época de incertezas
- Isto não é um diário
- Legisladores e intérpretes
- Mal líquido
- O mal-estar da pós-modernidade
- Medo líquido
- Modernidade e ambivalência
- Modernidade e Holocausto
- Modernidade líquida
- Nascidos em tempos líquidos
- Para que serve a sociologia?
- O retorno do pêndulo
- Retrotopia
- A riqueza de poucos beneficia todos nós?
- Sobre educação e juventude
- A sociedade individualizada
- Tempos líquidos
- Vida a crédito
- Vida em fragmentos
- Vida líquida
- Vida para consumo
- Vidas desperdiçadas
- Vigilância líquida

Zygmunt Bauman

MEDO LÍQUIDO

Tradução:
Carlos Alberto Medeiros

Copyright © 2006 by Zygmunt Bauman

Tradução autorizada da primeira edição inglesa, publicada em 2006 por Polity Press, de Cambridge, Inglaterra.

Grafia atualizada segundo o Acordo Ortográfico da Língua Portuguesa de 1990, que entrou em vigor no Brasil em 2009.

Título original
Liquid Fear

Capa e imagem
Bruno Oliveira

Revisão
Adriana Moreira Pedro

Dados Internacionais de Catalogação na Publicação (CIP)
(Câmara Brasileira do Livro, SP, Brasil)

Bauman, Zygmunt, 1925-2017
  Medo líquido / Zygmunt Bauman ; tradução Carlos Alberto Medeiros. – 1ª ed. – Rio de Janeiro: Zahar, 2022.

  Título original: Liquid Fear.
  ISBN 978-65-5979-054-8

  1. Ansiedade 2. Civilização moderna – Século 20 3. Globalização – Aspectos sociais 4. Medo 5. Pós-modernismo – Aspectos sociais I. Medeiros, Carlos Alberto. II. Título.

21-92809 CDD:152.46

Índice para catálogo sistemático:
1. Medo : Psicologia   152.46

Eliete Marques da Silva – Bibliotecária – CRB-8/9380

[2022]
Todos os direitos desta edição reservados à
EDITORA SCHWARCZ S.A.
Praça Floriano, 19, sala 3001 – Cinelândia
20031-050 – Rio de Janeiro – RJ
Telefone: (21) 3993-7510
www.companhiadasletras.com.br
www.blogdacompanhia.com.br
facebook.com/editorazahar
instagram.com/editorazahar
twitter.com/editorazahar

· **Sumário** ·

Introdução:
Sobre a origem, a dinâmica e os usos do medo   7

1. O pavor da morte   35

2. O medo e o mal   74

3. O horror do inadministrável   96

4. O terror global   126

5. Trazendo os medos à tona   168

6. O pensamento contra o medo   208

Notas   231
Índice remissivo   237

· **Introdução** ·

Sobre a origem, a dinâmica e os usos do medo

> O medo tem muitos olhos
> E enxerga coisas no subterrâneo.
> **Miguel de Cervantes Saavedra,**
> *Dom Quixote*

> Não é preciso uma razão para ter medo...
> Fiquei amedrontado, mas é bom ter medo sabendo por quê...
> **Émile Ajar (Romain Gary),** *La vie en soi*

> Permitam-me afirmar minha crença inabalável de que a única coisa que devemos temer é o próprio medo.
> **Franklin Delano Roosevelt,**
> *Discurso de posse*, 1933

Bizarro, embora muito comum e familiar a todos nós, é o alívio que sentimos, assim como o súbito influxo de energia e coragem, quando, após um longo período de desconforto, ansiedade, premonições sombrias, dias cheios de apreensão e noites sem sono, finalmente confrontamos o perigo real: uma ameaça que podemos ver e tocar. Ou talvez essa experiência não seja tão bizarra quanto parece se, afinal, viermos a saber o que estava por trás daquele sentimento vago, mas obstinado, de algo terrível e fadado a acontecer que ficou envenenando os dias que deveríamos estar aproveitando, mas que de alguma forma não podíamos – e que tornou nossas noites insones... Agora que sabemos de onde vem o golpe, também sabemos o que possamos fazer, se há algo a fazer, para afastá-lo – ou pelo menos aprendemos como é limitada nossa capacidade de emergir incólumes e que tipo de perda, dano ou dor seremos obrigados a aceitar.

Todos nós já ouvimos histórias de covardes que se transformaram em intrépidos guerreiros quando confrontados com um "perigo real"; quando o desastre que tinham esperado, dia após dia, mas em vão tentavam imaginar, finalmente ocorreu. O medo é mais assustador quando difuso, disperso, indistinto, desvinculado, desancorado, flutuante, sem endereço nem motivo claros; quando nos assombra sem que haja uma explicação visível, quando a ameaça que devemos temer pode ser vislumbrada em toda parte, mas em lugar algum se pode vê-la. "Medo" é o nome que damos a nossa *incerteza*: nossa *ignorância* da ameaça e do que deve ser *feito* – do que pode e do que não pode – para fazê-la parar ou enfrentá-la, se cessá-la estiver além do nosso alcance.

A experiência de viver na Europa do século XVI – o tempo e o lugar em que nossa Era Moderna estava para nascer – foi resumida por Lucien Febvre, de maneira clara e admirável, em apenas quatro palavras: "*Peur toujours, peur partout*" ("medo sempre e em toda parte").[1] Febvre vinculava essa ubiquidade do medo à escuridão, que começava exatamente do outro lado da porta da cabana e envolvia o mundo situado além da cerca da fazenda. Na escuridão, tudo pode acontecer, mas não há como dizer o que virá. A escuridão não constitui a causa do perigo, mas é o habitat natural da incerteza – e, portanto, do medo.

A modernidade seria o grande salto à frente: para longe desse medo, na direção de um mundo livre do destino cego e impenetrável – a estufa dos temores. Como ruminou Victor Hugo,[2] de modo melancólico e de vez em quando altamente lírico: introduzido pela ciência ("a tribuna política será transformada numa tribuna científica"), chegará o tempo do fim das surpresas, das calamidades, das catástrofes – mas também das disputas, das ilusões, dos parasitismos... Em outras palavras, um tempo livre de toda a matéria de que são feitos os medos. O que deveria ser uma rota de fuga, contudo, revelou-se, em vez disso, um longo desvio. Cinco séculos depois, para nós que estamos na outra extremidade do imenso cemitério de esperanças frustradas, o veredicto de Febvre parece – mais uma vez – notavelmente adequado e atual. Vivemos de novo numa era de temores.

O medo é um sentimento conhecido de toda criatura viva. Os seres humanos compartilham essa experiência com os animais. Os estudiosos do comportamento animal descrevem de modo altamente detalhado o rico repertório de reações dos animais à presença imediata de uma ameaça que ponha em risco suas vidas – que todos, como no caso de seres humanos ao enfrentar uma ameaça, oscilam entre as alternativas da fuga e da agressão. Os humanos, porém, conhecem algo mais além disso: uma espécie de medo de "segundo grau", um medo, por assim dizer, social e culturalmente "reciclado", ou (como o chama Hughes Lagrange em seu fundamental estudo do medo)[3] um "medo derivado" que orienta seu comportamento (tendo primeiramente reformado sua percepção do mundo e as expectativas que guiam suas escolhas comportamentais), quer haja ou não uma ameaça imediatamente presente. O medo secundário pode ser visto como um rastro de uma experiência passada de enfrentamento da ameaça direta – um resquício que sobrevive ao encontro e se torna um fator importante na modelagem da conduta humana mesmo que não haja mais uma ameaça direta à vida ou à integridade.

O "medo derivado" é uma estrutura mental estável que pode ser mais bem descrita como o sentimento de ser *suscetível* ao perigo; uma sensação de insegurança (o mundo está cheio de perigos que podem se abater sobre nós a qualquer momento com algum ou nenhum aviso) e vulnerabilidade (no caso de o perigo se concretizar, haverá pouca ou nenhuma chance de fugir ou de se defender com sucesso; o pressuposto da vulnerabilidade aos perigos depende mais da falta de confiança nas defesas disponíveis do que do volume ou da natureza das ameaças reais). Uma pessoa que tenha interiorizado uma visão de mundo que inclua a insegurança e a vulnerabilidade recorrerá rotineiramente, mesmo na ausência de ameaça genuína, às reações adequadas a um encontro imediato com o perigo; o "medo derivado" adquire a capacidade da autopropulsão.

Já foi amplamente observado, por exemplo, que a opinião de que "o mundo lá fora" é perigoso e é melhor evitá-lo é mais comum entre pessoas que raramente saem à noite – se é que chegam a sair –, quando os perigos parecem mais aterrorizantes. E não há como saber se essas pessoas evitam sair de casa devido ao senso de perigo ou se têm medo dos perigos indizíveis à espreita nas ruas escuras porque, na ausência do hábito, perderam a capacidade de lidar com a presença de uma ameaça ou tendem a deixar correr solta a imaginação já aflita pelo medo, ao carecer de experiências pessoais diretas de ameaça.

Os perigos dos quais se tem medo (e também os medos derivados que estimulam) podem ser de três tipos. Alguns ameaçam o corpo e as propriedades. Outros são de natureza mais geral, ameaçando a durabilidade da ordem social e a confiabilidade nela, da qual depende a segurança do sustento (renda, emprego) ou mesmo da sobrevivência no caso de invalidez ou velhice. Depois vêm os perigos que ameaçam o lugar da pessoa no mundo – a posição na hierarquia social, a identidade (de classe, de gênero, étnica, religiosa) e, de modo mais geral, a imunidade à degradação e à exclusão sociais. Mas numerosos estudos mostram que, nas consciências dos sofredores, o "medo derivado" é facilmente "desacoplado" dos perigos que o causam. As pessoas às quais ele aflige com o sentimento de insegurança e vulnerabilidade podem interpretá-lo com base em qualquer dos três tipos de perigos – independentemente das (e frequentemente em desafio às) evidências de contribuição e responsabilidade relativas a cada um deles. As reações defensivas ou agressivas resultantes, destinadas a mitigar o medo, podem assim ser dirigidas para longe dos perigos realmente responsáveis pela suspeita de insegurança.

O Estado, por exemplo, tendo encontrado sua *raison d'être* e seu direito à obediência dos cidadãos na promessa de protegê-los das ameaças à existência, porém não mais capaz de cumpri-la (particularmente a promessa de defesa contra os perigos do segundo e terceiro tipos) – nem de reafirmá-la responsavelmente em vista da rápida globalização e dos mercados crescentemente extraterritoriais –, é obrigado a mudar a ênfase da "proteção contra o medo" dos perigos à segurança social para os perigos à segurança pessoal. O Estado então "rebaixa" a luta contra os medos para o domínio da "política de vida", dirigida e administrada individualmente, ao mesmo tempo em que adquire o suprimento de armas de combate no mercado de consumo.

O que mais amedronta é a ubiquidade dos medos; eles podem vazar de qualquer canto ou fresta de nossos lares e de nosso planeta. Das ruas escuras ou das telas luminosas dos televisores. De nossos quartos e de nossas cozinhas. De nossos locais de trabalho e do metrô que tomamos para ir e voltar. De pessoas que encontramos e de pessoas que não conseguimos perceber. De algo que ingerimos e de algo com o qual nossos corpos entraram em contato. Do que chamamos "natureza" (pronta, como dificilmente antes em nossa memória, a devastar nossos lares e empregos e ameaçando destruir nossos corpos com a proliferação de terremotos, inundações, furacões, deslizamentos, secas e ondas de calor) ou de outras pessoas (prontas, como dificilmente antes em nossa memória, a devastar nossos lares e empregos e ameaçando destruir nossos corpos com a súbita abundância de atrocidades terroristas, crimes violentos, agressões sexuais, comida envenenada, água ou ar poluídos).

Há também aquela terceira zona, talvez a mais aterrorizante, uma zona cinzenta, entorpecente dos sentidos e irritante, até agora sem nome, por onde se infiltram medos cada vez mais densos e temíveis, ameaçando destruir nossos lares, empregos e corpos com desastres: naturais, mas nem tanto; humanos, mas não de todo; ao mesmo tempo naturais e humanos, embora diferentes de ambos. É a zona da qual se encarregam alguns aprendizes de feiticeiro superambiciosos, mas desafortunados e propensos a acidentes e calamidades, ou mesmo um gênio maligno que imprudentemente se deixou sair da garrafa. A zona em que redes de energia saem do ar, barris de petróleo secam, bolsas de valores entram em colapso, companhias todo-poderosas desaparecem juntamente com dezenas de serviços com os quais costumávamos contar e milhares de empregos que acreditávamos serem sólidos como rochas. Onde jatos caem juntamente com suas mil e uma engenhocas de segurança e centenas de passageiros. Onde caprichos do mercado tornam sem valor os ativos mais preciosos e cobiçados, e onde se formam (ou talvez são formadas?) quaisquer outras catástrofes imagináveis ou inimagináveis, prontas a esmagar da mesma forma o prudente e o imprudente. Todos os dias, aprendemos que o inventário de perigos está longe de terminar: novos perigos são descobertos e anunciados quase diariamente, e não há como saber quantos mais, e de que tipo, conseguiram escapar à nossa atenção (e à dos peritos!) – preparando-se para atacar sem aviso.

Mas, como observa Craig Brown, com a inimitável perspicácia que é sua marca registrada, em uma crônica da década de 1990:

> Por toda parte, houve um aumento das advertências globais. A cada dia surgiam novas advertências globais sobre vírus assassinos, ondas assassinas, drogas assassinas, icebergs assassinos, carne assassina, vacinas assassinas, assassinos assassinos e outras possíveis causas de morte iminente. De início, essas advertências globais eram assustadoras, mas depois de um tempo as pessoas passaram a se divertir com elas.[4]

De fato, saber que este é um mundo assustador não significa viver com medo – pelo menos não 24 horas por dia, sete dias por semana. Temos um volume mais do que suficiente de estratagemas sagazes, os quais (se apoiados por toda espécie de quinquilharias inteligentes amavelmente oferecidas nas lojas) podem nos ajudar a evitar essas eventualidades horripilantes. Podemos até nos divertir com as "advertências globais". Afinal, viver num mundo líquido-moderno conhecido por admitir apenas uma certeza – a de que amanhã não pode ser, não deve ser, não será como hoje – significa um ensaio diário de desaparecimento, sumiço, extinção e morte. E assim, indiretamente, um ensaio da não finalidade da morte, de ressurreições recorrentes e reencarnações perpétuas...

Como todas as outras formas de coabitação humana, nossa sociedade líquido-moderna é um dispositivo que tenta tornar a vida com medo uma coisa tolerável. Em outras palavras, um dispositivo destinado a reprimir o horror ao perigo, potencialmente conciliatório e incapacitante; a silenciar os medos derivados de perigos que não podem – ou não devem, pela preservação da ordem social – ser efetivamente evitados. Como ocorre com muitos outros sentimentos angustiantes e capazes de destruir a ordem, esse trabalho necessário é feito, segundo Thomas Mathiesen, por meio do "silenciamento silencioso" – um processo "que é calado em vez de barulhento, oculto em vez de aberto, despercebido em vez de perceptível, invisível em vez de visto, etéreo em vez de físico". O "silenciamento silencioso":

> É estrutural; é parte de nossa vida diária; é ilimitado e portanto está gravado em nós; é silencioso e assim passa despercebido; e é dinâmico no sentido de que, em nossa sociedade, ele se difunde e se torna continuamente mais abrangente. O caráter estrutural do silenciamento "exime" os representantes do Estado da responsabilidade por ele; seu caráter quotidiano o torna "inescapável" do ponto de vista dos que estão sendo silenciados; seu caráter irrefreado o torna especialmente eficaz em relação ao indivíduo; seu caráter silencioso o torna mais fácil de legitimar e seu caráter dinâmico o transforma num mecanismo de silenciamento cada vez mais digno de confiança.[5]

Para começo de conversa, tal como tudo mais na vida líquido-moderna, a morte se torna temporária até segunda ordem. Ela dura até o próximo retorno de uma celebridade há muito tempo esquecida ou de uma melodia há muito tempo não celebrada, até a escavação, por ocasião do aniversário de falecimento, de outro escritor ou pintor por muito tempo esquecido, ou até a chegada de outra moda retrô. Como as picadas se tornaram banais, os ferrões não são – nem se sentem mais – imortais. Este ou aquele desaparecimento, se ocorrer, será, espera-se, tão revogável quanto tantos outros, antes dele, provaram ser.

Além disso, há muito mais infortúnios sendo proclamados iminentes do que aqueles que acabam realmente ocorrendo, de modo que sempre podemos esperar que este ou aquele desastre recentemente anunciado acabe nos ignorando. Que computador foi danificado pelo sinistro "*bug* do milênio"? Quantas pessoas você conhece que foram vítimas dos ácaros de tapete? Quantos amigos seus morreram da doença da vaca louca? Quantos conhecidos ficaram doentes ou inválidos por causa de alimentos geneticamente modificados? Qual de seus vizinhos e conhecidos foi atacado e mutilado pelas traiçoeiras e sinistras pessoas em busca de asilo? Os pânicos vêm e vão, e embora possam ser assustadores, é seguro presumir que terão o mesmo destino de todos os outros.

A vida líquida flui ou se arrasta de um desafio para outro e de um episódio para outro, e o hábito comum dos desafios e episódios é sua tendência a terem vida curta. Pode-se presumir o mesmo em relação à expectativa de vida dos medos que atualmente afligem as nossas esperanças. Além disso, muitos medos entram em nossa vida juntamente com os remédios sobre os quais muitas vezes você ouviu falar antes de ser atemorizado pelos males que esses prometem remediar. O perigo do *bug* do milênio não foi a única notícia aterrorizante que lhe foi trazida pelas mesmíssimas empresas que já tinham oferecido imunizar, a um preço adequado, o seu computador. Catherine Bennett, por exemplo, pôs a nu o complô por trás do pacote que promovia uma cara terapia advertindo que as "comidas erradas são responsáveis pelo envelhecimento rápido e prematuro; uma cútis cansada, enrugada e sem vida... o rosto cheio de rugas, curtido, seco..." – para garantir aos possíveis clientes que "é possível livrar-se das rugas para sempre se você seguir nosso programa de quatro semanas" – ao custo módico de 119 libras esterlinas [240 dólares].[6]

O que o incidente do *bug* do milênio demonstrou, e o que Bennett descobriu no caso do tratamento cosmético para desafiar o medo, pode ser visto como padrão para um número infinito de outros casos. A economia de consumo depende da produção de consumidores, e os consumidores que precisam ser produzidos para os produtos destinados a enfrentar o medo são temerosos e amedrontados, esperançosos de que os perigos que temem sejam forçados a recuar graças a eles mesmos (com ajuda remunerada, obviamente).

Esta nossa vida tem se mostrado diferente do tipo de vida que os sábios do Iluminismo e seus herdeiros e discípulos avistaram e procuraram planejar. Na nova vida que eles vislumbraram e resolveram criar, esperava-se que a proeza de domar os medos e refrear as ameaças que estes causavam fosse um assunto a ser decidido de uma vez por todas. No ambiente líquido-moderno, contudo, a luta contra os medos se tornou tarefa para a vida inteira, enquanto os perigos que os deflagram – ainda que nenhum deles seja percebido como *inadministrável* – passaram a ser considerados companhias permanentes e *indissociáveis* da vida humana. Nossa vida está longe de ser livre do medo, e o ambiente líquido-moderno em que tende a ser conduzida está longe de ser livre de perigos e ameaças. A *vida inteira* é agora uma longa luta, e provavelmente impossível de vencer, contra o impacto potencialmente incapacitante dos medos e contra os perigos, genuínos ou supostos, que nos tornam temerosos. Pode-se percebê-la melhor como uma busca contínua e uma perpétua checagem de estratagemas e expedientes que nos permitem afastar, mesmo que temporariamente, a iminência dos perigos – ou, melhor ainda, deslocar a preocupação com eles para o incinerador lateral onde possam, ao que se espera, fenecer ou permanecer esquecidos durante a nossa duração. A inventividade humana não conhece fronteiras. Há uma plenitude de estratagemas. Quanto mais exuberantes são, mais ineficazes e conclusivos os seus resultados. Embora, apesar de todas as diferenças que os separam, eles tenham um preceito comum: burlar o tempo e derrotá-lo no seu próprio campo. Retardar a *frustração*, não a *satisfação*. O futuro é nebuloso? Mais uma forte razão para não deixar que ele o assombre. Perigos imprevisíveis? Mais uma razão para deixá-los de lado. Até agora, tudo bem; poderia ser pior. Deixe ficar desse jeito. Não comece a se preocupar em atravessar aquela ponte antes de chegar perto dela. Talvez você nunca chegue, ou talvez ela se parta em pedaços ou se mova para outro lugar antes que isso aconteça. Portanto, por que se preocupar agora?! Melhor seguir aquela receita muito antiga: *carpe diem*. Em termos simples: aproveite agora, pague depois. Ou, estimulado por uma versão mais nova da sabedoria antiga, atualizada por cortesia das companhias de cartão de crédito: não deixe para depois o que você pode fazer agora.*

Vivemos a crédito: nenhuma geração passada foi tão endividada quanto a nossa – individual e coletivamente (a tarefa dos orçamentos públicos era o equilíbrio entre receita e despesa; hoje em dia, os "bons orçamentos" são os que mantêm o excesso de despesas em relação a receitas no nível do ano anterior). Viver a crédito tem seus prazeres utilitários: por que retardar a satisfação? Por que esperar se você pode saborear as alegrias futuras aqui e agora? Reconhecidamente, o futuro está fora do nosso controle. Mas o cartão de crédito, magicamente, traz esse futuro irritantemente evasivo direto para você, que pode consumir o futuro, por assim dizer, por antecipação – enquanto ainda resta algo para ser consumido... Parece ser essa a atração latente da vida a crédito, cujo benefício manifesto, a se acreditar nos comerciais, é puramente utilitário: proporcionar prazer. E se o futuro se destina a ser tão detestável quanto se supõe, pode-se consumi-lo agora, ainda fresco e intacto, antes que chegue o desastre e que o futuro tenha a chance de mostrar como esse desastre pode ser detestável. (É isso, pensando bem, que faziam os canibais de outrora, encontrando no hábito de comer

---

* No original, a expressão é: *take the waiting out of wanting*, slogan muito associado a campanhas de cartão de crédito. (N.E.)

seus inimigos a maneira mais segura de pôr fim às ameaças de que estes eram portadores: um inimigo consumido, digerido e excretado não era mais assustador. Embora, infelizmente, não seja possível comer todos os inimigos. À medida que mais deles são devorados, suas fileiras parecem engrossar em vez de encolher.)

Os meios são as mensagens. Cartões de crédito também são mensagens. Se as cadernetas de poupança implicam a certeza do futuro, um futuro incerto exige cartões de crédito.

As cadernetas de poupança se desenvolvem e se alimentam de um futuro em que se pode confiar – um futuro cuja chegada é certa e que, tendo chegado, não será muito diferente do presente. Um futuro do qual se espera que valha o que nós valemos – e assim respeite as poupanças do passado e recompense seus portadores. As cadernetas de poupança também prosperam na esperança/expectativa/confiança de que – graças à *continuidade* entre o agora e o "depois" – o que está sendo feito neste momento, no presente, irá se apropriar do "depois", amarrando o futuro antes que ele chegue. O que fazemos agora vai "fazer a diferença", *determinar* a forma do futuro.

Os cartões de crédito e os débitos que eles facilitam assustariam os humildes e perturbariam até mesmo os mais ousados. Se isso não acontece, é graças à nossa suspeita de *descontinuidade*: nossa premonição de que o futuro que vai chegar (*se* ele chegar, e se eu ainda estiver aqui para testemunhar sua chegada) será diferente do presente que conhecemos – embora não haja como saber em relação a quê e em que grau. Será que, daqui a alguns anos, ele vai honrar os sacrifícios atualmente feitos em seu nome? Será que vai recompensar os esforços investidos para garantir sua benevolência? Ou talvez, pelo contrário, ele transforme os ativos de hoje nos passivos de amanhã, e carregamentos preciosos em fardos irritantes? Isso não sabemos nem podemos saber, e não há muito sentido em se esforçar para amarrar o incognoscível.

Algumas pontes sobre as quais demoramos a nos debruçar, mas que acabarão tendo de ser atravessadas, não são, contudo, suficientemente distantes para que a preocupação em atravessá-las possa ser adiada despreocupadamente... Nem todos os perigos parecem suficientemente remotos para serem descartados como nada mais que invenções fantasiosas de uma imaginação febril ou, de qualquer modo, irrelevantes para o que foi colocado a seguir em nossa agenda. Felizmente, porém, também temos um modo de ultrapassar os obstáculos que ficaram próximos demais para a nossa tranquilidade e não podem mais ser negligenciados: podemos pensar neles como "riscos", e é o que fazemos.

Então admitimos que o próximo passo a tomar é "arriscado" (pode mostrar-se inaceitavelmente caro, aproximar antigos perigos ou provocar outros), como todos os passos tendem a ser. Há sempre a possibilidade de não conseguirmos o que desejamos e sim algo bem diferente e altamente desagradável, algo que preferiríamos evitar (chamamos essas consequências intragáveis e indesejáveis de "efeitos colaterais", ou "danos colaterais", já que não são intencionais e se situam longe do alvo de nossa ação). Também admitimos que eles podem ser "inesperados" e que, apesar de nossos cálculos, podem nos pegar de surpresa e, portanto, despreparados. Tendo-se pensado, ponderado e dito tudo isso, prosseguimos mesmo assim (por falta de melhor opção) como se pudéssemos prever quais são as consequências indesejáveis que merecem nossa atenção e vigilância, e então, assim, monitorar nossos passos. Isso não surpreende: só é possível nos preocuparmos com as consequências que *podemos* prever, e é só delas que podemos lutar para escapar. E assim, só as consequências indesejadas desse tipo "pré-visível" é que classificamos na categoria dos "riscos". Estes são perigos de cuja probabilidade *podemos* (ou acreditamos poder) calcular: riscos são perigos *calculáveis*. Uma vez definidos dessa maneira, são o que há de mais próximo da (infelizmente inatingível) certeza.

Observemos, porém, que "calculabilidade" não significa previsibilidade; o que se calcula é apenas a *probabilidade* de que as coisas deem errado e advenha o desastre. Os cálculos de probabilidade dizem alguma coisa confiável sobre a difusão dos efeitos de um grande número de ações similares, mas são quase inúteis como meios de previsão quando usados (de modo bastante ilegítimo) como guias para empreendimentos específicos. Mesmo que calculada com seriedade, a probabilidade não oferece a certeza de que os perigos serão ou não evitados *neste* caso particular, aqui e agora, ou *naquele* caso, em outro lugar e momento. Mas pelo menos o próprio fato de termos feito nosso cálculo de probabilidades (e portanto, por implicação, evitado decisões precipitadas e a acusação de irresponsabilidade) pode nos dar a coragem de decidir se o resultado justifica o esforço, além de oferecer certo grau de confiança, ainda que sem garantia. Ao calcular corretamente as probabilidades, fizemos algo razoável e talvez até útil. Agora "temos motivo" para considerar que a probabilidade de má sorte é muito elevada para justificar uma medida arriscada, ou suficientemente baixa para nos impedir de tentar.

Com muita frequência, contudo, mudar o foco de atenção dos perigos para os riscos se revela outro subterfúgio – uma tentativa de fugir do problema, e não um passaporte para a conduta segura. Como apontou Milan Kundera em *Les testaments trahis*,[7] o ambiente de nossas vidas está envolto em neblina, não na escuridão total, na qual não veríamos qualquer coisa nem conseguiríamos nos mover: "na neblina a pessoa é livre, mas é a liberdade de uma pessoa na neblina"; enxergamos 30 ou 50 metros à frente, admiramos as belas árvores que ladeiam a estrada pela qual caminhamos, observamos os passantes e reagimos aos seus movimentos, evitamos esbarrar nos outros e contornamos pedregulhos e buracos – mas dificilmente conseguimos ver o cruzamento um pouco mais à frente ou o carro que ainda está a 100 metros de distância, mas que se aproxima de nós em alta velocidade. Podemos dizer que, fiel a esse "viver na neblina", nossa "certeza" direciona e focaliza nossos esforços de precaução sobre os perigos visíveis, conhecidos e próximos, perigos que *podem* ser previstos e cuja probabilidade *pode* ser calculada – embora os perigos mais assustadores e aterrorizantes sejam precisamente aqueles cuja previsão é *impossível*, ou extremamente *difícil*: os *im*previstos, e muito provavelmente *imprevisíveis*.

Ocupados em calcular os riscos, tendemos a deixar de lado a preocupação maior e assim conseguimos evitar que essas catástrofes, as quais somos impotentes para impedir, venham a minar nossa autoconfiança. Focalizando as coisas em relação às quais podemos fazer algo, não temos tempo para nos ocuparmos em refletir sobre aquelas a respeito das quais nada se pode fazer. Isso nos ajuda a defender nossa saúde mental. Mantém distantes os pesadelos, e também a insônia. Mas não nos torna necessariamente mais seguros.

Nem torna os perigos menos realistas. Nosso palpite/intuição/suspeita/premonição/convicção/certeza de que isso é assim pode tirar um cochilo, mas não pode ser posto para dormir eternamente. Repetidas vezes, e nos últimos tempos num ritmo visivelmente acelerado, os perigos nos lembram que eles permanecem realistas, apesar de todas as medidas de precaução que tomamos. De modo intermitente, mas bastante regular, são retirados da cova rasa em que foram enterrados, apenas alguns centímetros abaixo da superfície de nossa consciência, e lançados brutalmente à luz de nossa atenção. Sucessivas catástrofes oferecem amavelmente tais oportunidades – e em profusão.

Muitos anos atrás, e alguns anos antes que os eventos do 11 de Setembro, o tsunami, o furacão Katrina e o terrível salto subsequente nos preços do petróleo (ainda que misericordiosamente por pouco tempo desta vez) propiciassem essas oportunidades horríveis de acordar e ficar sóbrio, Jacques Attali refletia sobre o fenomenal sucesso financeiro do filme *Titanic*, que superou todos os recordes de bilheteria anteriormente obtidos por filmes-catástrofes aparentemente semelhantes. Ele então ofereceu a seguinte explicação, notavelmente plausível quando a escreveu, mas que, alguns anos depois, nos soa nada menos que profética:

O *Titanic* somos nós, nossa sociedade triunfalista, autocongratulatória, cega e hipócrita, sem misericórdia para com seus pobres – uma sociedade em que tudo está previsto, menos os meios de previsão ... Todos nós imaginamos que existe um iceberg esperando por nós, oculto em algum lugar no futuro nebuloso, com o qual nos chocaremos para afundar ouvindo música...[8]

Doce música por assim dizer, suave, mas estimulante. Música ao vivo, em tempo real. Os últimos sucessos, os intérpretes mais célebres. Sons retumbantes que ensurdecem, cintilantes luzes estroboscópicas que cegam. Tornando inaudíveis os sussurros débeis dos presságios, e invisível a enormidade dos icebergs em seu silêncio majestoso.

Sim, *icebergs* – não um iceberg, mas muitos, provavelmente em número grande demais para serem contados. Attali identificou vários deles: financeiro, nuclear, ecológico, social (decifrando este último como a expectativa de três bilhões de "redundâncias" na população do planeta). Se estivesse escrevendo agora, em 2005, ele certamente estenderia a lista – reservando uma posição elevada para o "iceberg terrorista" ou o "iceberg do fundamentalismo religioso". Ou, talvez mais provavelmente, o iceberg da "implosão da civilização" – um iceberg que pôde ser recentemente observado, na esteira das aventuras militares no Oriente Médio ou da visita do Katrina a Nova Orleans, numa espécie de ensaio com figurino e em toda a sua monstruosidade horripilante.

*Im*plosão, não *ex*plosão, portanto diferente na forma daquela em que os temores do "colapso da ordem civilizada" – temores que acompanharam nossos ancestrais pelo menos desde a época em que Hobbes proclamou que a *bellum omnium contra omnes*, a guerra de todos contra todos, era o "estado natural" da humanidade – tenderam a se articular durante a fase "sólida" da Era Moderna.

Não houve revolucionários na Louisiana nem lutas ou barricadas nas ruas de Nova Orleans; ninguém se rebelou contra a ordem das coisas e decerto não se descobriu nenhuma rede clandestina conspirando para atacar o atual sortimento de leis nem o esquema jurídico vigente. Chamar o que aconteceu em Nova Orleans e arredores de "colapso da lei e da ordem" não é suficiente para se apreender totalmente o evento, muito menos sua mensagem. A lei e a ordem simplesmente se desvaneceram – como se nunca tivessem existido. Subitamente, os hábitos e rotinas aprendidos que guiavam 90% ou mais das atividades da vida quotidiana perderam seu sentido – um sentido que normalmente é demasiado autoevidente para que se pense nele. Os pressupostos tácitos perderam sua força. As sequências costumeiras de causa e efeito fragmentaram-se. O que chamamos de "normal" nos dias de trabalho ou "civilização" em ocasiões festivas mostrou ser, literalmente, da espessura de uma folha de papel. A inundação encharcou, empastou e carregou essa folha em pouquíssimo tempo.

> No Centro de Detenção 3 de Rapides Parish em Alexandria, que normalmente abriga criminosos condenados, há agora 200 novos internos... evacuados de cadeias inundadas em Nova Orleans.
> Eles não têm papéis indicando se foram condenados por embriaguez ou tentativa de assassinato. Não há nenhum juiz para ouvir as alegações, nenhum tribunal designado para tomar seus depoimentos e nenhum advogado para representá-los...
> É uma implosão da rede judiciária jamais vista desde desastres como o incêndio de Chicago em 1871 ou o terremoto de São Francisco em 1906, ocorridos em épocas tão mais simples a ponto de serem inúteis do ponto de vista de ajudar a compreender este evento.[9]

"Ninguém faz ideia de quem sejam essas pessoas ou do motivo de estarem aqui" – assim resumiu a situação um dos advogados designados para o centro de detenção. Essa afirmação curta e incisiva comunicou mais do que a implosão da "rede judiciária" formal. E não foram apenas os presos, apanhados no meio de um processo jurídico, que perderam sua denominação social e de fato as identidades pelas quais eram reconhecidos e que eram usadas para colocar em movimento a cadeia de ações que refletia/determinava seu lugar na ordem das coisas. Muitos outros sobreviventes tiveram o mesmo destino. E não apenas sobreviventes...

> No distrito comercial do centro, numa parte seca da rua Union ... um cadáver ... As horas se passaram, as sombras da hora do toque de recolher se insinuaram, o corpo ficou lá... Veio a noite, e depois a manhã, depois o meio-dia, e outro pôr do sol sobre um filho morto da Crescent City* ... O que é notável é que, numa rua importante de uma grande cidade norte-americana, um cadáver possa decompor-se durante dias, como carniça, e isso seja aceitável. Bem-vindos a Nova Orleans, no pós-apocalipse... Moradores descarnados emergem da mata inundada para dizer coisas estranhas e depois retornar à podridão. Carros trafegam na contramão pela Interstate e ninguém liga. Incêndios irrompem, cachorros comem carniça e os antigos signos dos *les bons temps* foram substituídos por rabiscos ameaçando que os saqueadores serão mortos a tiros.
>
> O incompreensível virou rotina.[10]

Enquanto a lei desapareceu de vista, juntamente com os advogados, e os cadáveres esperavam em vão pelo enterro, a estratégia do "aproveite agora, pague depois", que tornou tão gratificante a "civilização como a conhecemos", se recolheu. O acesso de compaixão e as frenéticas performances de relações públicas dos políticos mitigaram o impacto por algum tempo e ofereceram alívio temporário a pessoas carregadas de velhas dívidas, mas agora privadas da renda que, esperavam, lhes permitiria saldá-las. Mas tudo isso mostrou ser um período curto. "Dentro de seis a nove meses", previu um repórter do *New York Times*, "a Fema** terá ido embora, os grupos ligados às igrejas também e os credores voltarão a exigir seu dinheiro";[11] "uma

---

* Apelido de Nova Orleans. (N.E.)
** Federal Emergency Management Agency (N.E.)

pessoa que tinha um bom emprego antes do Katrina hoje pode ter uma renda muito diferente", enquanto "milhares e milhares de pessoas não têm mais talões de cheque, apólices de seguros, documentos do carro (nem carro), certidões de nascimento, cartões da previdência ou carteiras"... Quando escrevo estas palavras, não se passaram seis meses, mas, numa cidade que era uma das joias da coroa norte-americana, "as luzes brilham em dezenas de bairros, porém a escuridão se espalha por 40% da cidade", "cerca de metade de Nova Orleans carece de gás natural para cozinhar ou se aquecer", "os banheiros da maioria das casas ainda não estão conectados ao sistema de esgotos da cidade" e cerca de um quarto desta ainda não tem água potável.[12] E restam poucas esperanças de que as coisas possam mudar para melhor.

> Menos de três meses depois de o furacão Katrina arrasar Nova Orleans, a legislação de ajuda permanece adormecida em Washington e o desespero está crescendo entre as autoridades daqui, as quais temem que o Congresso e o governo Bush estejam perdendo o interesse por seu destino... O senso de urgência que estimulou a ação em setembro está se escoando rapidamente.[13]

Poucos anos antes de o Katrina chegar às praias norte-americanas, Jean-Pierre Dupuy encontrou um nome para o que viria a acontecer: "A irrupção do possível e do impossível".[14] E advertiu: para evitar a catástrofe, primeiro é preciso *acreditar na sua possibilidade*. É preciso acreditar que o impossível *é* possível. Que a possibilidade *sempre* espreita, inquieta, debaixo da carapaça protetora da impossibilidade, esperando o momento de irromper. Nenhum perigo é tão sinistro, nenhuma catástrofe fere tanto quanto as que são vistas como uma probabilidade irrelevante. Considerá-las improváveis ou nem mesmo pensar nelas é a desculpa para não fazer nada contra elas antes que atinjam o ponto em que o improvável vira realidade e subitamente é tarde demais para aliviar seu impacto, que dirá impedir sua chegada. E, no entanto, é exatamente isso que estamos fazendo (ou melhor, não fazendo) – diariamente, sem pensar. "A situação atual nos mostra", observa Dupuy, "que o anúncio de uma catástrofe não produz nenhuma mudança visível, seja na nossa forma de conduta ou em nossa maneira de pensar. Mesmo tendo sido informadas, as pessoas não acreditam na informação que receberam."[15] Ele cita Corinne Lepage: "A mente rejeita [tal anúncio], dizendo a si mesma que isso simplesmente não é possível."[16] E conclui: o obstáculo mais terrível à prevenção de uma catástrofe é sua incredibilidade...

O *Apocalypse Now* (a própria expressão é um desafio a nossa ideia de probabilidade) foi reencenado. Não no cinema nem no teatro da imaginação, mas nas ruas centrais de uma grande cidade norte-americana. "Não em Bagdá nem em Ruanda, mas aqui" – eis como Dan Barry*, escrevendo de uma cidade em que o impossível revelara a possibilidade oculta em si mesmo, anuncia a mais nova produção cinematográfica.[17] Desta vez o apocalipse não ocorreu na longínqua floresta do Vietnã, onde se encenou a versão original de *Apocalypse Now*, nem nas praias tenebrosas dos continentes sombrios em que Conrad localizou o "coração das trevas" a fim de tornar legível sua mensagem para seus leitores civilizados – mas *aqui*, no coração do mundo civilizado, numa cidade aclamada por sua beleza e *joie de vivre* e que até poucos dias antes continuava sendo um ímã para milhões de turistas circulando pelo planeta em busca das delícias da arte e da diversão de alto nível – as mais louvadas e cobiçadas dádivas das forças criativas da civilização.

O Katrina revelou o segredo mais bem-guardado da civilização: que – como disse espirituosamente Timothy Garton Ash, em um ensaio sob o título amplamente revelador de "Ele sempre está embaixo" – "a casca de civilização sobre a qual caminhamos é sempre da espessura de uma hóstia. Um tremor e você fracassou, lutando por sua vida como um cão selvagem."

---

* Repórter do *New York Times*. (N.E.)

Não consigo deixar de sentir que haverá mais, muito mais disso, à medida que nos aprofundarmos no século XXI. Há tantos grandes problemas que poderiam empurrar a humanidade para trás... se grandes extensões do planeta fossem atormentadas por tempestades, inundações e mudanças de temperatura imprevisíveis, o que ocorreu em Nova Orleans pareceria um chá entre amigos.

Em certo sentido, esses também seriam furacões produzidos pelo homem ["as consequências de os Estados Unidos continuarem bombeando dióxido de carbono como se não houvesse amanhã"]. Mas também há ameaças mais diretas de seres humanos a outros seres humanos ... Suponha que uma bomba surja ou mesmo uma pequena arma nuclear seja ativada por um grupo terrorista numa grande cidade. E aí?[18]

Questões retóricas, com certeza. A mensagem de Ash é que a ameaça de *des*civilização (termo que ele tirou de um dos romances de Jack London) é assustadoramente real: "Remova as bases elementares da vida civilizada, organizada – comida, abrigo, água potável, um mínimo de segurança pessoal – e em questão de horas voltaremos ao estado de natureza hobbesiano, à guerra de todos contra todos."

Poder-se-ia discutir com Ash sobre se existe tal "estado de natureza" a que se poderia voltar, ou se a afamada "guerra de todos contra todos" é antes uma condição que emerge ao fim do "processo civilizador", o momento em que a "casca fina como uma hóstia" é quebrada pelo choque de uma catástrofe natural ou produzida pelo homem. Se realmente existe uma "segunda linha de trincheiras" – embora inundada, lamacenta, malcheirosa e de outras formas inóspita aos seres humanos –, na qual as pessoas criadas pela e para a "vida civilizada" podem recair, uma vez implodido o seu habitat "natural secundário". Ou se um dos aspectos integrantes do processo civilizador não é uma intenção precisamente oposta: evitar o "retrocesso" tornando os seres humanos "viciados em civilização", e portanto "dependentes" dela, e despindo-os ao mesmo tempo de todas as habilidades alternativas que permitiriam a coabitação inter-humana, caso fosse raspado o verniz das maneiras civilizadas. Mas esse é, admito, um argumento menos importante, de certa forma, já que "marginal" – crucial, talvez, para os filósofos da cultura, mas amplamente ausente e irrelevante no que se refere ao tópico que estamos discutindo; o tópico que, eu sugeriria, pode ser mais bem descrito como o "complexo" ou "síndrome do *Titanic*".

A "síndrome do *Titanic*" é o horror de atravessar a "casca fina como uma hóstia" da civilização para cair naquele vazio destituído das "bases elementares da vida civilizada, organizada" ("civilizada" precisamente porque "organizada" – rotineira, previsível, com códigos de comportamento determinados). Cair sozinho ou acompanhado, mas em todo caso sendo *expulso* de um mundo em que as "bases elementares" continuam sendo fornecidas e onde há um poder controlador com o qual se pode contar.

O *ator* principal (embora silencioso) na história do *Titanic* foi, como sabemos, o iceberg. Mas o iceberg, esperando "lá fora" numa emboscada, não foi o *terror* que destacou essa história em meio à miríade de histórias de terror/desastre semelhantes. Esse terror foi toda a ação violenta que aconteceu "aqui", nas entranhas do luxuoso transatlântico: por exemplo, a falta de um plano sensato e viável para evacuar e salvar os passageiros de um navio que afundava, ou a aguda ausência de botes de segurança e coletes salva-vidas – algo para o que o iceberg "lá fora", na escuridão da noite subártica, serviu apenas de catalisador e, ao mesmo tempo, papel de tornassol. Aquele "algo" que "*sempre* está embaixo", mas espera que saltemos nas gélidas águas subárticas para sermos confrontados diretamente por ele. Algo ainda mais aterrorizante por permanecer oculto a maior parte do tempo (talvez *todo* o tempo), e assim pegando suas vítimas de surpresa sempre que sai rastejando de sua toca, sempre as apanhando despreparadas e incapazes de reagir.

Oculto? Sim, mas nunca mais distante que um simples arranhão. A civilização é vulnerável; nunca está mais que à beira do abismo. Como Stephen Graham escreveu de maneira comovente, nós "ficamos cada vez mais dependentes de sistemas complexos e distantes para sustentar a vida", e, portanto, mesmo "pequenas descontinuidades e inaptidões podem ter efeitos enormes e em série sobre a vida social, econômica e ambiental" – particularmente nas cidades, onde é vivida a maior parte da vida da maioria de nós, os lugares "extremamente vulneráveis à ruptura provocada externamente". "Agora mais do que nunca, o colapso das redes de infraestrutura urbana em funcionamento provoca pânico e temores de colapso da ordem social em funcionamento".[19] Ou, como revela Martin Pawley, citado por Graham, "o medo de uma desarticulação em grande escala dos serviços urbanos" é agora "endêmico na população de todas as grandes cidades".[20]

Endêmico... Parte da vida diária. Não há necessidade de uma grande catástrofe, já que um pequeno acidente pode desencadear uma "desarticulação em grande escala". A catástrofe pode chegar sem anúncio – não haverá trombetas advertindo que as inexpugnáveis muralhas de Jericó estão para desmoronar. Há razões mais que suficientes para ter medo – e, portanto, para imergir ao som de música suficientemente alta a ponto de abafar os sons produzidos pela fragmentação das muralhas.

Os temores emanados da "síndrome do *Titanic*" são os de um colapso ou catástrofe capaz de atingir *todos nós*, ferindo cega e indiscriminadamente, de modo aleatório e inexplicável, e encontrando *todos* despreparados e indefesos. Há, contudo, outros medos não menos, se é que não mais, aterrorizantes: o medo de ser pinçado *sozinho* da alegre multidão, ou no máximo separadamente, e condenado a sofrer *solitariamente* enquanto todos os outros prosseguem em seus folguedos. O medo de uma catástrofe *pessoal*. O medo de se tornar um alvo selecionado, marcado para a ruína. O medo de cair de um veículo em rápida velocidade, ou de ser jogado pela janela, enquanto o resto dos viajantes, com os cintos de segurança devidamente afivelados, acha a viagem ainda mais divertida. O medo de ser deixado para trás. O medo da *exclusão*.

O fato de tais medos não serem absolutamente imaginários pode ser confirmado pela autoridade dominante da mídia, que defende – visivel e tangivelmente – uma realidade que não se pode ver nem tocar sem a ajuda dela. Os *reality shows*, essas versões líquido-modernas das antigas *morality plays**, testemunham diariamente em favor da vigorosa realidade dos medos. Como indica o nome que assumem (*reality show*), um nome que não sofre oposição dos espectadores e que só é questionado por uns poucos pedantes particularmente presunçosos, o que eles mostram é real; mais importante, contudo, indica também que "real" é aquilo que mostram. E o que mostram é que a inevitabilidade da exclusão – e a luta para não ser excluído – é aquilo no qual a realidade se resume. Os *reality shows* não precisam ficar repetindo a mensagem: a maioria de seus espectadores já *conhece* essa verdade; é precisamente essa familiaridade profundamente arraigada que os atrai aos bandos para as telas de TV.

Acontece que tendemos a descobrir algo agradavelmente reconfortante quando ouvimos melodias que sabemos de cor. E tendemos a acreditar muito mais no que *vemos* do que no que *ouvimos*. Pense na diferença entre "testemunha ocular" e um "mero ouvir falar" (você alguma vez ouviu falar em "testemunha auricular" ou um "mero ver falar"?). As imagens são muito mais "reais" do que palavras impressas ou faladas. As histórias que contam ocultam quem as conta, "aquele (ou aquela) que poderia mentir" e, portanto, desinformar. Diferentemente dos intermediários humanos, as câmeras "não mentem", "dizem a verdade" (ou pelo menos é o que fomos treinados a acreditar). Graças à imagem, cada um de nós pode, como desejava Edmund Husserl (que, mais que qualquer outro filósofo, era consumido pelo

---

* Tipo de alegoria teatral, muito popular na Europa nos séculos XV e XVI, em que o protagonista é confrontado por personificações de vários atributos morais que tentam estimulá-lo a escolher o caminho do bem. (N.T.)

desejo de encontrar uma forma livre de erro, a toda prova, pelo desejo de atingir "a verdade dos fatos"), retornar *zurück zu den Sachen selbst* – "de volta às coisas em si". Quando confrontados com uma imagem fotograficamente/eletronicamente obtida, nada parece erguer-se entre nós e a realidade; nada que possa capturar ou distrair nosso olhar. "Ver para crer" significa "eu vou crer quando vir", mas também "no que eu vir, acreditarei". E o que vemos são *pessoas tentando excluir outras pessoas para evitar serem excluídas*. Uma verdade banal para a maioria de nós – mas que evitamos, com certo grau de sucesso, articular. Os *reality shows* fizeram isso por nós – e somos gratos por isso.

O conhecimento que os *reality shows* apresentam seria, de outra forma, difuso, recortado em fatias e pedaços notoriamente difíceis de cotejar e de extrair um sentido.

O que os *reality shows* nos ajudam a descobrir (seja deliberada ou inadvertidamente, de modo explícito ou indireto), por exemplo, é que as instituições políticas a que viemos a recorrer em caso de problemas, e que aprendemos a ver como guardiãs de nossa segurança, formam – como John Dunn recentemente assinalou – um mecanismo ajustado para servir a "ordem do egoísmo", e que o princípio fundamental de construção dessa ordem é "apostar nos fortes" – "uma aposta nos ricos, até certo ponto forçosamente nos que têm a felicidade de já o serem, mas acima de tudo nos que têm a habilidade, a coragem e a sorte para se tornarem ricos".[21] Mas quando se trata de evacuar um navio que está afundando ou de encontrar um assento no bote salva-vidas, habilidade e coragem se mostram de pouca valia. Talvez a sorte seja então a única salvação – mas esta, notoriamente, é um raro dom do destino, um daqueles que são poucos e vêm em longos intervalos.

Milhões descobrem diariamente essa verdade assustadora – como ocorreu com Jerry Roy, de Flint, Michigan, que ingressou três décadas atrás na General Motors, mas agora "enfrenta a possibilidade de perder o emprego ou aceitar uma drástica redução salarial", já que "a GM, antes um símbolo incontestável do poder industrial da nação", se tornou "uma sombra do que era no passado, e com ela se foi a promessa pós-Segunda Guerra Mundial do trabalho fabril *blue-collar* como um caminho seguro para o sonho norte-americano". De que valia podem ser a habilidade e a coragem quando "todos esses lugares que antigamente eram fábricas agora são apenas estacionamentos", enquanto a companhia que era proprietária deles "está buscando refazer ou até romper seus contratos de trabalho", tentando realizar "grandes cortes nos planos de saúde e nos benefícios da aposentadoria" e transferindo "milhares de empregos para o estrangeiro"?[22]

As oportunidades de ter medo estão entre as poucas coisas que não se encontram em falta nesta nossa época, altamente carente em matéria de certeza, segurança e proteção. Os medos são muitos e variados. Pessoas de diferentes categorias sociais, etárias e de gênero são atormentadas por seus próprios medos; há também aqueles que todos nós compartilhamos – seja qual for a parte do planeta em que possamos ter nascido ou que tenhamos escolhido (ou sido forçados a escolher) para viver.

O problema, porém, é que esses medos não fazem sentido facilmente. Como surgem um a um numa sucessão contínua, embora aleatória, eles desafiam nossos esforços (se é que os fazemos) para estabelecer ligações entre eles mesmos e encontrar suas raízes comuns. Esses medos são ainda mais aterradores por serem tão difíceis de compreender; porém mais aterradores ainda pelo sentimento de impotência que provocam. Não tendo conseguido entender suas origens e sua lógica (se é que seguem uma lógica), também estamos no escuro e na incerteza quando se trata de tomar precauções – para não falar em evitar ou enfrentar os perigos que eles sinalizam. Simplesmente nos faltam ferramentas e habilidades. Os perigos que tememos transcendem nossa capacidade de agir; até agora não chegamos sequer ao ponto de podermos conceber claramente como seriam as ferramentas e habilidades adequadas a essa tarefa, que dirá conseguir começar a planejá-las e criá-las. Nós nos encontramos numa situação não muito diferente da de uma criança confusa; para usar a alegoria de Georg Christoph Lichtenberg três séculos atrás, se uma criança bate numa mesa porque esbarrou nela, "nós, em vez disso, em função de choques diferentes, porém similares, inventamos a palavra Destino, contra a qual proferimos acusações".[23]

O sentimento de impotência – o impacto mais assustador do medo – reside, contudo, não nas ameaças percebidas ou imaginadas em si, mas no espaço amplo, embora abominavelmente mobiliado, que se estende entre as ameaças de que emanam os medos e nossas reações – as disponíveis e/ou consideradas realistas. Nossos medos também "não fazem sentido" de outra maneira: aqueles que assombram as multidões podem ser surpreendentemente semelhantes em cada caso singular, mas se presume que sejam enfrentados individualmente, por cada um de nós, usando nossos próprios – e, na maioria dos casos, dolorosamente inadequados – recursos. Com muita frequência, não está imediatamente claro o que nossa defesa ganharia se juntássemos nossos recursos e procurássemos maneiras de dar a todos os sofredores a mesma oportunidade de segurança em relação ao medo. Para piorar ainda mais as coisas: mesmo quando (e se) os benefícios de uma luta conjunta são apresentados de maneira convincente, permanece a questão de como reunir e manter juntos os lutadores solitários. As condições da sociedade individualizada são inóspitas à ação solidária; elas militam contra a visão da floresta por trás das árvores. Além disso, as florestas antigas, antes paisagens familiares e facilmente reconhecíveis, foram dizimadas e é improvável que novas florestas as substituam, já que o cultivo da terra tendeu a ser repassado a pequenos proprietários agrícolas que trabalham individualmente. A sociedade individualizada caracteriza-se pelo afrouxamento dos laços sociais, esse alicerce da ação solidária. Também é notável por sua resistência a uma solidariedade que poderia tornar esses laços duráveis – e seguros.

Este livro é um inventário (muito preliminar e incompleto) dos medos líquido-modernos. É também uma tentativa (muito preliminar, mais rica em perguntas do que em respostas) de procurar suas fontes comuns e os obstáculos que se acumulam no caminho de sua descoberta, e de encontrar maneiras de colocá-los fora de ação ou torná-los inofensivos. Este livro, em outras palavras, é apenas um convite a se pensar em agir, e a agir de maneira ponderada – não um livro de receitas. Seu único propósito é alertar-nos quanto à enormidade da tarefa com que (conscientemente ou não, voluntariamente ou não) decerto teremos de nos defrontar durante a maior parte do século atual, a fim de que a humanidade possa levá-la a cabo e emergir ao final deste mesmo século se sentindo mais segura e autoconfiante do que se sentia no seu começo.

· 1 ·

O pavor da morte

Hoje é 3 de junho de 2005, quando me sento para escrever. Poderia ser um dia comum, dificilmente distinguível de outros, antes e depois, não fosse por uma coisa – é também o oitavo dia da sexta edição do *Big Brother*, quando ocorrerá a primeira da longa série de eliminações do programa. Essa coincidência torna este 3 de junho extraordinário: para muitos, é um dia de revelação, libertação ou absolvição – dependendo do ponto de vista.

Revelação: o que você há muito tempo suspeitava, mas dificilmente ousava pensar, e que teria negado raivosamente saber caso lhe perguntassem – agora você vê na tela, envolto na glória das manchetes gigantescas ocupando inteiramente as primeiras páginas dos tabloides. E você o faz na companhia de milhões de homens e mulheres como você. O que sentia o tempo todo, mas teria problemas para transformar em palavras, agora é detalhadamente explicado, a você e a todos os outros, em toda a sua clareza excitante e aterrorizadora; e com uma autoridade tão irreprimível como só a massa poderia outorgar. Para encurtar uma longa história: você agora *sabe*, e sabe com certeza, aquilo que antes apenas *sentia* (suspeitava, presumia).

Assim foi contada a história no "site oficial do *Big Brother*":

Quando Craig se preparava para o que poderia ser sua última noite de sono na casa do *Big Brother*, seus pensamentos se concentravam claramente na sua iminente eliminação.

Enquanto seus colegas da casa se dividiam entre dormir no quarto e conversar na área de convivência, Craig preferiu se sentar sozinho na cozinha, tendo apenas a si mesmo como companhia.

Vestido para dormir, ele fazia uma figura solitária sentado sozinho na cozinha, encurvado sobre a bancada. Com a cabeça nas mãos, um Craig de aparência tristonha olhava fixa e desanimadamente para o espaço. Parecia apenas uma sombra do rapaz esfuziante que, mais cedo naquela mesma noite, se vestira de Britney para divertir os colegas da casa. Obviamente, a ideia de que ele poderia ter tido seu último dia inteiro na casa o deixara perturbado... Após alguns minutos olhando para o nada e aparentando totalmente perdido em seus pensamentos, ele finalmente decidiu dar a noite por encerrada e foi para a cama.

Parecendo um cãozinho perdido, não conseguiu se acalmar e se sentou na cama contemplando a escuridão.

Pobre Craig, a ameaça da eliminação realmente o deixou preocupado.

"Iminente eliminação"... "O último dia inteiro"... Tendo "apenas a si mesmo como companhia"... Tudo isso parece dolorosamente familiar. Bem, quando você leu a matéria, foi como se alguém lhe tivesse fornecido amavelmente um espelho. Ou melhor, como se alguém tivesse conseguido enfiar milagrosamente uma câmera de TV, acompanhada de microfones e *spots*, nos recantos mais sombrios de sua mente, que você mesmo temia visitar... Será que você, como o restante de nós, não sentiu um Craig no seu interior tentando sair? Bem, Craig conseguiu passar por isso, e deveríamos todos ser gratos pela lição que seus tormentos nos ensinaram. Não importa que no dia seguinte você fique sabendo que os pavores de Craig eram prematuros, e que foi Mary, não ele, a primeira a ser chutada.

"Ladbrokes disse que a popularidade de Mary tinha 'despencado' quando ela se recusou a usar um microfone", explica o site oficial do *Big Brother*, citando os *especialistas* que – sendo especialistas – *devem* conhecer melhor as coisas nas quais se especializaram; e as coisas que os especialistas citados melhor conheciam eram as voltas e reviravoltas das simpatias e antipatias do público. A enorme *verbosidade* de Craig, seu pecado original, era o que o ameaçava de ser destinado à lata de lixo, segundo os especialistas (e, como um espectador, assinado "desastre", se queixou em nome de milhares com inclinações semelhantes: "Ele é uma desgraça total: analfabeto, insípido, tolo, gordo e, além disso, estúpido. Não acrescenta nada à casa. Livrem-se dele e depois despejem seu cachorrinho."), mas obviamente a *recusa* de Mary à confissão pública foi ainda mais desconcertante e condenável do que todas as falhas de Craig juntas. E quando Mary finalmente entregou os pontos e se tornou audível, caiu num problema mais profundo ainda: ela "ficava criticando os outros"... Na quinta-feira, ela disse: "Quero ir embora. Todos me desagradam. Não quero ser o que não sou. Não há uma conversa inteligente aqui, e eu preciso disso."

Então o que é melhor? Manter a boca fechada ou agradar aos bisbilhoteiros, expondo suas entranhas e colocando sobre a mesa os seus pensamentos mais íntimos? Não há, evidentemente, uma boa resposta para essa pergunta. Cara, você perde; coroa, eles ganham. *Não há* uma *forma garantida de evitar a eliminação*. A ameaça não irá embora. Há pouca coisa que você possa fazer – se é que há alguma – para garantir que o golpe seja desviado (ou mesmo postergado). Não há regras nem receitas. Apenas continue tentando – e errando. E só para o caso de você ter perdido a lição do oitavo dia: apenas uma semana depois, quando, no 15º, foi a vez de Lesley ser expulsa da casa ("Lesley saiu da casa do *Big Brother*... para o agitado coro de vaias da multidão que a aguardava"), chegou a vez de Craig fulminar as inescrutáveis viradas do destino: "É ridículo", diz ele, amuado. "Não posso acreditar nisso. Ela não fez nada para merecer ir embora."

Bem, o problema todo é que *não* é preciso "fazer alguma coisa" "para merecer" a eliminação. Esta não tem nada a ver com justiça. Quando se trata da escolha da massa entre vaias e aplausos, a ideia de justo e injusto é irrelevante (ainda que, caçando com os cães em vez de correr com as lebres, você prefira negar isso). Não dá para ter certeza de quando virá a ordem de fazer as malas e ir embora, e nada que você fizer fará com que ela venha ou deixe de vir.

O que os *reality shows* expõem é o *destino*. No que lhe diz respeito, a eliminação é um destino *inevitável*. É como a morte, que você pode tentar manter à distância por algum tempo, mas nada do que faça poderá detê-la quando finalmente chegar. É assim que as coisas são, e não pergunte por quê...

Libertação: agora que você sabe, e também sabe que o seu conhecimento é compartilhado por milhões, e que vem de uma fonte confiável (não é por acaso que a "opinião do público" foi escolhida como a linha da vida por aqueles que buscam a verdade no programa de TV *Quem quer ser um milionário* – também muito popular), pode parar de se atormentar. Também não há necessidade de sentir vergonha de seus sentimentos, suspeitas e premonições, ou de sua luta para afastá-los de sua mente e fazê-los apodrecer nos porões mais sombrios de seu subconsciente. Não fossem elas dadas e recebidas em público, as ordens do *Big Brother*, calculadas para descobrir qual dos moradores da casa será o primeiro a fracassar em seus esforços para cumpri-las, seriam exatamente como qualquer outra sessão psicanalítica. Tais sessões, afinal, se destinam a permitir que você viva feliz para sempre com pensamentos que até ontem pareciam intoleráveis, e que desfile orgulhosamente hoje com o que poucos dias atrás pareceria o traje da infâmia. Nessa sessão de psicanálise pública chamada *Big Brother*, suas premonições crípticas receberam a aprovação retumbante de uma autoridade tão importante quanto os *reality shows*, e portanto você não precisa mais ficar confuso e atormentado: de fato é assim que funciona o mundo real. O *Big Brother* de hoje, diferentemente de seu predecessor criado por George Orwell, cujo nome se tomou emprestado sem pedir licença, não é para manter as pessoas *dentro* e fazê-las andar na linha, mas para chutá-las para *fora* e assegurar-se de que, uma vez que tenham sido chutadas, elas irão embora de maneira adequada e não voltarão...

Esse mundo, como os *reality shows* têm mostrado vividamente e provado de forma convincente, se refere a "quem manda quem para a lata de lixo"; ou melhor, quem o fará *primeiro*, enquanto ainda há tempo de fazer com os outros o que eles muito desejariam, se tivessem a chance, fazer com você – e *antes* que eles consigam agir de acordo com seus desejos. Você ouviu Mary dizer, quando ainda portava um microfone, sobre outra pessoa que mais tarde votaria por *sua* expulsão: "Velho arrogante, ele não deveria estar aqui!" Mary, que estava para ser vitimada, jogou o mesmo jogo dos "vitimadores", e não o fez de modo diferente: se lhe fosse permitido, não hesitaria um segundo em aderir ao clamor público.

E, como você deve ter adivinhado, não há como revogar totalmente as expulsões. A questão não é *se*, mas *quem* e *quando*. As pessoas não são eliminadas por serem más, mas porque faz parte das regras do jogo que alguém *deve* ser eliminado e porque outras pessoas se mostraram mais habilidosas na arte de se descartar de outras como elas; ou seja, eliminar outros jogadores do jogo que todos jogam, os que expulsam e também os que são expulsos. Não é que as pessoas sejam expelidas por terem sido identificadas como indignas de permanecerem. É exatamente o contrário: as pessoas são declaradas indignas de permanecerem porque há uma cota de eliminações que deve ser cumprida. Um dos moradores da casa deve ser expulso a cada semana – toda semana, não importa o que aconteça. São as regras da casa, obrigatórias para todos os moradores, independentemente de como possam comportar-se.

O *Big Brother* é franco: não há nada nas regras da casa sobre recompensar os virtuosos e punir os malfeitores. Tudo gira em torno da cota de eliminações semanais que deve ser cumprida de qualquer maneira. Você ouve Davina McCall, a apresentadora, gritando: "O destino de Craig e Mary está nas mãos de vocês!" Traduzindo: há uma escolha, e você tem a liberdade de escolher sua vítima; pode escolher eliminar um *ou* outro – mas não pode escolher não expulsar nenhum deles ou deixar que ambos fiquem. Assim, de agora em diante, já que eles foram retumbantemente sancionados, sinta-se livre para seguir seus instintos e intuições. Você não pode errar quando vota pela expulsão de alguém. É só quando hesita e resiste ao jogo que você corre o risco de ficar ou ser posto fora dele. E sua aversão a jogar o jogo da exclusão não impedirá os outros de lhe darem uma bola preta.

Finalmente – a *absolvição*. Na verdade, uma absolvição dupla, de dois gumes: retrospectiva e por antecipação. Com efeito, iniquidades antigas e maldades futuras são igualmente perdoadas. As antigas apalpadelas no escuro foram recicladas para se transformarem na sabedoria das futuras escolhas racionais. Você aprendeu – mas também foi *treinado*. Com a verdade revelada vieram habilidades úteis, e com a libertação veio a coragem de colocar essas habilidades em ação. Pelo veredicto oficial de "inocente" você está grato aos produtores de *Big Brother*. E é por essa gratidão que você se junta às multidões grudadas na tela – ajudando assim a tornar o veredicto autorizado, verdadeiramente público e universalmente obrigatório, e nesse processo aumentando bastante as audiências e os lucros da TV...

O *Big Brother* é um programa confuso, ou pelo menos, como críticos mais benevolentes prefeririam dizer, "multifacetado" ou "em múltiplas camadas". Tem alguma coisa para todo mundo, ou pelo menos para muitos, talvez para a maioria – não importa o gênero, a tonalidade da pele, a classe ou o diploma escolar. A luta desesperada dos moradores da casa para escapar à expulsão pode atrair para as telas da TV os amantes da obscenidade ou pessoas ansiosas por saber como são profundos e variados os abismos ocultos onde se sabe que os seres humanos costumam cair; vai atrair e manter cativos os fãs da carne nua e de tudo mais que seja descarado e sexy; tem muito a oferecer a pessoas necessitadas de um vocabulário mais rico na linguagem suja e de mais lições objetivas sobre o seu uso. Com efeito, a lista de benefícios é longa e variada. Os devotos do *Big Brother* têm sido acusados por seus críticos, sempre por um motivo sólido, por uma série de razões básicas. Ocasionalmente, algumas razões nobres também lhes são imputadas.

E assim pessoas diferentes podem assistir ao *Big Brother* por razões diferentes. A principal mensagem do programa se insinua de forma sub-reptícia, envolta em um número muito grande de outras atrações para ser captada imediata e infalivelmente. Ela pode vir de forma inesperada e indesejada para muitos espectadores que buscam outras atrações. Pode até permanecer despercebida por alguns deles. Quanto aos críticos preocupados basicamente com a defesa das boas maneiras (e particularmente em proteger seu próprio direito inalienável e indivisível de distinguir o bom gosto da vulgaridade), essa mensagem fundamental pode passar totalmente despercebida...

Isso não pode ocorrer, porém, no caso do *Weakest Link* [O elo mais fraco] – apenas levemente camuflado como um programa de TV com base em perguntas para testar o conhecimento, e mais levemente ainda como outro programa em que se disputam premiações, e que não oferece aos espectadores nenhum tipo de prazer espiritual ou carnal, com exceção do espetáculo da humilhação de seres humanos, seguida de eliminação e autoimolação. As perguntas e respostas, infelizmente inevitáveis em um programa classificado na categoria *quiz* *, são proferidas com uma rapidez que revela o constrangimento e requer o perdão: "Fico terrivelmente desgostoso por desperdiçar um tempo precioso que poderia ser dedicado ao que é realmente importante – mas você sabe, tal como eu, que nós dois precisamos manter as aparências." Perguntas e respostas lamentáveis, ainda que ine-

---

* Tipo de programa em que pessoas competem entre si respondendo perguntas ou resolvendo quebra-cabeças. Geralmente envolve pessoas do público, mas alguns apresentam celebridades que doam seus prêmios a instituições de caridade. (N.T.)

vitáveis, interrupções do roteiro principal, breves intervalos separando os longos e sucessivos atos da peça – para alguns espectadores, se não para a maioria, apenas oportunidades de relaxar tomando mais um gole de chá e comendo mais uns *chips*.

O *Weakest Link* é a mensagem do *Big Brother* sem diluição – uma mensagem comprimida numa pílula. Tanto quanto possível, ela é despida até se chegar ao essencial e vai direto ao cerne do assunto, que é celebrar a rotina da eliminação. Os participantes, aos quais não se permite duvidar de que é esse o nome do jogo, são eliminados um a um, não em questão de muitas e longas semanas, mas em 30 minutos. Ao contrário do que seu título oficial sugere, o verdadeiro propósito que se revela no curso do programa não é descobrir, em rodadas sucessivas, quais são os "participantes mais fracos", mas lembrar a todos que em cada rodada alguém será declarado "o mais fraco" e demonstrar que a vez de todos, menos a do único vencedor, de serem proclamados "o mais fraco" chegará inevitavelmente, já que todos, menos um, serão eliminados. Todos, menos um, são redundantes antes de começar o jogo; este só serve para revelar quem será o único a ficar livre do destino comum.

No início do *Weakest Link* há uma equipe de vários participantes, todos contribuindo com suas vitórias para um fundo comum. No final fica um só, que embolsa todos os espólios. A sobrevivência é a chance de um deles, enquanto o destino de todos os outros é a perdição. Antes de eles próprios serem eliminados, todos tomam parte nos sucessivos rituais de eliminação com a satisfação antes oferecida por uma tarefa diligentemente executada, um trabalho bem-feito ou uma lição solidamente aprendida, com as possíveis dores de consciência aplacadas pela evidência de que os equívocos dos colegas expulsos tornaram seus veredictos uma conclusão inevitável. Afinal de contas, uma parte essencial (talvez a principal) da tarefa dos participantes é dedicar-se à cerimônia de exclusão admitindo sua própria responsabilidade pela derrota, e fazer uma confissão pública das deficiências que resultaram no ostracismo e tornaram a eliminação simultaneamente justa e inevitável. A principal deficiência confessada, e com monótona regularidade, é o pecado de não conseguir passar a perna nos outros...

Os contos morais de antanho tinham como tema as recompensas à espera dos virtuosos e as punições preparadas para os pecadores. *Big Brother*, *The Weakest Link* e os inúmeros contos morais semelhantes oferecidos aos habitantes de nosso mundo líquido-moderno, e por eles avidamente absorvidos, reiteram outras e diferentes verdades. Primeiro, que a punição é a norma, e a recompensa, uma exceção: os vencedores são aqueles que escaparam à sentença universal da eliminação. Segundo, que os vínculos entre a virtude e o pecado, de um lado, e entre a recompensa e a punição, de outro, são tênues e fortuitos. Pode-se dizer: o Evangelho reduzido ao Livro de Jó...

O que os "contos morais" de nossa época nos dizem é que os desastres ocorrem de forma aleatória, sem motivo ou explicação necessários; que há apenas um elo muito tênue (se é que há) entre o que homens e mulheres fazem e aquilo que lhes acontece; e que pouco ou nada se pode fazer para garantir que esse sofrimento seja evitado. Os "contos morais" de nossa época falam da ameaça maligna e da iminência da eliminação, assim como da quase impotência dos seres humanos em escapar a esse destino.

Todo conto moral atua espalhando o medo. Se, contudo, o medo disseminado pelos contos morais de outrora era um medo redentor (aquele que vem com um antídoto: com uma receita para afastar a ameaça que o origina e, portanto, para uma vida livre dele), os "contos morais" de nossa época tendem a ser impiedosos – não promovem nenhum tipo de redenção. Os medos que disseminam são incuráveis e, na verdade, *inextirpáveis*: chegaram para ficar – podem ser suspensos ou esquecidos (reprimidos) por algum tempo, mas não exorcizados. Para esses medos não se encontrou nenhum antídoto nem é provável que se venha a inventar algum. Eles penetram e saturam a vida como um todo, alcançam todos os recantos e frestas do corpo e da mente, e transformam o processo da vida num ininterrupto e infinito jogo de "esconde-esconde" – um jogo em que um momento de desatenção resulta numa derrota inapelável.

Esses "contos morais" de nossos tempos são ensaios públicos da morte. Aldous Huxley imaginou um *Admirável mundo novo* que condicionava/vacinava as crianças contra o medo da morte oferecendo-lhes seus doces favoritos enquanto elas eram reunidas em torno do leito de agonia de seus parentes mais velhos. Nossos "contos morais" tentam nos vacinar contra esse medo banalizando a visão do morrer. São ensaios gerais diários da morte travestida de exclusão social, na esperança de que, antes que ela chegue em sua nudez, nós nos acostumemos com sua banalidade.

Irreparável... Irremediável... Irreversível... Irrevogável... Impossível de cancelar ou de curar... O ponto sem retorno... O final... O derradeiro... O *fim de tudo*. Há um e apenas um evento ao qual se podem atribuir todos esses qualificativos na íntegra e sem exceção. Um evento que torna metafóricas todas as outras aplicações desses conceitos. O evento que lhes confere significado primordial – prístino, sem adulteração nem diluição. Esse evento é a *morte*.

A morte é aterradora por essa qualidade específica – a de tornar todas as outras qualidades não mais negociáveis. Cada evento que conhecemos ou de que ficamos sabendo – *exceto* a morte – tem um passado assim como um futuro. Cada um deles – *exceto* a morte – traz a promessa escrita em tinta indelével, ainda que em letras mínimas, de que a trama "continua no próximo capítulo". A morte traz apenas uma legenda: *Lasciate ogni speranza* (embora a ideia de Dante Alighieri de gravar nos portões do inferno essa inapelável sentença final não fosse realmente legítima, já que todo tipo de coisa continuava acontecendo depois de se atravessarem esses portões... depois do aviso: "Abandonai toda esperança"). Só a morte significa que nada acontecerá daqui por diante, nada acontecerá com *você*, ou seja: nada que *você* possa ver, ouvir, tocar, cheirar, usufruir ou lamentar. É por essa razão que a morte tende a permanecer incompreensível para os vivos. Com efeito, quando se trata de traçar um limite verdadeiramente intransponível à imaginação humana, a morte não tem concorrentes. A única coisa que não podemos e jamais poderemos visualizar é um mundo que não nos inclua visualizando-o. Nenhuma experiência humana, rica que seja, oferece uma vaga ideia da sensação de que nada vai acontecer e nada mais pode ser feito. O que aprendemos da vida, dia após dia, é exatamente o oposto – mas a morte anula tudo que aprendemos. A morte é a encarnação do "desconhecido". E, entre todos os *desconhecidos*, é o único total e verdadeiramente *incognoscível*. Independentemente do que tenhamos feito como preparação para a morte, ela nos encontra despreparados. Para acrescentar o insulto à injúria, torna nula e vazia a própria ideia de "preparação" – essa acumulação de conhecimento e habilidades que define a sabedoria da vida. Todos os outros casos de desesperança e infelicidade, ignorância e impotência poderiam ser, com o devido esforço, curados. Não esse.

O "medo original", o medo da morte (um medo inato, endêmico), nós, seres humanos, aparentemente compartilhamos com os animais, graças ao instinto de sobrevivência programado no curso da evolução em todas as espécies (ou pelo menos naquelas que sobreviveram o bastante e, portanto, deixaram registrados traços suficientes de sua existência). Mas somente nós, seres humanos, temos consciência da inevitabilidade da morte e assim também enfrentamos a apavorante tarefa de sobreviver à aquisição desse conhecimento – a tarefa de viver com o pavor da inevitabilidade da morte e apesar dele. Maurice Blanchot chegou a ponto de sugerir que, enquanto o homem sabe da morte apenas por ser homem, ele só é homem porque é a morte no processo do devir.[1]

Os sofistas, que pregavam que o medo da morte é contrário à razão – argumentando que quando a morte está aqui eu não estou mais, e quando eu estou aqui a morte não está –, estavam enganados: onde quer que eu esteja, estou em companhia de meu *pavor* de que mais cedo ou mais tarde a morte *vai* pôr um fim à minha presença aqui. Ao realizar essa tarefa, ao enfrentar ou descarregar o "medo secundário" – o medo que se origina, não da morte batendo à porta, mas de nosso conhecimento de que isso certamente ocorrerá, mais cedo ou mais tarde –, tais instintos, se é que fomos equipados com eles, seriam de pouca valia. A solução dessa tarefa deve ser empreendida e realizada, se for possível realizá-la, pelos próprios seres humanos. E isso é feito – para o bem ou para o mal, embora apenas com resultados ambíguos.

Todas as culturas humanas podem ser decodificadas como mecanismos engenhosos calculados para tornar suportável a vida com a consciência da morte.

A inventividade das culturas no campo de "tornar possível conviver com a inevitabilidade da morte" é assombrosa, embora não infinita. Na verdade, a surpreendente variedade dos estratagemas registrados pode ser reduzida a um pequeno número de categorias – todas as suas variantes puderam ser registradas sob umas poucas estratégias essenciais.

De longe a mais comum e aparentemente efetiva das invenções culturais relevantes, e assim também a mais tentadora, é negar a finalidade da morte: a ideia (essencialmente improvável) de que a morte não é o fim do mundo, mas a passagem de um mundo para outro (como Sandra M. Gilbert recentemente expressou[2] – uma *expiração*, não a *conclusão*). Os moribundos não vão deixar o único mundo que existe para se dissolver e desaparecer no submundo da não existência, apenas se mudarão para outro mundo – onde continuarão existindo, conquanto numa forma um tanto diferente (embora confortavelmente familiar) daquela que se acostumaram a chamar de sua. A existência corporal pode acabar (ou ser meramente suspensa até o retorno, ou o dia do juízo final, ou tomar uma forma apenas para assumir outra forma corpórea, como no eterno retorno por meio da reencarnação). Os corpos usados e gastos podem se desintegrar, mas o "estar no mundo" não está confinado a esta carapaça de carne e ossos aqui e agora. Com efeito, a atual existência corpórea pode muito bem ser apenas um episódio recorrente numa existência interminável, embora constantemente mudando de forma (como no caso da reencarnação) – ou uma abertura para a vida eterna da alma que começa com a morte, transformando dessa forma o momento da morte num momento de libertação da alma de seu revestimento corporal (como na visão cristã da vida após a morte).

A advertência *memento mori*, lembrar-se da morte, que acompanha a proclamação da eternidade da vida, é uma afirmação do impressionante poder dessa promessa de lutar contra o impacto imobilizante da iminência da morte. Uma vez que a proclamação tenha sido ouvida e absorvida, e que se tenha acreditado nela, não há mais necessidade alguma de tentar (em vão, por assim dizer!) esquecer a inevitabilidade da morte. Não é preciso mais desviar os olhos de sua inevitável chegada. A morte não é mais a Górgona, cuja própria visão seria capaz de matar: não apenas se *pode* encarar a morte, mas se deve fazê-lo diariamente, 24 horas por dia, a menos que você se esqueça da preocupação com o tipo de vida nova que a morte iminente vai prenunciar. Lembrar a iminência da morte mantém a vida dos mortais no curso correto – dotando-a de um propósito que torna preciosos todos os momentos vividos. *Memento mori* significa: viva sua vida terrena de maneira a ganhar a felicidade na vida após a morte. A vida após a morte é garantida – na verdade, inescapável. Sua qualidade, porém, depende de como você vive sua vida *antes* de morrer. Pode ser um pesadelo. Pode ser uma bem-aventurança. E agora ao trabalho...

A eternidade da alma dota a vida terrena de um valor inestimável. É só aqui e agora, na Terra, quando a alma ainda está contida em sua carapaça carnal, que se pode assegurar a felicidade eterna e afastar o tormento. Terminada a vida corporal, será tarde demais. O veredicto, "sem possibilidade de uma segunda chance", que se acredita ser prognosticado pela morte ganhou um significado totalmente novo – contrário, na verdade. Se, uma vez que as oportunidades de praticar a virtude e evitar o vício cheguem ao fim, como devem chegar no momento da morte, a escolha entre o céu e o inferno já terá sido feita e o destino da alma, decidido – para a eternidade –, é precisamente aquela vida *terrena* abominavelmente curta que detém o verdadeiro poder sobre a *eternidade*. E o compromisso do *memento mori* estimula os vivos a exercer esse poder.

O conceito cristão de pecado original hereditário foi uma invenção particularmente feliz. Elevou ainda mais o valor da vida corpórea e ampliou sua significação. Tornou a chance de ganhar um lugar no céu muito menor do que 50%. Com as probabilidades pesando fortemente contra sua chance de um lugar no céu, os herdeiros do pecado original foram encorajados a serem positivos em relação a suas tarefas existenciais. Já que ninguém nasce inocente, mas sob a carga, desde o início, do pecado hereditário, os mortais precisam ser duplamente cuidadosos e zelosos ao exercer seu efêmero poder de obter a salvação. Deixar de cometer atos malignos não será suficiente: além de boas ações, tantas quanto possível, o autossacrifício, a autoimolação e o sofrimento expiatório autoadministrado também são exigidos para afastar o estigma do pecado original que, de outra forma, o fogo do inferno levaria uma eternidade para queimar. A expectativa da eternidade era um pesadelo para o mau e o apático, mas fonte de alegria perpétua para o bom e o diligente. Ambas as suas faces inspiravam a ação.

Virar a morte de ponta-cabeça – transformar a queda mais repugnante na mais jubilosa ascensão – foi realmente um movimento virtuoso. Não apenas conseguiu conciliar os mortais com sua mortalidade, mas também dotava a vida de um sentido, um propósito e um valor que seriam enfaticamente negados ao veredicto da morte se este fosse deixado em sua direta e rígida simplicidade. Essa mudança transformou o poder destrutivo da morte num formidável poder de engrandecer a vida: ela atrelou a morte à carruagem da vida. Colocou a eternidade ao alcance do transitório, e pôs os autoconfessos mortais no controle da imortalidade.

Foi difícil imitar esse feito, embora se tenha tentado fazê-lo de todas as formas possíveis e, com toda certeza, jamais se deixe de tentar. Dificilmente algum substituto se mostrou mais radical que o original no que se refere a amansar e domesticar o espectro da morte. Só o original apresentou a vida após a morte como destino universal e inegociável, desse modo reapresentando a preocupação com a morte, inspirada pelo medo, como um dever universal – e redentor. Em vez disso, todas as imitações consideram a imortalidade como uma "vida por procuração" e, mesmo sob essa forma tremendamente limitada, como apenas uma chance – algo que se poderia agarrar, mas também perder. Os indivíduos que lutassem, ainda que com êxito, para ganhar essa imortalidade substituta não obtinham a promessa de vivenciar ou mesmo testemunhar em pessoa os efeitos de sua vitória. Àqueles que perguntavam por que motivo deveriam abrir mão das delícias que eram capazes de vivenciar por alegrias que poderiam apenas imaginar e que nunca testemunhariam, as propostas substitutas, diferentemente do estratagema original, foram incapazes de oferecer uma resposta satisfatória que pudesse convencer de maneira irresistível, para não dizer universal.

Embora imperfeitos, todos os substitutos foram planejados segundo a fórmula da vida após a morte, tentando tornar a vida mortal significativa ao enfatizar a *durabilidade dos efeitos* de uma vida terrena reconhecidamente *transitória*, para garantir que o trabalho duro realizado no curso da existência não será em vão, e assim convencer os duvidosos de que a maneira como se vive aquela vida irá pesar muito depois de ela ter chegado ao fim, enquanto nada que aconteça depois será capaz de anular suas consequências.

Segundo essa fórmula, cabe a cada mortal decidir se sua vida deve ou não causar um impacto no mundo que persista após sua morte, e de que tipo. Esse mundo que persistirá depois do término da vida de alguém será habitado por outras pessoas. E aquela que causou o impacto não estará entre os seus habitantes, mas as outras que lá estarão vão vivenciar o impacto daquela vida que chegou ao fim – e, ao que se espera, o reconhecerão. Elas serão gratas àquelas a quem devem o que valorizam e cuidarão para que estas sobrevivam em sua grata memória. Mas ainda que elas não saibam os nomes dos indivíduos cujos feitos tornaram suas vidas diferentes (melhores) do que, de outra maneira, teriam sido, permanece o fato de que a vida de uma pessoa mortal – e agora esquecida – produziu frutos e deixou marcas permanentes.

Em comparação com o estratagema original, suas versões alteradas – substitutas – aparentemente multiplicaram as opções à disposição dos mortais. Para aqueles inspirados pela oportunidade de atingir o tipo de imortalidade oferecido pelas versões substitutas, a gama de opções foi ampliada muito além do simples dilema do céu e do inferno. Já que a expectativa da imortalidade, qualquer que seja sua forma, deixa de ser uma conclusão inevitável, abre-se a todos os interessados um amplo espaço para a invenção e a experimentação. Uma vez que a negação da finalidade da morte se separou da imortalidade da alma, ela está livre para se ajustar a qualquer número de alternativas. E foi o que ocorreu – embora, uma vez mais, a impressionante variedade de invenções culturais possa ser reduzida a duas classes: as que oferecem a imortalidade *pessoal* e as que prometem uma contribuição individual à sobrevivência e à permanência de uma entidade *impessoal*, frequentemente à custa de se reduzir a importância da identidade individual e, em última instância, exigindo uma disposição para a autonegação e a autodestruição.

Ocorre que, em todo tipo de sociedade, a individualidade tende a ser um privilégio cobiçado, estritamente vigiado e guardado, de que poucos usufruem. Ser um indivíduo significa destacar-se na multidão; ter um rosto reconhecível e ser conhecido pelo nome; evitar ser confundido com quaisquer outros indivíduos e assim preservar sua própria *ipséité*.* Nas telas que retratam "momentos históricos" do passado (ou seja, aqueles momentos que se acre-

---

* Termo filosófico que significa aproximadamente "o poder de um sujeito pensante de representar a si mesmo independentemente das mudanças físicas e psicológicas que possa vir a sofrer ao longo da sua existência". (N.E.)

dita valer a pena registrar, pelo fato de suas consequências terem ultrapassado sua própria época e alterado o fluxo subsequente de acontecimentos, deixando uma marca tangível no presente), é possível separar "os indivíduos" dos membros da "multidão" ou da "massa", respectivamente, pelos rostos singulares e identificáveis daqueles e a regularidade, imprecisão ou indivisibilidade destes.

Esse nítido contraste não deveria surpreender. Afinal de contas, a individualidade só é um "valor" na medida em que não se apresente como um "amostra grátis", se for algo pelo qual se deva lutar e que exija um esforço para ser obtido – e por todos esses motivos seja disponível, em princípio, a alguns, enquanto permanece obstinadamente além do alcance dos demais. Se não houvesse multidões sem rosto – "maltas", "hordas", "bandos" ou apenas "turbas" – ou se a individualidade fosse uma qualidade inata, não problemática, banal, de toda e qualquer pessoa, a ideia de indivíduo certamente perderia muito de seu brilho e atração, embora, muito provavelmente, nem tivesse nascido, para começo de conversa. O acesso aos meios de preservar a singularidade identificável do rosto e do nome no futuro, incluindo o período subsequente à morte de seu portador, é um atributo necessário da "individualidade" – mas talvez também seu ingrediente mais desejável.

O principal meio de atingir esse efeito é a "fama", abreviatura de "ser mantido na memória da posteridade". De modo paradoxal para um caminho em direção à imortalidade individual, pertencer a uma *categoria* é o que garante acesso à fama, e a luta por esse acesso (incluindo aquela para fazer com que uma categoria se qualifique para conceder tal imortalidade a seus membros) tem sido através da história um assunto coletivo. Inicialmente uma prerrogativa de reis e generais, a qualificação foi depois obtida por estadistas e revolucionários (e também, de modo enviesado, por escandalosos e rebeldes, suas réplicas distorcidas), descobridores e inventores, cientistas e artistas. Os regimes dinásticos tinham regras próprias para a distribuição da fama, da mesma forma que teocracias, repúblicas e democracias, sociedades agrárias e industriais, culturas pré-modernas, modernas e pós-modernas.

Devemos observar, porém, que o direito à fama individual, coletiva ou sustentado por meio de categorias é uma faca de dois gumes: pode ser percebido como uma crueldade do destino, e não como um lance de sorte. O direito à fama individual institucionalmente assegurado não garante a atribuição do tipo certo de fama, a *glória*. Na prática, pode significar uma eternidade de infâmia. Toda memória, incluindo a da posteridade, é uma bênção ambígua. Se você pertence a uma categoria social que contempla os desempenhos individuais, sejam eles aprovados ou condenados, com a perspectiva de serem registrados e comemorados, a fama é um *destino*. Mas essa capacidade de sobrevivência da fama, e de seus conteúdos, permanece perpétua e indefinida. O direito à fama individual repercute como um dever de esforço incessante e vigilância sem trégua – tal como o direito à salvação exigia uma bondade vitalícia e sem deslizes. Não promete descanso e pressagia uma vida cheia de ansiedade, autocrítica e possivelmente autorreprovação. A perda ou o desperdício da chance pode ser algo tão amargo quanto o fracasso – se não mais.

Para aqueles aos quais foi negada a chance da imortalidade individual – para os *hoi polloi*[*] anônimos e sem rosto, os homens e mulheres comuns e "indistinguíveis", a matéria-prima de que se fazem as tabelas estatísticas – é oferecida outra variante de imortalidade: a imortalidade-por-procuração, ou a imortalidade-mediante-a-renúncia-à-individualidade. Ou ainda outras *variantes*, considerando-se quantas versões dessa imortalidade despersonalizada foram e são oferecidas, cada qual capitalizando de sua própria maneira o medo não curado e, em última instância, incurável do desconhecido.

A imortalidade personalizada é uma proposta de expansão da vida, exigindo duros esforços para "deixar uma marca": realizar feitos memoráveis. A imortalidade despersonalizada faz jus-

---
[*] Termos gregos, denotam em textos na língua inglesa "as massas", "o povo". (N.T.)

tamente o oposto. É oferecida como prêmio de consolação aos muitos – inumeráveis – homens e mulheres que têm pouca esperança de realizar alguma coisa considerada importante e, assim, com reduzidas expectativas de obter por si mesmos um lugar na memória humana. A imortalidade impessoal compensa a impotência pessoal. A existência anônima ganha uma chance de imortalidade (igualmente anônima). Sim, suas vidas serão esquecidas, mas ainda assim causarão algum impacto – não irão passar sem deixar vestígio. O que vai causar esse impacto, contudo, e deixar marcas profundas no tempo infinito, é a forma como eles *morrem*. Incapazes de alcançar a imortalidade por meio da *vida*, eles a obtêm assim mesmo por meio da *morte*. Isso faria da morte um meio de produzir algo muito mais sólido, permanente, confiável e significativo do que a sua existência individual, monótona, insípida e pouco atraente, privada da oportunidade de tornar a sua presença sentida e notada ainda em vida. É pela sobrevivência desse algo que eles mesmos podem atingir a imortalidade-por-procuração – transformando sua morte numa oferenda por uma *causa* (eterna, ao que se espera).

No limiar da era da construção nacional, a República francesa pós-revolucionária reviveu a antiga fórmula romana *pro patria*, e assim estabeleceu o padrão dessa "imortalidade-por-procuração", a "mortalidade compensatória". Isso foi feito mediante o que George L. Mosse denominou a "nacionalização da morte"[3] – uma estratégia que seria seguida por toda a Era Moderna.

As nações debutantes/aspirantes necessitavam dos poderes de Estado para se sentirem seguras, e o Estado emergente carecia do patriotismo nacional para se sentir poderoso. Um precisava do outro para sobreviver. O Estado necessitava de seus súditos como patriotas da nação, prontos a sacrificar suas vidas individuais pela sobrevivência da "comunidade imaginada" da nação; esta precisava de seus membros como súditos de um Estado habilitado a recrutá-los para a "causa nacional" e, em caso de necessidade, forçá-los a submeter suas vidas pela imortalidade da nação. Tanto o Estado como a nação encontraram a solução mais adequada a seus respectivos problemas na ideia da morte *anônima* que levava à imortalidade *impessoal*.

Na era dos exércitos constituídos pelo recrutamento em massa e do serviço militar universal, o incontrolado horror à morte e o medo do vazio – a que se suspeitava que a morte conduzisse – foram proveitosamente empregados na mobilização do patriotismo das massas e da dedicação à causa nacional. Como assinala Mosse, embora "a morte na guerra de um irmão, marido ou amigo" continuasse sendo vista como a "morte de um herói" – um sacrifício pessoal –, "agora se dizia, ao menos em público, que o ganho superava a perda pessoal". A morte do herói nacional podia ser uma perda pessoal, uma tragédia, mas o sacrifício era amplamente recompensado, ainda que não pela salvação da *alma* imortal de quem morria, mas pela imortalidade corpórea da nação. Os monumentos aos mortos, espalhados por toda a Europa, relembram que a nação agradecida recompensa o sacrifício de seus filhos com a inesgotável memória de seus serviços. E que a nação não viveria para erguer os monumentos em honra de seus mortos se não fosse pela disposição de alguns de sacrificarem suas vidas.

Memoriais construídos nas capitais europeias celebravam o desprendimento dos Soldados Desconhecidos e inculcavam a ideia de que nem o posto ou a graduação militar dos heróis, nem tampouco toda a sua vida até o momento do derradeiro sacrifício, tinham importância do ponto de vista da sua apreciação e lembrança. Esses memoriais permitiam que os vivos soubessem que a única coisa que contava era o momento da morte no campo de batalha, e que a *dignidade da morte* tinha o poder de, retrospectivamente, redefinir (elevar e enobrecer) o significado até mesmo das vidas mais indignas. As exposições públicas anuais da memória nacional servem também a outro propósito. Lembram aos espectadores e participantes das cerimônias comemorativas que a longevidade da existência póstuma na memória da posteridade depende da existência contínua da nação: o sacrifício será lembrado enquanto a nação sobreviver (mas não além disso) – e assim o sacrifício de uma vida pessoal pela sobrevivência da nação não é apenas a maneira de sobreviver à morte, mas também a condição de um universo para o qual a existência póstuma pode ser transplantada, e no qual ela pode florescer e se sentir segura...

O estratagema empregado pela primeira vez pelos porta-vozes das nações em formação estabeleceu um padrão que os promotores de numerosas outras causas tentaram, poucas vezes com pleno sucesso, imitar – talvez nem tanto por seu potencial de curar as feridas infligidas pelo horror à inevitabilidade da morte (um potencial sempre discutível) quanto pela assombrosa oportunidade de colocar o inextinguível medo do vazio-após-a-morte a serviço das causas que desejavam promover ou preservar. A fórmula "você vai morrer, mas, graças à sua morte, a causa por ela servida viverá para sempre – e assim tornará a imortalidade do seu feito ainda mais segura do que quaisquer monumentos esculpidos em pedra ou fundidos em aço" foi explorada de modo particularmente intenso pelos movimentos revolucionários que promoveram uma profunda e permanente retificação da ordem social segundo o padrão da construção nacional, embora poucas vezes com um efeito igualmente poderoso.

Apesar das enormes diferenças entre eles, os meios de obter a imortalidade pessoal e impessoal reconhecem igualmente a gravidade do problema com que o fim inegociável da morte confronta todos os seres humanos como conscientes de sua mortalidade. Esses meios, sua popularidade e efetividade (ao menos parcial) atestam, obliquamente, o lugar importante ocupado pela preocupação com a vida eterna (ou sua negação) entre os interesses dos mortais. Eles são, por assim dizer, tributos (ou resgates?) indiretos ao poder aterrador, sublime, definitivamente *sobre*-humano e apavorante da eternidade, pago por todos os seres humanos demasiado conscientes da brevidade de suas próprias vidas. E só "fazem sentido" sob a condição de que o horror à morte continue, o tributo propiciatório seja oferecido de boa vontade e o resgate a ser pago seja estabelecido de comum acordo.

Outro estratagema cultural corre em paralelo com a família dos expedientes examinados até aqui. Quando as condições historicamente construídas da eficácia (e portanto do poder de sedução) dos expedientes acima discutidos começam a se dissolver e a desaparecer, esse estratagema alternativo, que ganha força gradual e contínua através da Era Moderna, parece estar atingindo a posição mais importante em nossa sociedade líquido-moderna de consumidores. Esse estratagema consiste na *marginalização* das preocupações com o fim mediante a desvalorização de tudo que seja durável, permanente, de longo prazo. Ou seja, a desvalorização de tudo que possa ultrapassar a existência individual ou mesmo os empreendimentos a prazo fixo em que se divide a duração da vida, mas também das experiências existenciais que fornecem a matéria com a qual é moldada a ideia de eternidade para estimular a preocupação com o lugar que nela se ocupa.

O estratagema da marginalização consiste num esforço sistemático para afastar a preocupação com a eternidade (e, de fato, com a duração em si) da consciência humana e despi-la de seus poderes de dominar, moldar e definir o curso da existência individual. Em vez de prometer pontes de ligação entre a vida mortal e a eternidade, esse estratagema alternativo reduz, degrada ou refuta abertamente o valor da duração, cortando pela raiz quaisquer preocupações com a imortalidade. Ele transplanta para o momento presente a importância que se atribuía ao "depois"; do durável ao transitório. Ele desacopla o horror da morte de sua causa original, tornando-o disponível a outros usos, alardeando efeitos mais tangíveis e (acima de tudo) imediatos das preocupações com a vida após a morte.

Há duas formas essenciais de se chegar a isso. Uma delas é a *desconstrução* da morte. A outra é sua *banalização*.

Depois de observar que "nós mostramos uma tendência inequívoca a colocar a morte de lado, a eliminá-la da vida", Sigmund

Freud explica: "Temos o hábito de enfatizar a causalidade fortuita da morte – acidente, doença, infecção, idade avançada; dessa maneira, revelamos o esforço de reduzir a morte de necessidade à oportunidade."[4] Tal "redução" (ou, para empregar uma novidade linguística pós-freudiana e um pouco mais precisa, "desconstrução") da morte está afinada com o espírito da modernidade (observe-se que Freud escreveu o texto citado numa época em que o espírito moderno estava no auge de seu atrevimento – pois ainda ignorante de suas limitações). Era um gesto tipicamente moderno fatiar o desafio existencial num agregado de problemas que devem ser resolvidos um a um, independentemente, e o *podem* ser de tal forma desde que o know-how e os meios técnicos necessários para utilizá-lo estejam disponíveis e que seu regime de uso seja estritamente observado.

Em algum lugar no âmago do impulso desconstrutivo juntou-se o pressuposto vago e raramente articulado de que a quantidade dos problemas já encontrados e ainda por revelar-se é finita, de modo que a relação de tarefas a serem executadas pode ser, mais cedo ou mais tarde, totalmente percorrida e esgotada. Tinha-se a esperança de que até mesmo as tarefas mais grandiosas e esmagadoras, aparentemente além da capacidade humana de executá-las, já que impossíveis de apreender em sua totalidade e de confrontar diretamente, poderiam ser dissecadas numa profusão de minitarefas específicas e individualmente solucionáveis, e depois removidas da agenda – tal como se descarta uma estante vazia depois de remover todo o seu conteúdo. Não é fácil demonstrar a futilidade dessa esperança, já que a longa sequência de campanhas bem-sucedidas pode efetivamente ocultar a impossibilidade de vitória na guerra em nome da qual todas as campanhas foram deslanchadas e levadas a cabo.

O que se oculta quando a desconstrução é aplicada à questão da morte é o duro e obstinado fato da mortalidade, biologicamente determinada aos seres humanos. Dificilmente se ouve falar, se é que isso chega a ocorrer, de seres humanos morrendo de mortalidade... Até a noção de "morte por causas naturais" – um substituto verbal eufemístico, já higienizado, para "mortalidade" – saiu do vernáculo. Os médicos dificilmente registram "causas naturais" ao preencherem certidões de óbito. Se lhes faltar uma explicação alternativa, mais específica, certamente recomendarão um exame *post-mortem* para estabelecer a causa "genuína" (ou seja, imediata) da morte. Sua incapacidade de encontrar essa causa seria depreciada como um atestado de inaptidão profissional. Deve-se apontar e explicar detalhadamente a causa de cada falecimento, e tal razão de morrer é a única que pode ser aceita como causa legítima, a qual *é* evitável ou, com o devido esforço (ou seja, mais pesquisa e desenvolvimento de procedimentos médicos), pode *tornar-se* evitável – ao menos em princípio, se não em todos os casos práticos. Nem parentes nem amigos do falecido aceitariam "causas naturais" como explicação do motivo pelo qual a morte ocorreu.

Observe-se que essas táticas são um tipo de construção de mito exatamente oposto à estratégia de representar a história como natureza, descrita em detalhes por Roland Barthes. O mito da contingência da morte é construído e sustentado mediante a representação de um ato natural, como o produto de muitas falhas humanas que poderiam ser evitadas ou tornadas evitáveis. Contra a cultura se mascarando de natureza, da forma exposta por Barthes, a naturalidade da morte é camuflada de cultura. Mas a função dos mitos investigados por Barthes era proteger o corpo da cultura, frágil e contingente, por trás do escudo do "extraordinário" – enquanto o propósito da desconstrução da morte é exatamente o oposto: despi-la da aura do extraordinário que porta e sempre portou.

Se a expectativa da imortalidade enfatiza a importância (instrumental) e a potencialidade da vida mortal, embora reconhecendo a iminência da morte corpórea, a desconstrução da morte, paradoxalmente, intensifica o grau de terror da morte e eleva drasticamente a potência destrutiva desta, mesmo quando aparentemente questiona sua iminência. Em vez de suprimir a consciência da inevitabilidade da morte (seu suposto efeito) e libertar a vida dessa pressão, torna mais ubíqua e importante do que nunca a presença da morte na vida.

A morte é agora uma presença permanente, invisível, mas vigilante e estritamente vigiada, em cada realização humana, profundamente sentida 24 horas por dia, sete dias por semana. A memória da morte é parte integrante de qualquer função da vida. A ela se atribui grande autoridade, talvez a maior, quando quer que se precise fazer uma escolha numa existência cheia de escolhas.

Uma vez que a terrível preocupação com a morte final, embora distante, foi introduzida na preocupação cotidiana com o tempo e na reação (ou melhor, no resguardo) às inumeráveis e ubíquas causas singulares e imediatas da morte, e na medida em que os alarmes sobre substâncias e regimes patogênicos recentemente descobertos, mas até então desconhecidos, se seguem em rápida sucessão, cada ato e ambiente de ação, incluindo aqueles até agora considerados inócuos e inofensivos, ou sobre os quais absolutamente não se pensava serem "relevantes para a morte", se tornam suspeitos de causar danos irreparáveis e produzir consequências terminais. Da ameaça de morte não há agora um só momento de descanso. A luta contra a morte começa no nascimento e continua presente pela vida afora. Enquanto prossegue, é pontilhada por vitórias – ainda que a última batalha esteja fadada à derrota. Antes dela, contudo (e quem sabe antecipadamente que batalha se revelará como a última?), a morte permanece velada. Fragmentada em incontáveis preocupações com incontáveis ameaças, o medo da morte satura a totalidade da vida, embora na forma diluída de uma toxidade um tanto reduzida. Graças à ubiquidade de suas pequenas doses, é improvável que o pavor da morte seja "ingerido" totalmente e confrontado em toda a sua medonha horripilância, sendo suficientemente comum para poder paralisar o desejo de viver.

De par com a desconstrução chega então a banalização da morte, sua companheira indispensável, mas também inevitável. Se a desconstrução substitui um desafio irresistível por uma multiplicidade de tarefas comuns e essencialmente realizáveis, esperando desse modo evitar o confronto com a totalidade de seu singular e derradeiro horror, a banalização transforma o próprio confronto num evento banal, quase cotidiano, esperando desse modo fazer da "vida com a morte" algo menos intolerável. A banalização leva a experiência única da morte, por sua natureza inacessível aos vivos, para o domínio da rotina diária dos mortais, transformando suas vidas em perpétuas encenações da morte, desse modo esperando familiarizá-los com a experiência do fim e assim mitigar o horror que transpira da "alteridade absoluta" – a total e absoluta incognoscibilidade da morte.

É a morte que confere à ideia de fim seu significado inteligível. Todos os outros usos vernaculares do termo são apenas referências diretas ou oblíquas desse significado. As representações da morte são demonstrações daquilo que o fim – que de outra maneira permaneceria incompreensível para nós, os inveterados esperançosos no homem (como insistia Ernst Bloch[*]) – realmente significa.

Jacques Derrida observou que cada morte é o fim de *um mundo*, e a cada vez o fim de um mundo *único*, um mundo que não pode jamais reaparecer ou ser ressuscitado.[5] Cada morte é *a perda* de um mundo – uma perda *definitiva, irreversível e irreparável*. A *ausência* desse mundo é que jamais acabará – sendo, a partir de agora, eterna. É por meio do choque da morte, e da ausência subsequente, que o significado do fim, assim como os significados da eternidade, singularidade, individualidade, em suas facetas gêmeas de *la mêmeté* e *l'ipséité*, é revelado a nós mortais.[**]

---

[*] Filósofo marxista que viveu de 1885 a 1977, cujo trabalho é direcionado à noção de que em um mundo humano utópico, no qual a opressão e a exploração foram banidas, sempre haverá uma força ideológica revolucionária. (N.E.)

[**] O termo *mêmeté* ou, em português, "mesmidade" é um jargão do pensamento de Derrida. Trata-se da mesmidade do "mesmo", no sentido grego do "mesmo", com referência especial a Parmênides. Como Derrida sugere, trata-se de uma outra maneira de se cuidar do mesmo problema. A mesmidade do "mesmo" concerniria ao "si mesmo" do "mesmo", ou seja, àquilo que, embora pareça de diferentes formas, é o "mesmo" – o que diz respeito tanto a um ente singular quanto ao todo, à totalidade dos entes em seu ser. *L'ipséité* ou a "ipseidade" é uma forma de aludir ao "isso mesmo" da coisa, à "coisa mesma" ou à "coisa em si mesma" e não meramente aos seus aspectos ou acidentes. É um modo de formular o problema metafísico original. (N.E.)

Mas, como observou Vladimir Jankélévitch, nem toda morte é portadora do mesmo poder de revelação, esclarecimento e ensinamento.[6] Minha própria morte não pode ser compreendida como fim, nem imaginada como tal (eu não consigo imaginar o mundo do qual estou ausente sem imaginar minha presença como sua testemunha, *cameraman* e repórter). A suspensão de "terceiras pessoas" (estranhos, os "outros" anônimos e sem face), que tende a permanecer uma noção abstrata, demográfico/estatística, não importa a amplitude dos números em que se expressa, não irá nos atingir como uma perda irreparável. Ao ouvirmos falar de uma morte dessas, não podemos referir essa notícia a alguma coisa em particular que possamos estar perdendo (nos termos de Derrida, podemos dizer que não conhecíamos os mundos de cujo desaparecimento fomos informados). Todos os humanos são mortais, estamos acostumados à ideia de que todas as espécies vivas se renovam por meio da mortalidade de todos os seus membros, e presumimos, ainda que apenas implicitamente, que no devido tempo as brechas abertas pela morte serão novamente preenchidas. Essa perda, não importa a amplitude dos números, não é irreparável.

E assim é apenas um tipo de morte, a morte de alguém que tratamos por "você", de um "semelhante", de alguém próximo e querido, de uma pessoa cuja vida se interligou com a minha, que abre caminho a uma "experiência filosófica privilegiada", de vez que me oferece uma pista daquela *terminalidade* e *irrevogabilidade* em que a morte – toda e qualquer –, e *apenas* a morte, consiste. Algo irreversível e irreparável acontece comigo, algo parecido, a esse respeito, com a minha própria morte, mesmo que a de outra pessoa ainda não seja a minha. Sigmund Freud concordaria. Certa vez, observou o:

> Colapso total quando a morte atinge alguém a quem amamos – um pai, mãe ou parceiro de matrimônio, um irmão ou irmã, um filho ou parente próximo. Nossas esperanças, desejos e prazeres jazem na tumba com ele, não nos consolaremos, não preencheremos o lugar daquele que perdemos.[7]

Os dois últimos parágrafos falaram de uma condição humana, humana demais – universal e atemporal. Em todas as épocas e culturas, as vidas de homens e mulheres tendem a se interligar com as de outros seres humanos – seus parentes, vizinhos, amigos próximos –, tal como as nossas. A alguns seres humanos à nossa volta somos ligados pelos laços da simpatia e da intimidade das quais se tecem as relações do tipo "eu-você". Mas ocorre que esses outros selecionados morrem, desaparecendo um a um de nosso mundo e levando consigo seus próprios mundos para a não existência. Na maioria dos casos, eles não são substituídos, e nunca o são completamente – e essa impossibilidade de substituí-los plenamente oferece um *insight* sobre o verdadeiro significado da "singularidade" e da "terminalidade", capacitando-nos a prever o significado de nossa própria morte, mesmo que continuemos incapazes de visualizar o mundo sem nossa presença, o-mundo-após-nossa-morte, o mundo sem nós para observá-lo. Ao partirem um após outro, nossos próprios mundos, os mundos dos sobreviventes, vão perdendo pouco a pouco os seus conteúdos. Os que viveram muito e viram partir muitas pessoas próximas e queridas se queixam da solidão: a experiência sinistra, misteriosa, do vazio do mundo – outro *insight* oblíquo sobre o significado da morte.

Por todas essas razões, o fim do compartilhamento de um mundo "eu-você" produzido pelo falecimento de um companheiro-na-vida pode ser descrito, com um mínimo de simplificação, como uma experiência de morte de "segundo grau" (e permitam-me repetir: trata-se da única modalidade em que a experiência da morte é acessível aos vivos). Mas um fim semelhante da experiência de mundo compartilhado "eu-você" pode ser causado por algo diferente da morte física de um companheiro próximo. Embora produzido por motivos diferentes, o corte de um vínculo inter-humano pelo término de um relacionamento também porta o selo do fim (mesmo que, diferentemente da morte verdadeira, esse selo possa ser removido; teoricamente, uma relação pode ser reatada e, portanto, ressurgir dos mortos, ainda que a presumida probabilidade desse acontecimento tenda a ser severamente reduzida pelo fato de a possibilidade de reconciliação ser teimosamente negada e declarada inconcebível no calor do estranhamento entre os parceiros); desse modo, poderia ser visto como, por assim dizer, a experiência da morte de "terceiro grau".

A própria morte é "banalizada" por procuração quando aquela substituta de segunda ordem, a experiência da morte de "terceiro grau", se transforma numa ocorrência frequentemente repetida e infinitamente reproduzível. Isso de fato ocorre quando os vínculos humanos se tornam frágeis, mantidos apenas provisoriamente, com pouca, se é que alguma, expectativa de durabilidade, e se mostram desde o início assustadoramente fáceis de se desfazer à vontade e com pouca ou nenhuma advertência. À medida que os vínculos da era líquido-moderna se tornam claramente tênues e "até segunda ordem", a vida vira um ensaio diário da morte e da "vida após a morte", da ressurreição e da reencarnação – todas encenadas por procuração, mas, da mesma forma que os *reality shows*, nem por isso menos "reais". A "alteridade absoluta" que separa a experiência da morte de todas as experiências da vida agora se torna uma característica comum do cotidiano. Despida, assim, de seu mistério, familiarizada e domesticada, a fera selvagem se transforma num animalzinho de estimação.

O divórcio pode ser um simulacro da viuvez – mas, como assinalou Jean Baudrillard, um "simulacro" não é uma simulação,[8] que "imita" as características da realidade e assim, inadvertidamente, reinstitui e reconfirma a supremacia desta. Diferentemente da simulação, o "simulacro" nega a diferença entre a realidade e sua representação, anulando desse modo a oposição entre verdade e falsidade, ou entre a imagem e sua distorção. Baudrillard compara o simulacro à doença psicossomática, em que é fútil indagar se o paciente está realmente "doente" ou não, e mais inútil ainda tentar provar sua impostura, já que todos os sintomas da moléstia estão presentes e parecem exatamente o que a "coisa real" pareceria.

A fragilidade dos vínculos humanos é um atributo proeminente, talvez definidor da vida líquido-moderna. A enorme fissiparidade desses vínculos e a frequência com que são rompidos servem como lembrete constante da mortalidade que caracteriza a existência humana. Não há muito sentido em questionar a validade de se igualar a perda de um parceiro pela separação com a perda "verdadeiramente final" causada pela morte física – o que conta é que, em *ambos* os casos, "*um* mundo", *sempre* "singular", desaparece – e que tanto a vontade quanto a esperança caem frente ao desafio do fim, quiçá podem revertê-lo.

A perda de um companheiro-na-vida pode ser apenas uma metáfora da "você-morte" de Jankélévitch, mas uma metáfora que tende a ser dificilmente distinguível daquilo que representa. E assim é o momento subsequente à ruptura, dedicado a estabelecer novos laços, destinados reconhecidamente a serem cortados da mesma forma que os anteriores. A morte-por-procuração torna-se um elo constante e indispensável a sustentar a interminável sequência de "novos começos" e esforços para "renascer", traços característicos da vida líquido-moderna, e um estágio necessário em cada uma das séries infinitamente longas dos ciclos de "morte-renascimento-morte". No drama permanente da vida líquido-moderna, a morte é um dos principais personagens do elenco, reaparecendo a cada ato.

Tal como um ator escalado para o drama da vida líquido-moderna, a morte entretanto difere, numa série de aspectos vitais, do texto original a que permanece metaforicamente entrelaçada – uma circunstância que não pode transformar a forma pela qual a morte é pensada e temida.

Um dos aspectos seminais entre todos esses que estamos aqui analisando é o desacoplamento entre a ideia de morte e as preocupações com a eternidade. A morte foi incorporada ao fluxo da vida. Não sendo mais o fim irrevogável da vida, tornou-se parte integrante (e possivelmente indispensável) desta. Não há uma interface que separe a morte da eternidade e conecte-a com a mesma. A morte não é imaginada como uma passagem do transitório ao eterno, nem é contemplada como um portal para a imortalidade. O tempo antes e depois da experiência da morte de "segundo grau" é similarmente fragmentado e descontínuo, e não importa quão dolorosa possa ser a experiência da perda de um mundo singular, não era esperado nem desejado que conduzisse a uma dinâmica diferente. Não vai atrasar o fluxo dos episódios, muito menos interrompê-lo, pará-lo de vez. Numa vida líquido-moderna, não há pontos sem retorno, e qualquer perspectiva de que houvesse seria evitada e rechaçada ativamente (muitas vezes com sucesso).

A mortalidade recolhida na fragilidade e fissiparidade dos vínculos humanos difere profundamente daquela que se origina da fragilidade dos corpos humanos.

Em tempos "normais", "pacíficos", a morte natural é algo esperado, com somente poucas exceções (chamadas de "anormais", "extraordinárias", "excêntricas" ou criminosas), como resultado da incapacidade do corpo de permanecer vivo – de atingir seu "limite natural", o momento da "eutanásia", tal como definida por Schopenhauer, ou de ser submetido a uma degradação patológica como o câncer; ou como resultado da interferência de agentes estranhos, conhecidos ou ainda por descobrir, como doenças contagiosas, poluição, desastres naturais, anomalias climáticas, fumo passivo etc., nenhuma delas intencionalmente causada por ações humanas.

A experiência da morte de "segundo grau", estimulada pela ruptura dos vínculos humanos, é, não obstante, causada por humanos – sempre produto *intencional* de uma ação deliberada, *premeditada*. Algumas vezes suas origens remontam a um ato que, com um pouco de exagero, poderia ser registrado sob a rubrica de assassinato (metafórico), mas em geral está perto de ser classificado como resultado de um homicídio (metafórico). Por trás de cada morte metafórica, ocultam-se agentes humanos, quer seja possível ou não estabelecer e provar no tribunal a existência de intenções dolosas. A ruptura de um vínculo pode ocorrer "por consentimento mútuo", mas raramente, se é que alguma vez, resulta dos desejos de todos os envolvidos e afetados por suas consequências, tal como dificilmente é aprovada por todos eles. O evento da ruptura de um vínculo divide os parceiros entre os *perpetradores* e suas *vítimas* (nossa "cultura da produção de vítimas e da compensação", outra característica definidora da vida líquido-moderna, pode ter origem nessa circunstância). O que é saudado por um dos lados como um ato bem-vindo de libertação é percebido e vivenciado pelo outro como um ato abominável de rejeição e/ou exclusão – um ato de crueldade, uma punição imerecida ou no mínimo uma prova de insensibilidade.

Assim, o medo da metafórica "morte de segundo grau" é, no final das contas, o horror de ser *excluído*. Saturada como é de mortes metafóricas, a vida líquido-moderna é uma vida de suspeita permanente e vigilância incessante. Não há como saber de que lado do vínculo virá o golpe; quem será o primeiro a desferi-lo, tendo se cansado de compromissos entediantes e das promessas de uma lealdade difícil de concretizar, ou tendo identificado em outro lugar ligações mais promissoras e menos incômodas. Não há como saber nem quem se mostrará suficientemente inflexível, corajoso e empedernido para declarar o fim de um relacionamento, mostrar a porta ou fechá-la para o outro, colocar o fone no gancho ou parar de responder a chamadas.

Mesmo que por diferentes razões, a morte metafórica é tão refratária, difícil e frequentemente impossível de evitar quanto o seu arquétipo. Não há imunidade – e não há uma forma eficaz de você reivindicar, muito menos comprovar seus direitos, pois não existem normas universalmente aceitas a serem invocadas, nem "deves" e "não deves" seguramente baseados em crenças comuns e eficientemente promovidos pelas práticas gerais, aos quais você possa recorrer a fim de provar, de maneira convincente, que o veredicto da exclusão – *sua* "morte metafórica" – foi imerecido e deveria ser revogado. Não há um modo infalível de ganhar a causa, não importa com que entusiasmo e seriedade você tente.

Muito pelo contrário. Num ambiente líquido-moderno, que por acaso também é o da sociedade dos consumidores,[9] o pessoal e individual – antes conhecido como "privado" – é que se torna o "político" (no sentido da "política de vida" de Giddens). Pelo menos é isso que os indivíduos, homens e mulheres, são ensinados, estimulados ou forçados a acreditar – e a se comportar de acordo. Eles são encorajados a projetar e depois executar sozinhos, cada um por si, todos os instrumentos legislativos, executivos e jurídicos da sinfonia da política de vida. Nos tribunais individuais de justiça, acusado, júri e juiz se confundem em uma única pessoa, a qual também redige seu próprio código de normas de procedimento *ad hoc* enquanto é julgada. Não há regras universalmente aceitas às quais todos os tribunais individuais sejam obrigados a se referir, ou a que possam recorrer com credibilidade e de modo autorizado. As sentenças podem ser contestadas – mas inevitavelmente em outro tribunal, também individual, capaz de proceder segundo regras bem diferentes e de ser guiado por outros princípios. O que é considerado justo em um tribunal individual pode ser rejeitado por outro como uma grotesca imitação de justiça, enquanto as premissas comuns entre as cortes são muito instáveis e voláteis, e a comunicação muito superficial e contingente, para que se possam resolver suas discordâncias e chegar a uma decisão verdadeiramente satisfatória para ambos.

A disputa entre sentenças individuais (se for possível chegar a isso, ou seja, se nenhum dos oponentes boicotar a sala de audiências, acreditando que o processo se encerrou antes de ser aberto, não esperando uma solução positiva ou se recusando a priori a reconhecer a autoridade de qualquer tribunal "de fora") tende, desse modo, a se reduzir a uma competição de força e obstinação. Os vencedores são aqueles dotados de melhor musculatura e poder de resistência e menos dispostos a ouvir – mas os perdedores tendem a não aceitar a vitória de seus oponentes; se jogam a toalha e depõem as armas, é apenas por algum tempo, enquanto esperam que a balança de forças se incline em seu favor. O que os perdedores aprendem com a derrota é que as crenças populares são corretas quando insistem que o mais forte sempre tem razão, e que as vitórias são provas de mais poder e menos escrúpulos, não de mais sabedoria e justiça, enquanto as derrotas resultam de desaconselháveis escrúpulos e inibições morais dos derrotados.

O espírito moderno nasceu sob o signo da busca da felicidade – de mais e mais felicidade. Na sociedade líquido-moderna dos consumidores, cada membro individual é instruído, treinado e preparado para buscar a felicidade individual por meios e esforços individuais.

O que mais possa significar a felicidade, ela sempre quis dizer ser livre das inconveniências; e, entre os modernos significados do conceito de "inconveniente", o *Oxford English Dictionary* relaciona "discordante", "inadequado, inapropriado, fora do lugar", "desfavorável ao conforto", "incômodo, embaraçoso, desvantajoso, inoportuno". Você pode apontar facilmente (quem não pode?) um punhado de indivíduos aos quais – no que lhe diz respeito – tais qualidades caem como uma luva. E essas qualidades se ajustam a essas pessoas porque tais indivíduos se colocam no caminho da *sua* busca por *sua* felicidade individual. Você pode dar alguma razão pela qual deixaria de tentar excluir tais indivíduos, claramente "deslocados", do lugar onde estão?

A vida líquido-moderna reside em um campo de batalha. Pobre da grama se elefantes a escolhem como campo de combate – a arena ficará densamente coberta de "vítimas colaterais" (sejam funcionários de empresas vítimas das "fusões agressivas" ou crianças "metaforicamente abandonadas" por pais divorciados). Mas pobres dos elefantes que lutam sobre areias movediças...

Todas as vitórias líquido-modernas são, permitam-me repetir, temporárias. A segurança que oferecem não sobreviverá ao atual equilíbrio de poder, do qual se espera que tenha vida tão curta quanto todos os outros equilíbrios: tal como as fotos instantâneas de coisas em movimento. Os perigos podem ter sido ocultados no subsolo, mas não foram nem podem ser desarraigados. E o mutável equilíbrio de poder, a única superfície sobre a qual o volátil sentimento de segurança pode repousar, precisa ser testado dia após dia, de modo que os menores sintomas de outra mudança possam ser identificados a tempo e – ao que se espera – revertidos.

No campo de batalha da vida líquido-moderna, o conflito do reconhecimento, destinado a atualizar o inventário de ameaças e oportunidades, nunca se extingue. Um lapso momentâneo de vigilância será suficiente para que os excludentes sejam excluídos. Um espectro paira sobre o campo de batalha: o espectro da exclusão, da *morte metafórica*.

Examinamos brevemente as três estratégias essenciais destinadas a tornar possível que se viva com o conhecimento da iminência da morte. A primeira consiste em construir pontes entre a vida mortal e a eternidade – reclassificando a morte como um novo começo (dessa vez de uma vida *imortal*), em vez de o fim dos fins. A segunda estratégia consiste em mudar o foco de atenção (e preocupação!) da própria morte, como um evento universal e inescapável, para suas "causas" específicas, as quais deverão ser neutralizadas ou enfrentadas. E a terceira consiste em um "ensaio metafórico" diário da morte em sua verdade horripilante de fim "absoluto", "derradeiro", "irreparável" e "irreversível" – de modo que esse "fim", tal como no caso dos modismos e tendências "retrô", possa vir a ser encarado como bem menos que absoluto; como algo revogável e reversível, só mais um evento banal entre tantos outros.

Não estou sugerindo que qualquer uma dessas estratégias, ou mesmo todas elas aplicadas em conjunto, seja plenamente eficaz (não podem ser; afinal, trata-se apenas de subterfúgios e paliativos), ou que estejam livres de efeitos colaterais indesejáveis e às vezes bastante nocivos. Mas elas avançam um pouco no sentido de tirar o veneno do ferrão e assim permitir que se suporte o insuportável, subjugando, e domesticando no mundo-do-ser vivido, a "alteridade absoluta" do não ser.

Permitam-me também repetir que embora nós, seres humanos, compartilhemos com os animais a consciência da *aproximação* da morte, e o pânico que esse conhecimento provoca, só nós humanos sabemos muito antes de ela chegar (na verdade, desde o próprio início de nossa vida consciente) que a morte é *inevitável*; que todos, *sem exceção*, somos mortais. Nós, e só nós entre os seres conscientes, somos obrigados a viver nossas vidas inteiras com esse conhecimento. E só nós demos à morte um nome – colocando em curso um cortejo virtualmente infinito de consequências que se mostram tão inevitáveis quanto eram (e ainda são) imprevistas.

Jean Starobinski, tendo citado a observação de La Rochefoucauld de que "as pessoas nunca se apaixonariam se não tivessem ouvido falar de amor", e tendo examinado atentamente a história das moléstias humanas, descobriu que "há doenças (particularmente doenças neurais e 'morais', neuroses e psicoses) que se espalham porque se fala sobre elas", em que "a palavra desempenha o papel de agente contaminador", e concluiu que "a verbalização entra na composição da própria estrutura da experiência vivida" (*vécu*).[10] Enquanto Robert Bellah, discutindo a recente ascensão espetacular da direita religiosa norte-americana, fornece a última confirmação da surpreendente facilidade com que um significante flutuante, juntamente com as emoções que evoca, pode ser usado em tal "verbalização" ao ser reatribuído ao significado escolhido por conveniência política – ainda que nem material nem logicamente esse significado se relacione aos objetos originais responsáveis pela emergência das emoções em questão.

(A) ascensão da direita religiosa está relacionada à primeira onda de impacto da globalização na sociedade norte-americana. Muitos homens norte-americanos atraídos pela direita religiosa são pessoas que perderam seus empregos bem-remunerados e sindicalizados, com plano de saúde e aposentadoria, e agora trabalham em empregos de nível inferior. E agora suas mulheres estão trabalhando e às vezes ganhando mais dinheiro do que eles. Todas as suas opiniões sobre o sentido da vida estão desmoronando diante de seus olhos, e não por causa de gays e feministas. É por causa da globalização. Mas os republicanos, com sua poderosa máquina de propaganda, são capazes de transformar essa alienação, que tem raízes nas mudanças estruturais da economia norte-americana, numa guerra cultural...[11]

...Uma guerra contra gays, lésbicas e feministas, e também contra os liberais que os protegem e permitem a sabotagem e erosão dos "valores familiares" lembrados pelos orgulhosos e confiantes arrimos de família do passado, agora forçados a depender dos rendimentos de suas mulheres ou a enfrentar a indigência, assim como pelos seguros e presunçosos detentores de empregos-por-toda-a-vida, agora despidos de seu escudo sindicalista e expostos aos riscos e humilhações do "mercado de trabalho flexível". Tudo isso ocorre a despeito do fato de os republicanos não prometerem atacar as raízes desses problemas. Em lugar disso, promovem um tipo de política econômica no qual as famílias da maioria dos conservadores religiosos e evangélicos, em vez de serem ajudadas, serão obrigadas a sofrer uma miséria ainda mais profunda, dolorosa e sem perspectiva.

Uma vez estabelecido no imaginário público, um significante pode ser destacado de seu significado, posto a flutuar e ser religado metafórica ou metonimicamente a um número indefinido de significados.

O significante particular que estamos considerando – a "morte" – é, nesse contexto, estranhamente poderoso, e de uma forma singular. Em parte porque é ambivalência encarnada: a iminência da morte enche a vida até a borda de medo primal (foi para tornar esse medo inteligível, pode-se afirmar, que se criou o mito etiológico do pecado original de Adão e Eva), mas também funciona, pelo menos *in potentia*, como um estimulante extremamente poderoso. Em outras palavras, dota a vida de uma enorme importância (nas palavras de Hans Jonas, faz com que os dias contem e nós os contemos), ao mesmo tempo em que priva essa vida de significado. Esse extraordinário poder é sedutor e tende a ser manipulado com entusiasmo para todo tipo de propósito.

Sendo a proibição de pronunciar o verdadeiro nome de Deus (e o aviso de evitar chamar Satã pelo nome, a fim de não acordar o cão adormecido) uma regra fundamental no relacionamento com "o extraordinário", e sendo a morte o arquétipo desse extraordinário, encarar o rosto descoberto da morte é quase insustentável (Górgona, portadora da morte, era uma versão miticamente reciclada dessa insustentabilidade). É por isso que a manipulação pode gerar enormes lucros com poucos riscos – ou nenhum: ela conta com uma clientela agradecida entre os milhões que tentam desesperadamente evitar que seus olhos contemplem a face de Górgona.

A manipulação em si é, de uma forma ou de outra, aparentemente inescapável. Todas as culturas podem ser vistas como dispositivos engenhosos destinados a mascarar e/ou adornar essa face e assim torná-la "contemplável" e "tolerável" – mas nem a política nem a economia se mostram lentas em identificar e agarrar a oportunidade. É difícil resistir à tentação quando a manipulação chega de modo relativamente fácil a todos que estejam ávidos por experimentá-la em busca do lucro: eles podem contar com o apoio leal da aversão dos seres humanos a ficarem parados sem fazer nada quando confrontados por uma ameaça, de sua tendência a fazer alguma coisa em vez de coisa alguma a despeito de quão desprezíveis possam ser os efeitos de fazer determinada coisa, e da preferência humana por tarefas simples com objetivos claros e imediatos em vez de esforços complexos e obscuros com objetivos distantes e nebulosos.

O fenômeno a ser manipulado e transformado em gerador de lucro é o *medo da morte* – um "insumo natural" que pode potencializar recursos infinitos e a prática da renovação total. Engenhosos como sejam os estratagemas destinados a exorcizar da mente o fantasma da morte, o medo da morte como tal, seja reduzido, remodelado ou realocado, não pode ser escorraçado da vida humana. O medo primal da morte talvez seja o protótipo ou arquétipo de todos os medos – o medo definitivo de que todos os outros extraem seu significado. Os perigos são concebidos como "ameaças" e derivam seu poder de amedrontar do metaperigo da morte – embora sejam diferentes do original por serem evitáveis e talvez passíveis de serem prevenidos ou mesmo adiados indefinidamente. Ou pelo menos é o que se pode esperar, mesmo que tais esperanças se frustrem mais frequentemente do que são corroboradas e sustentadas.

Novamente citando Freud:

> Somos ameaçados de sofrimento a partir de três direções: do nosso próprio corpo, que está destinado à degradação e à decomposição e que nem mesmo pode passar sem a dor e a ansiedade como sinais de advertência; do mundo externo, que pode assolar-nos com forças destrutivas imensas e impiedosas; e finalmente de nossa relação com outros homens. O sofrimento proveniente dessa última fonte talvez seja mais doloroso que qualquer outro. Tendemos a encará-lo como um tipo de acréscimo gratuito, embora ele não possa ser menos decisivamente inevitável do que o sofrimento oriundo de outras fontes.[12]

As ameaças vêm de três direções, todas elas marchando para o mesmo destino: a dor e o sofrimento dos corpos mortais, experiências por si mesmas mais aflitivas pelo sofrimento e a angústia que provocam, mas também mortificantes – como ensaios finais para a noite de estreia que se aproxima inexoravelmente e que está fadada a ser a última. E assim se trava, em todas as três frentes, a incansável guerra humana contra as ameaças mortais. E de todas as três fontes, suprimentos infinitos de medo podem ser extraídos para a (lucrativa) reciclagem.

Por essa razão, muitas batalhas serão vencidas na guerra perpétua contra o medo – e no entanto a guerra em si pode parecer tudo, menos possível de ser vencida.

· 2 ·

O medo e o mal

O medo e o mal são irmãos siameses. Não se pode encontrar um deles separado do outro. Ou talvez sejam apenas dois nomes de uma só experiência – um deles se referindo ao que se vê e ouve, o outro ao que se sente. Um apontando para o "lá fora", para o mundo, o outro para o "aqui dentro", para você mesmo. O que tememos é o mal; o que é o mal, nós tememos.

Mas o que é o mal? Essa é uma pergunta irremediavelmente viciada, embora teimosa e apresentada a todo momento, e estamos fadados a buscar em vão uma resposta a partir do momento em que é feita. A pergunta "o que é o mal?" é *i*rrespondível porque tendemos a chamar de "mal" precisamente o tipo de iniquidade que não podemos entender nem articular claramente, muito menos explicar sua presença de modo totalmente satisfatório. Chamamos esse tipo de iniquidade de "mal" pelo próprio fato de ser ininteligível, inefável e inexplicável. O "mal" é aquilo que desafia e explode essa inteligibilidade que torna o mundo suportável... Podemos dizer o que é o "crime" porque temos um código jurídico que o ato criminoso infringe. Sabemos o que é "pecado" porque temos uma lista de mandamentos cuja violação torna os praticantes pecadores. Recorremos à ideia de "mal" quando não podemos apontar que regra foi quebrada ou contornada pela ocorrência do ato para o qual procuramos um nome adequado. Todos os arcabouços que possuímos e usamos para registrar e mapear histórias horripilantes a fim de torná-las compreensíveis (e portanto neutralizadas e desintoxicadas, domesticadas e domadas – "toleráveis") se esfarelam e se desintegram quando tentamos esticá-los o suficiente para acomodar o tipo de maldade que chamamos de "mal", em razão de nossa incapacidade de decifrar o conjunto de regras que essa maldade violou.

É por esse motivo que tantos filósofos abandonam todas as tentativas de explicar a presença do mal considerando-as projetos sem esperança – e se decidem por uma declaração de fato, um "fato bruto", por assim dizer, que não pede nem admite outras explicações: o mal *é*. Sem o dizer com tantas palavras, eles relegam o mal ao espaço obscuro das *noumena* de Kant – não apenas desconhecido, mas *incognoscível*; um espaço que se esquiva à investigação e resiste à articulação discursiva. Situado a uma distância segura dos domínios do compreensível, o mal tende a ser invocado quando insistimos em explicar o inexplicável. Nós nos apegamos a ele como o último recurso em nossa busca desesperada por um *explanans* (aquilo que explica). Mas transpô-lo à posição de *explanandum* (o objeto da explicação) exigiria avançar para além do alcance da razão humana. Só podemos aceitar a advertência de Candide e *cultiver notre jardin* (cultivar nosso jardim) e nos concentrar nos *phenomena*, nas coisas que podem ser percebidas por nossos sentidos e concebidas por nossa razão, deixando o *noumenal* no lugar a que pertence (ou seja, além dos limites da compreensão humana), de onde se recusa a sair e somos impotentes para tirá-lo.

A razão é um atributo permanente e universal dos seres humanos – mas o que ela pode ou não abordar depende do instrumental e da prática utilizados, os quais tendem a mudar com o tempo. Ambos crescem em tamanho e eficácia, e, no entanto, de modo frustrante e enraivecedor, quanto mais poderosos parecem ficar, mais impotentes se tornam as ferramentas da razão quando se trata de inserir o mal na ordem do inteligível. Ao mesmo tempo, quanto mais eficientes são as práticas, menos adequadas estarão para realizar a tarefa.

Durante a maior parte da história europeia, a ideia de uma natureza incompreensível do mal raramente viria à tona. Para os nossos ancestrais, o mal nascia ou despertava no ato de pecar e retornava aos pecadores na forma de punição. Se os seres humanos seguissem firmemente os mandamentos divinos e preferissem rotineiramente a bondade em vez do mal, este não teria de onde sair. O mal talvez existente no universo podia ser atribuído em sua totalidade, sem resíduos, aos seres humanos – a seus atos iníquos e pensamentos pecaminosos. A presença do mal – qualquer tipo de mal, tanto os dilúvios e as pragas que afetam a todos como as infelicidades individualmente sofridas – era um problema *moral*, da mesma forma que *moral* era a tarefa de enfrentá-lo e forçá-lo a desaparecer. Com o pecado e a punição sendo os principais instrumentos do pensamento na caixa de ferramentas da razão, a contrição e a expiação constituíam as rotinas naturais e seguras a empregar na busca de imunidade em relação ao mal e na luta para expulsá-lo do mundo dos humanos.

Da mesma forma que os psicanalistas – baseando-se na afirmação conclusiva de Freud de que toda aflição física tem raízes em experiências dolorosas da infância – procederiam desenterrando as fontes infantis dos complexos dos adultos, experiências que eles creem que seus pacientes *devem* ter vivenciado para depois reprimir e esquecer, e tal como eles não admitiriam a futilidade de sua busca, não importa quão cansativas e renitentemente ineficazes possam ter sido até agora (enquanto seus pacientes continuam comparecendo às sessões, não importa por quanto tempo se venha arrastando a terapia até então malsucedida), os sábios de outrora – sabedores de que todo mal era uma punição merecida e aplicada com imparcialidade dados os pecados que acreditavam *terem sido* cometidos pelos sofredores – continuariam pressionando os fiéis a confessá-los e admiti-los, embora estes os negassem. Nenhum conjunto de pressões ineficazes e esforços baldados para apontar o pecado por trás do mal, ainda que prolongado, seria suficientemente longo para chegar à conclusão de que a crença que dava sentido ao instrumental e à prática empregados era mal concebida ou simplesmente falsa, ou mesmo que o elo entre o pecado (a causa) e o mal (o efeito) era muito menos inatacável do que essa crença implicava. Para cercar as apostas e consolidar a crença para o caso de ela sofrer um abalo, a doutrina do mal como punição dos pecados foi complementada por cláusulas destinadas a se contrapor antecipadamente a qualquer evidência em contrário: cláusulas como a doutrina da hereditariedade de santo Agostinho para toda a espécie do pecado original, ou o ensinamento de Calvino de que a alocação da graça e da condenação divinas precedia os esforços dos seres humanos pela salvação e era irreversível, inegociável e imune a qualquer coisa que se pudesse fazer depois.

Todos esses axiomas podem ter sido suficientes para o consumo popular – mas não o seriam para os próprios sábios. Por muitos séculos, o Livro de Jó, que escancarou os mistérios do mal que a simples sequência pecado-punições tentava encobrir em vez de resolver, permaneceu como um espinho agudo na carne da filosofia e da teologia. O Livro condensou e articulou a difusa e inefável experiência do "mal injusto" (e, indiretamente, da "graça imerecida"), ao mesmo tempo em que esboçou e ensaiou por antecipação virtualmente todos os argumentos que iriam ser apresentados ao longo dos séculos por sucessivas gerações de teólogos para salvar (ou, com muito menos frequência, refutar) a doutrina das raízes imorais, e apenas imorais, do mal, e da natureza moral, e apenas moral, dos meios de repelir o mal ou impedir sua ocorrência.

A história narrada no Livro de Jó foi o desafio mais insidioso à ordem presumida das coisas e o menos fácil de repelir. Dado o conteúdo do instrumental e das práticas então disponíveis à razão, a história de Jó foi um desafio à própria possibilidade de fazer as criaturas dotadas de razão, e portanto que anseiam pela lógica, sentirem-se confortáveis no mundo. Tal como os antigos astrônomos que desenhavam desesperadamente sempre novos epiciclos para defender o sistema geocêntrico contra as refratárias evidências do que se via nos céus noturnos, os teólogos eruditos citavam de ponta a ponta o Livro de Jó para defender a inquebrantabilidade dos vínculos entre pecado e punição, e virtude e recompensa, contra as provas regularmente fornecidas de dores infligidas em uma criatura piedosa, temente a Deus, verdadeiro exemplo de virtude. Como se o retumbante fracasso dos teólogos em apresentar argumentos convincentes (muito menos provas conclusivas) de que a credibilidade das explicações rotineiras sobre o mal tivesse saído ilesa do áspero teste do piedoso infortúnio de Jó não fosse suficiente para frustrar quaisquer perspectivas de compreensão, a densa neblina em que a alocação da boa e da má sorte fora hermeticamente oculta não se dissipou quando o próprio Deus se juntou ao debate...

A súplica de Jó – "Ensinai-me, e eu me calarei; e fazei-me entender em que errei... Por que fizeste de mim um alvo para ti, para que a mim mesmo me seja pesado?" (Jó 6: 24; 7: 20) – esperou em vão pela resposta divina. Isso já era imaginado por Jó: "Na verdade sei que assim é; porque, como se justificaria o homem para com Deus? Se quiser contender com Ele, nem a uma de mil coisas lhe poderá responder... Porque, ainda que eu fosse justo, não lhe responderia... A coisa é esta; por isso eu digo que Ele consome ao perfeito e ao ímpio" (Jó 9: 2-3; 9: 15, 22).

Jó não esperava que sua súplica fosse respondida, e pelo menos nesse aspecto evidentemente tinha razão. Deus ignorou sua pergunta, e em vez de respondê-la questionou seu direito de perguntar: "Cinge agora os teus lombos como homem; eu te perguntarei, e tu me explicarás. Porventura também tornarás tu vão o meu juízo, ou tu me condenarás, para te justificares? Ou tens braço como Deus, ou podes trovejar com voz como Ele o faz?" (Jó 40: 7-9). Certamente, as perguntas de Deus foram apenas retóricas: Jó sabia muito bem que não tinha braços ou voz comparáveis aos Dele, e assim, por implicação, tinha consciência de que não era Deus que lhe devia explicações, mas ele é que devia a Deus um pedido de perdão (observemos que, segundo o Livro, foram as perguntas de Deus, e não de Jó, que vieram "da tempestade" – esse arquétipo das demais calamidades conhecidas por serem surdas a toda imolação e por ocorrerem aleatoriamente...).

O que Jó talvez ainda não soubesse é que todos os pretendentes terrestres a uma onipotência semelhante à divina descobririam, nos séculos seguintes, que a imprevisibilidade e acidentalidade do trovão eram de longe suas armas mais espantosas, aterrorizantes e invencíveis. E que quem desejasse roubar o trovão do soberano deveria primeiramente dissipar a neblina da incerteza que o encobre e transformar a aleatoriedade em regularidade. Mas Jó não poderia prever isso; não era uma criatura da modernidade.

Susan Neiman[1] e Jean-Pierre Dupuy[2] recentemente sugeriram que a rápida sucessão de terremoto, incêndio e maremoto que destruiu Lisboa em 1755 assinalou o início da moderna filosofia do mal. Os filósofos modernos separaram os desastres *naturais* dos males *morais* – e a diferença tornou-se precisamente a *aleatoriedade* daqueles (agora reclassificada como cegueira) e a *intencionalidade* ou *premeditação* destes.

Neiman aponta que "desde Lisboa, os males naturais não têm nenhuma relação aparente com os males morais, já que não possuem mais significado algum" (Husserl sugeriu que *Meinung*, "significado", vem de *meinen*, "pretendido"; mais tarde, gerações de filósofos pós-Husserl dariam como certo que não há significado sem intenção). Lisboa foi como uma encenação teatral da história de Jó, montada na costa do Atlântico com todo o brilho da publicidade e vista por toda a Europa – embora dessa vez Deus estivesse amplamente ausente da disputa que se seguiu ao evento.

Como é do caráter de toda disputa, os pontos de vista divergiram. Segundo Dupuy, foi paradoxalmente Jean-Jacques Rousseau quem fez soar o acorde mais moderno – ele que, devido a sua celebração da prístina sabedoria de tudo que é "natural", tem sido tomado com muita frequência como um pensador pré e antimoderno. Em sua carta aberta a Voltaire, Rousseau insistiu que, se não o desastre de Lisboa em si, mas certamente suas consequências catastróficas e sua escala horripilante resultaram de falhas humanas, não da natureza (observem: *falhas*, não *pecados* – diferentemente de Deus, a natureza não tinha a faculdade de julgar a qualidade moral dos feitos humanos): produtos da miopia humana, não da cegueira da natureza; e da ambição terrena do homem, não da indiferença altiva da natureza. Se "os moradores daquela grande cidade tivessem se distribuído de modo mais equilibrado, e construído casas mais leves, os danos teriam sido muito menores, talvez até não ocorressem... E quantos infelizes perderam suas vidas na catástrofe porque quiseram recolher seus pertences – alguns seus documentos, outros seu dinheiro?"[3]

Ao menos no longo prazo, argumentos na linha de Rousseau subiram ao topo. A filosofia moderna seguiu o padrão estabelecido por Pombal, primeiro-ministro português à época da catástrofe de Lisboa, cujas ações e preocupações "se concentraram na erradicação dos males que podiam ser alcançados por mãos humanas".[4] E acrescentemos que os filósofos modernos esperavam/confiavam/acreditavam que as mãos humanas, uma vez equipadas com extensões cientificamente planejadas e tecnologicamente fornecidas, chegariam mais longe. Também confiavam que, com essa ampliação, o número de males além de seu alcance cairia – até mesmo a zero, desde que se tivesse bastante tempo e determinação.

Dois séculos e meio depois, contudo, podemos opinar que aquilo que os pioneiros filósofos e não filósofos da modernidade esperavam acontecer não ocorreu. Como resume Neiman sobre as lições aprendidas entre os dois séculos que separam Lisboa – que desencadeou as ambições modernas – de Auschwitz, que as fez desmoronar:

> Lisboa revelou o quanto o mundo estava distante dos seres humanos; Auschwitz revelou a distância dos seres humanos em relação

a si mesmos. Se desembaraçar o natural do humano é parte do projeto moderno, a distância entre Lisboa e Auschwitz mostrou como é difícil mantê-los separados...

Se Lisboa assinalou o momento do reconhecimento de que a teodiceia tradicional era inútil, Auschwitz marcou o reconhecimento de que nenhum substituto se saiu melhor.[5]

No que diz respeito a solucionar o mistério do mal, o arcabouço cognitivo moderno não se saiu melhor que os paradigmas anteriores que possibilitaram/restringiram os esforços dos teólogos do Livro de Jó e que a mente moderna rejeitou enfaticamente e esperava sepultar para sempre.

Hannah Arendt explica o choque e a confusão que a maioria de nós sentiu ao ouvir falar de Auschwitz pela primeira vez, e o gesto de desespero com que reagimos à notícia, pela excruciante dificuldade em absorver sua verdade e acomodá-la no quadro do mundo com que pensamos e pelo qual vivemos – um quadro baseado no "pressuposto corrente em todos os sistemas jurídicos modernos de que a intenção de agir errado é necessária para que se cometa um crime".[6]

Esse pressuposto foi na verdade uma presença invisível no banco dos réus durante todo o julgamento de Eichmann em Jerusalém. Com a ajuda de seus cultos advogados, Eichmann tentou convencer o tribunal de que, já que seu único motivo era o *trabalho bem-feito* (ou seja, *capaz de satisfazer seus superiores*), este não se relacionava com a natureza e o destino dos objetos de suas ações; que saber se o Eichmann-pessoa tinha ou não rancor contra os judeus era irrelevante (ele e os advogados juraram que ele não guardava nenhum rancor, e certamente nenhum ódio – ainda que, por seus próprios critérios, essa circunstância também fosse irrelevante), e que pessoalmente ele não aguentava a visão de um assassinato, muito menos em massa. Em outras palavras, Eichmann e seus advogados deixaram implícito que a morte de aproximadamente seis milhões de seres humanos foi apenas um efeito colateral (somos tentados a usar o vocabulário pós-Iraque, "novo e aperfeiçoado", e dizer "danos colaterais") da motivação do serviço leal (ou seja, de uma virtude cuidadosa e carinhosamente cultivada em todos os funcionários das burocracias modernas – embora aparentemente remonte ao "instinto de execução", qualidade humana ainda mais antiga, genuinamente venerável e mais sacrossanta ainda, virtude colocada no próprio centro da moderna ética do trabalho). A "intenção de agir errado" estava, portanto, ausente – assim argumentaram Eichmann e os advogados –, já que nada havia de errado em cumprir uma tarefa da melhor maneira possível, segundo a intenção de outra pessoa em posição mais elevada na hierarquia. "Errada" seria, pelo contrário, a intenção de desobedecer às ordens.

O que se pode recolher da defesa de Eichmann (a qual seria repetida, em incontáveis variantes, por incontáveis perpetradores de incontáveis atos caracteristicamente modernos de "assassinato categorial") é que o ódio e o desejo de fazer a vítima desaparecer da face do planeta não são condições necessárias para um assassinato – e se algumas pessoas sofrem em decorrência do fato de outras cumprirem seus deveres, a acusação *imoralidade*, portanto, não se aplica. Fazer a vítima sofrer é visto menos ainda como um *crime* na compreensão do direito moderno, o qual insiste que, a menos que se encontre um motivo para o assassinato, o réu não deve ser classificado como criminoso, mas como pessoa doente, psicopata ou sociopata, devendo ser submetido a tratamento psiquiátrico, e não à prisão ou à forca. E acrescentemos que tal entendimento ainda é compartilhado, muitos anos depois do julgamento de Eichmann, por muitas pessoas socializadas no cenário moderno. Isso é reforçado e, pela mera frequência dos reforços, corroborado pelo fato de ser diariamente reafirmado nas novelas e séries policiais exibidas em milhões de telas de TV pelo mundo da modernidade.

Na prática moderna, diferentemente do que ocorreu com a moderna substituição da teodiceia ortodoxa – a qual não se saiu melhor que a original –, podia-se esperar (e temer) que homens e mulheres fizessem o mal *sem* intenção maldosa. Homens e mulheres comuns, como você e eu. Os motivos da ação eram irrelevantes – talvez até um luxo desnecessário que seria melhor evitar devido aos custos exorbitantes de incuti-los e cultivá-los. Mas uma razão ainda mais importante para não se basear nos motivos dos executores era a ameaça de que, se a tarefa for refém de intenções e convicções específicas, ela poderá desviar-se no caso de essa motivação, insuficientemente cultivada, se esgotar ou ser anulada por algum outro motivo pelo fato de não estar sendo promovida com suficiente firmeza. Basta pensar: se a obediência inabalável dos operários ao ritmo da linha de montagem dependesse de seu amor pelo automóvel ou, pior ainda, de sua adoração por determinada marca de veículo, que chance teria a indústria automobilística de atingir suas metas de produção? Que certeza se teria de que a linha de montagem continuaria funcionando tranquilamente enquanto isso fosse necessário? As emoções são nervosas e volúveis, perdem rapidamente a energia, tendem a se afastar de seu alvo em função da menor distração. Em suma, são inconstantes e inconfiáveis. E, como refletiram Sabini e Silver ao considerarem a lógica do genocídio – ao lado da produção de veículos – outra indústria de massa da Era Moderna:

> As emoções, assim como suas bases biológicas, têm um curso de tempo natural; a luxúria, e mesmo a luxúria sangrenta, acaba sendo satisfeita. Além disso, as emoções são notoriamente instáveis, podem ser transformadas. Uma turba de linchadores é inconstante e às vezes pode se deixar mover pela solidariedade – digamos, o sofrimento de uma criança. Para erradicar uma "raça", é essencial matar as crianças... O assassinato meticuloso, abrangente, exaustivo exigiu a substituição da turba pela burocracia, do ódio compartilhado pela obediência à autoridade. A burocracia exigida seria eficaz quer fosse administrada por antissemitas e extremistas ou por moderados, ampliando consideravelmente o manancial de recrutas potenciais...[7]

Hannah Arendt investigou a banalidade do mal moderno na *irreflexão* de Eichmann. Mas a incapacidade ou abstenção de pensar foi a última contravenção de que Eichmann poderia ser acusado. Ele era um burocrata plenamente habilitado, como se descendesse do tipo ideal íntegro e puro de Max Weber, não maculado por qualquer das impurezas terrenas que tendem a embaçar a claridade da razão concentrada no propósito. Os bons burocratas dignos do pão que comem *devem ser ponderados*. Como aprendemos com Max Weber, devem esticar até o limite sua inteligência e seus poderes de avaliação. Devem escolher cuidadosamente os meios mais adequados aos fins que receberam ordem de atingir. Precisam empregar a razão para escolher o caminho mais curto, mais barato e menos arriscado que conduza ao destino apontado. Devem separar os objetos e as ações relevantes para a tarefa dos que são irrelevantes, e escolher as ações que aproximem o alvo, ao mesmo tempo pondo de lado qualquer coisa que torne mais difícil atingi-lo. Precisam examinar cuidadosamente a matriz de possibilidades e escolher as permutações mais oportunas (leia-se: mais efetivas). Precisam avaliar e calcular. Precisam ser, na verdade, mestres supremos do cálculo racional.

Os burocratas modernos devem, em outras palavras, destacar-se em todas as habilidades justamente louvadas por seu papel-chave em assegurar as realizações espantosas pelas quais a razão moderna é justamente apreciada e das quais nós, seus proprietários/usuários/beneficiários, somos (também corretamente) tão orgulhosos. O que não devem fazer é permitir-se afastar do caminho reto da racionalidade sóbria, intransigentemente concentrada na tarefa – não por compaixão, piedade, vergonha, consciência, simpatia ou antipatia em relação aos "objetos", tampouco por lealdades ou compromissos além do compromisso com a tarefa e a lealdade a todos os colegas burocratas comprometidos, tal como eles, com o desempenho e com seus subordinados que esperam ser resguardados da responsabilidade pelas consequências de seu próprio e comprometido trabalho.

As emoções são muitas e falam línguas diferentes, às vezes discordantes; a razão é uma só e tem apenas uma língua. O que distingue o mal burocraticamente administrado e realizado não é tanto a sua *banalidade* (particularmente se comparado com os males que costumavam assombrar as sociedades antes de se inventarem a burocracia moderna e seu "gerenciamento científico do trabalho"), mas a sua *racionalidade*.

Vista em retrospecto, a moderna aposta na razão humana (que a incalculabilidade da natureza, a qual se tornou gritante e chocantemente evidente com o desastre de Lisboa, inspirou ou pelo menos tornou tão imperativa quanto tendem a ser todas as medidas tomadas em "último recurso") parece mais o ponto de partida de um longo percurso. Ao final desse percurso, parece que voltamos ao lugar de onde saímos: aos horrores do mal incalculável, imprevisível, que ataca aleatoriamente. Embora mais sábios depois da longa jornada do que nossos ancestrais nos seus primórdios, não somos mais confiantes de que se possa encontrar a estrada que nos afaste das catástrofes de tipo natural. "As probabilidades contemporâneas ameaçam até mesmo as tentativas do início da modernidade de separar os males morais dos materiais", observa Susan Neiman.[8] No final de uma longa viagem de descoberta (não intencional) empreendida na esperança de que ela colocaria a humanidade a uma distância segura da natureza cruel, já que insensível e empedernida, a humanidade se vê enfrentando males produzidos pelo homem que são tão cruéis, insensíveis, empedernidos, aleatórios e impossíveis de prever (muito menos cortar pela raiz) quanto o foram o terremoto, o incêndio e o maremoto de Lisboa.

Os males *produzidos por seres humanos* parecem agora tão inesperados quanto seus predecessores/companheiros/sucessores *naturais*. Como Juan Goytisolo sugeriu em seu *Landscapes after the battle* [Paisagens após a batalha], eles se tornam conhecidos e compreensíveis, de alguma forma, somente quando se "olha para trás e as coisas são vistas em retrospecto". Antes disso, ganham força imperceptivelmente, infiltrando-se "de modo gradual, em silêncio, por estágios aparentemente inofensivos... como uma corrente subterrânea que se dilata e se amplia antes de emergir de modo súbito e impetuoso" – tal como o fizeram, fazem e provavelmente farão as catástrofes naturais, que o espírito moderno jurou controlar.

Parece não haver defesa contra essa dilatação e ampliação invisível se os escrúpulos morais, as dores de consciência, os impulsos de compaixão humana e aversão a infligir dor aos semelhantes estão desgastados, submersos e abolidos. Citando uma vez mais Hannah Arendt: "Já que a sociedade respeitável como um todo, de uma forma ou de outra, sucumbiu a Hitler, a máxima moral que determina o comportamento humano e os mandamentos religiosos – 'Não matarás' – que guiam a consciência virtualmente desapareceram."[9] Agora sabemos que "sociedades como um todo" podem sucumbir, "de uma forma ou de outra", aos Hitler, e também sabemos que só tomaremos conhecimento de que sucumbiram se vivermos o bastante para descobrir; se, em outras palavras, sobrevivermos à sua capitulação. Não notaremos "a dilatação e a ampliação da corrente" tal como não notamos a dilatação das ondas do tsunami – porque fomos treinados com sucesso a fechar os olhos e tapar os ouvidos. Ou talvez nos tenham ensinado que "coisas como essa" não acontecem em nossa sociedade moderna, confortável e tranquila, civilizada e racional. No entanto, como nos relembra Hans Mommsen:

> Enquanto a civilização ocidental desenvolveu os meios para uma inimaginável destruição em massa, o treinamento fornecido pela tecnologia e a técnica modernas de racionalização produziu uma mentalidade puramente tecnocrática e burocrática... Nesse sentido, a história do Holocausto parece ser o *mene tekel* do Estado moderno.[10]

A sua convicção/esperança de que os humanos podem fazer melhor na batalha contra o mal do que fez a natureza inanimada vem de Immanuel Kant, que investiu na razão humana, demasiado humana e apenas humana. É a razão, apontou Kant, que nos manda "agir somente segundo a máxima de que você possa querer ao mesmo tempo que esta se torne lei universal". Mas o que nós descobrimos desde que Kant escreveu a versão mais famosa do imperativo categórico é que o caminho ao longo do qual a razão nos conduziu pelos séculos da Era Moderna não nos deixou nem perto da universalização das máximas que nós – todos nós de maneiras próprias e distintas – lutamos para tornar aplicáveis a *nós mesmos*. Nessa luta, a *aplicação* (se não a *aplicabilidade*) universal das máximas (e portanto dos critérios pelos quais se julga ser adequado avaliar os feitos das pessoas) mostrou ser a última de nossas preocupações, assim como das outras pessoas. Em competição com os mandamentos da universalidade de Kant, outra máxima – *deux poids, deux mesures* ("dois pesos, duas medidas") – pareceu uma aposta segura. Totalmente distinta das implicações do imperativo categórico de Kant, essa máxima "realmente vitoriosa" se refere a uma lei "universal" tanto quanto são semelhantes a água e o vinho.

Ocorre que a razão moderna se mostrou especialmente apta e zelosa em criar *monopólios* e estabelecer a *exclusividade* de direitos. Mostrou estar alcançando a satisfação plena no momento em que o *privilégio* de ter aplicado uma norma desejável foi assegurado *àqueles que agiam em seu nome* – se, para a finalidade de assegurar esse privilégio, a aplicação da mesmíssima máxima tivesse de ser recusada, ou assim fosse percebida, *a alguns outros espécimes humanos* (por causa de sua presumida inaptidão, falta de merecimento ou qualquer outra razão julgada conveniente, mas declarada óbvia, imperativa e acima de qualquer discussão), a razão moderna não parecia se importar ou estar ávida por apresentar objeções, exceto em (alguns) departamentos de filósofos acadêmicos, seguramente isolados e notoriamente à prova de som. A razão também não protestou quando fora, e também dentro, desses departamentos se ouviu dizer que o sofrimento de certas pessoas era um bom preço a pagar pelo alívio dos desconfortos que podem dilacerar algumas outras pessoas – ou seja, se "nós" fôssemos aqueles que por acaso eram os "outros" cujos desconfortos deviam ser aliviados, embora fosse a *nossa* razão que poderia/deveria ter se oposto a esse preço. Imaginem se Hitler tivesse conseguido lançar um par de bombas sobre a Grã-Bretanha ou os Estados Unidos antes de perder a guerra e de seus capangas serem levados a tribunal – será que não teríamos acrescentado esse feito à lista de crimes contra a humanidade cometidos pelos nazistas? E não levaríamos a julgamento os comandantes dos campos de prisioneiros de Guantánamo e Bagram, tivessem eles agido em favor da Cuba de Fidel Castro, da Sérvia de Milosevic ou do Iraque de Saddam?

Em flagrante oposição à estratégia implícita no imperativo categórico de Kant, a racionalidade moderna progrediu em direção à liberdade, segurança ou felicidade sem se perturbar com o grau em que as formas de felicidade, segurança e felicidade por ela imaginadas eram adequadas para se tornarem propriedades humanas universais. Até então, a razão moderna servia ao *privilégio*, não à *universalidade*, e o desejo de superioridade e de bases seguras para essa superioridade – e não o sonho da universalidade – foi a causa e a força motora de suas realizações mais espetaculares.

Antes de Auschwitz (ou do Gulag, ou de Hiroshima...), não sabíamos como podia ser espantosa e apavorante a variedade de mal produzida por seres humanos, o mal moral transformado em natural, desde que fosse capaz de tirar vantagem das novas armas e ferramentas fornecidas pela ciência e tecnologia modernas. O que também não sabíamos naquele "antes" agora distante e difícil de imaginar (e ainda admitimos apenas com relutância, ou de todo nos recusamos a admitir, a despeito de o conhecimento ser agora amplamente disponível) é que a lógica da vida moderna expande radicalmente, e numa escala sem precedentes, a área da captação para o recrutamento de potenciais malfeitores. A lição mais horripilante de Auschwitz, do Gulag, de Hiroshima é que, ao contrário da visão que normalmente se sustenta, embora sempre de maneira tendenciosa, nem só os monstros cometem crimes monstruosos; e se apenas monstros o fizessem, os crimes mais monstruosos e horripilantes de que temos notícia não teriam acontecido. Nem teriam sido tramados, por falta de equipamento adequado, e certamente falhariam em sua execução por falta de "recursos humanos" adequados.

A lição mais devastadora de Auschwitz, do Gulag ou de Hiroshima, do ponto de vista moral, não é que poderíamos ser postos atrás do arame farpado ou enviados à câmara de gás, mas que (nas condições adequadas) poderíamos ficar de sentinela ou espargir cristais brancos em chaminés. E não que uma bomba atômica pudesse cair sobre *nossas* cabeças, mas que (nas condições adequadas) *nós* poderíamos lançá-la sobre as cabeças de outras pessoas. Um terror ainda maior, verdadeiramente um metaterror, uma incubadora em que todos os outros horrores são gestados, deriva da percepção de que, enquanto escrevo estas palavras ou você as lê, ambos, do fundo de nossos corações, desejamos que tais pensamentos se desvaneçam, e quando eles se recusam a fazê-lo nós permitimos que os males "se avolumem e se ampliem", seguros na sua invisibilidade – deixando de refutá-los, questionando-lhes a credibilidade, e descartando-os como meros alarmes falsos, enquanto permanecemos cegos a nosso dever de recordar e refletir sobre o que Hannah Arendt descobriu nos relatórios apresentados pelos doutos psicanalistas chamados a testemunhar no julgamento de Eichmann:

> Meia dúzia de psiquiatras o havia atestado como "normal" – "Mais normal, de qualquer forma, do que eu depois de examiná-lo", dizem ter exclamado um deles, enquanto outro descobriu que todo o seu perfil psicológico, sua atitude em relação à esposa e aos filhos, à mãe e ao pai, aos irmãos, irmãs e amigos, era "não apenas normal, mas muito agradável" – e finalmente o sacerdote que o visitara regularmente na prisão depois de a Suprema

Corte ter encerrado a audiência de apelação tranquilizou a todos declarando que Eichmann era "um homem com ideias muito positivas".[11]

As vítimas de Eichmann eram "pessoas como nós". Mas também o eram – nem é bom pensar nisso – muitos dos executores comandados por ele, os carniceiros delas. E Eichmann? Os dois pensamentos transpiram terror. Mas enquanto o primeiro deles é um chamado à ação, o segundo é inutilizante e imobilizador, murmurando nos ouvidos que esse tipo de resistência ao mal é em vão. Talvez seja por isso que apresentemos tanta resistência ao segundo. Um medo genuíno e irremediavelmente insustentável é o da invencibilidade do mal.

E, no entanto, como escreveu Primo Levi no seu último desejo e testamento do tamanho de um livro: não há dúvida de que cada um de nós é capaz, potencialmente, de se tornar um monstro.[12] Seria melhor para todos nós – mais agradável e confortável, porém não, infelizmente, mais seguro – acreditar que o mal é apenas o demônio sob o disfarce de um nome menor, encurtado em uma única letra[*] (tal como o criminoso da lista de procurados que, para escapar à captura, raspa a barba ou o bigode). A notícia terrível, porém, é que Eichmann não era o demônio. Era uma criatura corriqueira, sem graça, enfadonhamente "comum": alguém com que se cruza na rua sem se notar. Como marido, pai ou vizinho, dificilmente se destacaria na multidão. Era o indivíduo típico, mediano, das tabelas estatísticas psicológicas, assim como *morais* (pudemos computá-las). Ele apenas preferia, como todos nós, seu conforto ao dos outros. É esse lapso ou má conduta comum, ordinário, que, numa época *extra*ordinária, leva a resultados *extra*ordinários. Uma vez que saibamos disso, não precisamos mais do Diabo. Pior que isso, agora somos incapazes de levar a sério a "hipótese do Diabo" quando (se) apresentada. E, pior de tudo, o Diabo dessa hipótese talvez nos parecesse risivelmente inepto e desajeitado em comparação com aquele sujei-

---

[*] Em inglês, *evil* – (*d*)*evil*. (N.T.)

to trivialmente razoável sentado no banco dos réus no tribunal de Jerusalém.

A consequência mais importante e comprovadamente mais terrível dessa descoberta é a atual crise de confiança. A confiança está em dificuldades no momento em que tomamos conhecimento de que o mal pode estar oculto em *qualquer lugar*; que ele não se destaca na multidão, não porta marcas distintivas nem carteira de identidade; e que todos podem estar atualmente a seu serviço, ser seus reservistas em licença temporária ou seus potenciais recrutas.

Evidentemente, essa visão é um grande exagero. Certamente nem *todos* têm as condições e a vontade de servir a Satã. Decerto, há um número incontável de pessoas suficientemente imunes e avessas ao mal para suportar suas lisonjas ou ameaças – e com olhos suficientemente abertos para reconhecê-las como obras do mal. A questão, porém, é que não se sabe quem elas são nem como distingui-las das que são mais vulneráveis aos esquemas do mal. Será que você reconheceria em Eichmann um assassino em massa caso o tivesse conhecido como vizinho na escada de seu bloco de edifícios ou, digamos, como membro do conselho de pais da escola ou sócio de um clube de fotógrafos local? Se pensa que sim, pergunte aos sérvios, croatas e muçulmanos da Bósnia que passaram a maior parte de suas vidas bebendo vinho e *slivovitz** em companhia mútua, ignorantes de que templo religioso, se é que algum, seus camaradas, vizinhos e colegas de trabalho frequentavam, e dos dias da semana que o faziam – quer dizer, até o dia em que, sem muito alarde, as "condições" se tornaram "adequadas" para o descobrirem, e da maneira mais aterrorizante de todas. E se é assim que as coisas são e podem vir a ser, se não há como dizer o grau de resistência ao mal que as pessoas à sua volta demonstrarão no momento em que "as condições se tornarem adequadas", que benefício prático se pode obter do conhe-

---

* Tradicional bebida balcânica feita de ameixas com graduação alcoólica entre 25° e 40°. (N.T.)

cimento (correto) de que nem todas as pessoas são igualmente suscetíveis de serem presas do mal? Para todos os fins práticos, as probabilidades contrárias à sua segurança permanecem inalteradas, qualquer que seja a opinião que você tenha sobre as qualidades morais das pessoas à sua volta. Você tende a tatear no escuro. Só pode tentar adivinhar (e isso é notoriamente arriscado) quem vai ou não sucumbir às tentações do mal em momentos de teste. Assim (como lhe dirão os especialistas em cálculo de risco), o pressuposto de que todas as pessoas, sem exceção, se inclinam a ser recrutadas para servir ao mal parece a aposta mais segura. Mantenha os olhos bem abertos, sem jamais relaxar a vigilância. Em outras palavras, como diz o subtítulo de um *reality show* norte-americano, que alerta seus milhões de espectadores, gratos pelo "esclarecimento" que lhes foi proporcionado: *não confie em ninguém*.

A maior parte do tempo – exceto por breves orgias de "solidariedade direcionada" em resposta a desastres particularmente horrendos, "lutos direcionados" relativos à morte súbita de um ídolo, ou acessos igualmente breves, embora particularmente explosivos e ruidosos, de "patriotismo direcionado" durante copas do mundo, torneios de críquete e oportunidades semelhantes para a liberação de emoções –, os "outros" (aqui entendidos como *estranhos*, anônimos, os sem face com que cruzamos diariamente ou que giram em torno das grandes cidades) são fontes de uma ameaça vaga e difusa, em vez de proporcionarem um sentimento de segurança e garantia contra o perigo. Não se espera nenhuma solidariedade deles, bem como vê-los também não a desperta – e há até o medo de se romper a camada de proteção superficial da "desatenção civil" de Erving Goffman. Manter-se à distância parece a única forma razoável de proceder. Como observa Eduardo Mendietta, "as cidades que, histórica e conceitualmente, costumavam ser a metonímia da proteção e da segurança se transformaram em fontes de ameaça e violência".[13] Os vários espécimes de "arquitetura de *bunker*", como opção preferencial de residência para os que podem se dar a esse luxo, são monumentos às ameaças duvidosas e às corporificações do medo que as cidades provocam. A "moderna arquitetura de *bunker*":

> Não tem entradas visíveis nem sacadas ou terraços. Esses prédios não se abrem para a rua, não dão de frente para as praças públicas, nem comemoram o poder político e econômico de uma cidade. Em vez disso, estão ligados a outros prédios similares por pontes cobertas suspensas sobre as ruas, enquanto dão de fundos para o centro da cidade, e com muita frequência são revestidos de um vidro escuro que reflete o céu, as montanhas e a paisagem, e não o centro da cidade em si. Sua monumentalidade sinaliza o desdém pelo urbano...

Para os vínculos humanos, a crise de confiança é má notícia. De clareiras isoladas e bem protegidas, lugares onde se esperava retirar (enfim!) a armadura pesada e a máscara rígida que precisam ser usadas na imensidão do mundo lá fora, duro e competitivo, as "redes" de vínculos humanos se transformam em territórios de fronteira em que é preciso travar, dia após dia, intermináveis conflitos de reconhecimento. Se a confiança está perdida e se os créditos são oferecidos, e se espera que o sejam, apenas com relutância, se é que o são, os termos de armistício de ontem não parecem um terreno seguro sobre o qual se possa basear um prognóstico sobre a paz de amanhã. Com a diluição das normas reguladoras dos deveres e obrigações mútuos, sem que estas ostentem uma expectativa de vida confortavelmente prolongada, há poucas constantes, se é que há alguma, nas equações que se tenta diariamente resolver. Fazer cálculos se parece mais com solucionar um quebra-cabeça com poucas pistas, todas elas dispersas, ambíguas e inconfiáveis. De modo geral, as relações humanas não são mais espaços de certeza, tranquilidade e conforto espiritual. Em vez disso, transformaram-se numa fonte prolífica de ansiedade. Em lugar de oferecerem o ambicionado repouso, prometem uma ansiedade perpétua e uma vida em estado de alerta. Os sinais de aflição nunca vão parar de piscar, os toques de alarme nunca vão parar de soar.

O fato de nos tempos líquido-modernos precisarmos e desejarmos, mais que em qualquer outra época, vínculos sólidos e fidedignos apenas contribui para exacerbar a ansiedade. Embora incapazes de dar uma trégua às nossas suspeitas, parar de farejar traições e temer a frustração, buscamos – compulsiva e apaixonadamente – "redes" mais amplas de amigos e amizades. Na verdade, a rede mais ampla que pudermos comprimir no painel do telefone celular, o qual, obsequiosamente, aumenta em capacidade a cada nova geração desses aparelhos. E quando tentamos cercar nossas apostas contra a traição e dessa forma reduzir os riscos, incorremos em mais riscos e montamos o palco para novas perfídias. Já que nenhuma cesta é totalmente segura, tentamos colocar os ovos em todas que pudermos encontrar.

Preferimos investir nossas esperanças em "redes" em vez de parcerias, esperando que em uma rede sempre haja celulares disponíveis para enviar e receber mensagens de lealdade. Esperamos compensar a falta de qualidade com a quantidade (a probabilidade de ganhar na loteria é minúscula, mas quem sabe um conjunto de probabilidades miseráveis possa constituir uma chance mais decente?). Espalhe os riscos, cerque suas apostas – essa parece ser a maneira mais prudente de agir. Os rastros deixados por essa busca por segurança parecem, contudo, um cemitério de esperanças destruídas e expectativas frustradas, e o caminho à frente está salpicado de relacionamentos frágeis e superficiais. O chão não está mais firme à medida que caminhamos; parece mais lodoso e inadequado para nos assentarmos sobre ele. Estimula os caminhantes a correr, e os corredores a aumentar a velocidade.

As parcerias não se fortalecem, os medos não se dissipam. Tampouco a suspeita de um mal que espera pacientemente a sua chance. Na pressa, não há tempo para descobrir até que ponto a suspeita se justifica – muito menos para deter o mal que emerge de seu esconderijo. Os habitantes do mundo líquido-moderno, acostumados a praticar a arte da vida líquido-moderna, tendem a considerar a fuga do problema como uma aposta melhor do que enfrentá-lo. Ao primeiro sinal do mal, procuram uma passagem dotada de uma porta confiavelmente pesada para trancar depois que a atravessaram. A linha divisória entre os amigos para toda a vida e os inimigos eternos, antes tão claramente traçada e tão estritamente vigiada, foi praticamente apagada; o que gera uma espécie de "zona cinzenta" em que os papéis atribuídos podem ser intercambiados instantaneamente e com pouco esforço. A fronteira, ou o que sobrou dela, muda de forma e se move a cada passo, e na vida de um corredor ainda se espera que haja muitos passos pela frente. Tudo isso se acrescenta à confusão já considerável e recobre o futuro de uma neblina ainda mais densa. E a neblina – inescrutável, opaca, impermeável – é (como qualquer criança lhe dirá) o esconderijo favorito do mal. Feita dos vapores do medo, a neblina exala o mal.

· 3 ·

O horror do inadministrável

A humanidade, como assinala Jean-Pierre Dupuy em seus estudos mais recentes,[1] alcançou, no curso do último século, a capacidade de autodestruição. O que agora ameaça o planeta não é apenas outra rodada de danos autoinfligidos (um traço muito constante da história da humanidade), nem outra catástrofe de uma longa série (que tem atingido a humanidade repetidas vezes em seu caminho até a condição atual), mas a catástrofe de todas as catástrofes, que não deixaria para trás nenhum homem que pudesse registrá-la, refletir sobre ela e daí extrair uma lição, muito menos aprender e aplicar essa lição.

A humanidade tem agora todas as armas necessárias para cometer o suicídio coletivo, seja por vontade própria ou falha – para aniquilar a si mesma, levando o resto do planeta à perdição. Em um certo ponto, seus plenipotenciários autonomeados ou eleitos chegaram à conclusão de que a perspectiva realista de sua autoextinção é condição necessária e sua melhor chance de sobrevivência: que manter viva (ou seja, inventando, produzindo e estocando os mais refinados instrumentos de assassinato em massa necessários para dar validade à MAD* – a garantia de des-

---

* Sigla em inglês para Mutually Assured Destruction, também se lê como "LOUCO". (N.T.)

truição mútua) a ameaça de mútuo (e na verdade auto) aniquilamento é de fato indispensável para que se adie a extinção. A teoria da MAD está um pouco fora de moda agora, tendo causado suficiente clamor para ser declarada, ainda que com relutância, politicamente incorreta – e dificilmente é pregada em público de forma explícita, sem camuflagem. Mas a estratégia nascida da doutrina e nela inspirada ainda é uma preocupação atual, fielmente seguida pelos que ainda podem segui-la, e funciona como inspiração e objeto dos sonhos daqueles que ainda não podem.

Depósitos repletos de ogivas nucleares, assim como de mísseis preparados para lançá-las em qualquer recanto do planeta, são apenas uma das catástrofes prontas para acontecer. A autodestruição que se aproxima pode chegar na forma de muitos outros avatares – a explosão de armas explicitamente destinadas a destruir a vida é apenas uma entre muitas. Ainda mais aterrorizante, já que é uma variante não intencional de autodestruição, que toma forma e avança sub-repticiamente e de maneira indireta ("avolumando-se e expandindo-se de modo invisível", como diria Juan Goytisolo), é a perspectiva de tornar o planeta inabitável para os seres humanos, e talvez para outras formas de vida conhecidas. O que torna esse tipo de catástrofe definitiva particularmente pérfida e seu avanço particularmente difícil de monitorar, muito menos impedir, é o fato de sua iminência ser, paradoxalmente, o resultado direto, embora raramente imaginado e quase nunca planejado, dos esforços humanos para tornar o planeta *mais* hospitaleiro e *mais* confortável para as pessoas viverem.

As formas assumidas por tais esforços foram produzidas para certas populações – planejadas e praticadas, ainda que isso não fosse explicitamente declarado, como um privilégio local. Apesar de algumas declarações da boca para fora, não se prestou atenção seriamente à plausibilidade de aplicá-las em nível universal, para toda a espécie; com toda certeza, nenhuma conclusão prática foi extraída de tais considerações. Não admira que os confortos resultantes fossem desde o início desigualmente distribuídos e que as áreas onde eles se concentraram permaneçam até hoje relativamente poucas e afastadas. Como observou Jacques Attali em *La voie humaine*, metade do comércio mundial e mais de metade do investimento global beneficiam apenas 22 países que abrigam só 14% da população mundial, enquanto os 49 países mais pobres, habitados por 11% da população, recebem apenas metade de 1% do produto global – quase o mesmo que a renda combinada dos três homens mais ricos do planeta. Permitam-me acrescentar que a Tanzânia, por exemplo, um dos países mais pobres, gera 2,2 bilhões de dólares por ano para 25 milhões de habitantes, enquanto a firma bancária Goldman Sachs produz uma renda de 2,6 bilhões de dólares divididos entre 161 acionistas. Para completar o quadro: no momento em que escrevo estas palavras, não há quebra-mares à vista capazes de deter a maré global de polarização da renda.

O aumento da desigualdade não é um efeito colateral acidental e desprezado, mas em princípio retificável, de certas realizações indesejadas, iniciadas de maneira irresponsável e insuficientemente monitoradas, nem tampouco resultado do mau funcionamento, lamentável mas reparável, de um sistema essencialmente em bom estado. É antes parte integrante de uma concepção de felicidade humana e de vida confortável, assim como da estratégia ditada por essa concepção. Estas concepção e estratégia podem ser contempladas e usufruídas *apenas como privilégios*, e é praticamente impossível ampliar seu alcance – muito menos universalizá-lo o suficiente para que sejam compartilhadas pelo conjunto da humanidade. Para serem generalizadas, exigiriam os recursos de três planetas, não apenas um. Simplesmente não há recursos suficientes no mundo para sustentar as promessas de China, Índia e Brasil (para não mencionar apostas semelhantes que em breve poderão ser feitas por populações atualmente na retaguarda) de copiar ou imitar as formas pelas quais os confortos da vida foram até agora almejados e são hoje usufruídos nos Estados Unidos, Canadá, Europa ocidental e Austrália, lugares onde esses modos e estímulos de vida foram primeiramente constituídos, e onde ainda estão sendo moldados e produzidos com entusiasmo.

A "universalidade" das formas de vida recém-inventadas, supostamente mais confortáveis, nunca foi um critério orientador de adoção e cultivo. Os modernos desenvolvimentos nesses seletos enclaves do planeta que reuniram poder bastante para buscar e encontrar maneiras de satisfazer suas ambições *localmente* gestadas num espaço *global*, e de mobilizar recursos *globais* para sustentar seus desfrutes *locais*, foram guiados por uma lógica que – em flagrante violação das intenções proclamadas pelos modernizadores – tornou a difusão dessas ambições no âmbito da espécie uma perspectiva verdadeiramente catastrófica, e assim, para todos os fins e propósitos práticos, *fechou a possibilidade de sua própria universalização*.

Os desenvolvimentos modernos não poderiam ter ocorrido e com toda certeza não conseguiriam avançar no ritmo que adquiriram se a questão dos limites espaciais "naturais" e intransponíveis não fosse explicada de maneira conveniente e ativamente reprimida, ou simplesmente afastada da vista ao ser riscada da lista dos fatores incluídos nos cálculos instrumentais-racionais. Eles não seriam iniciados, e se o fossem teriam sido prontamente interrompidos, se os limites da sustentabildade do planeta tivessem sido reconhecidos e admitidos, seriamente considerados e respeitados, e caso se tivesse feito mais do que discursos ocasionais da boca para fora em relação ao preceito da universalidade e da igualdade entre os seres humanos. Se, em suma, os promotores e praticantes do conceito moderno de desenvolvimento tivessem se sentido obrigados a refrear os excessos e o desperdício que a estratégia "realmente empregada" de melhoramento progressivo necessariamente acarretou.

Inspirando-se nas análises do falecido Ivan Illich, Dupuy encontra a origem da natureza inerentemente perdulária e da tendência, em última instância, autodestrutiva que caracteriza a marcha dos acontecimentos modernos na estratégia do *detour* [desvio] – a tendência de colocar os objetivos cada vez mais fora de alcance e, por ação ou omissão, situá-los, mais cedo ou mais tarde, em uma esfera além da obtenção possível.

A estratégia do *detour* consiste em substituir as redes de atividades empreendidas autonomamente pelos seres humanos por uma longa cadeia de eventos heterônomos, quase sempre realizados por artefatos. Segundo os cálculos de Dupuy e colaboradores, se a distância atualmente percorrida pelo proprietário de um carro fosse dividida, como deveria ser, pelo número de horas que ele ou ela gasta em sua direção e manutenção, bem como trabalhando para pagá-lo, ficaria claro que a revolução dos transportes com base nos veículos movidos a combustível, destinada a acelerar radicalmente os movimentos espaciais dos seres humanos, possibilitou um deslocamento de aproximadamente seis quilômetros por hora – mais ou menos a velocidade de um pedestre comum e muito menor do que aquela que um ciclista alcança facilmente. O próprio Illich mostrou de forma admirável que um *detour* desse tipo (nesse caso, a substituição de um estilo de vida saudável por uma cadeia de intervenções médico-farmacêuticas que se amplia de maneira constante) é a principal força motora da medicina moderna.[2] Além disso, o estudo de Illich colocou em evidência, de forma especialmente acentuada, a tendência endêmica de todos os *detours* de se expandirem e tornarem sua própria conclusão quase impossível: como o autor sugere, uma proporção crescente das práticas médicas era causada pela necessidade de remediar ou compensar os efeitos adversos imprevistos ou menosprezados de *detours* utilizados anteriormente.

Deve-se repetir com frequência que a "derradeira catástrofe" iminente está se aproximando graças à lógica interna da vida moderna. A perspectiva de catástrofe é particularmente difícil de evitar porque a civilização deve seu potencial mórbido (ou mesmo suicida) às mesmíssimas qualidades de que extrai sua grandeza e seu glamour: a aversão inata à autolimitação, a transgressividade inerente e o ressentimento e desrespeito em relação a todas as fronteiras e limites – especialmente à ideia de limites finais ou derradeiros.

A "modernidade" só é concebível como uma modernização – termo taquigráfico que significa a construção de *detours* sempre novos e mais abrangentes, quase sempre disfarçados de atalhos – de forma contínua, obsessiva e compulsiva. Aos obstáculos, só concede um poder temporário, na verdade de curto prazo: oferece-lhes, na melhor das hipóteses, o status de constrangimentos transitórios, tolerados por algum tempo, mas destinados a serem logo eliminados, ultrapassados ou empurrados para fora do caminho por mais um esforço, ou conjunto de esforços, da ciência (depositária do cérebro e da reflexão ponderada da tecnologia) e da tecnologia (braço prático da ciência). Obstáculos, incluindo aqueles que suspeitamente se parecem com limites, são "problemas", e problemas, como nós modernos sabemos muito bem, são desafios que determinam tarefas as quais são, por suas vez, realizáveis por definição.

Ocupada em resolver sucessivos problemas, particularmente acarretados pelo último ou penúltimo esforço de solução, a civilização moderna não tem tempo nem estímulo interno para refletir sobre a escuridão no fim do túnel. Está sujeita a desastres que regularmente pegam de surpresa as pessoas envolvidas, concreta ou potencialmente, na luta para solucionar os problemas. A forma como enfrenta esses desastres segue a regra de trancar o estábulo depois que o cavalo fugiu e provavelmente já está muito longe para ser alcançado. E o espírito inquieto da modernização garante a existência de um número sempre crescente, já que automultiplicador, de portas a serem trancadas.

No estágio em que nos encontramos, grande parte do "progresso" cotidiano consiste em reparar os danos diretos ou "colaterais" provocados pelos esforços, atuais e passados, para acelerá-lo. Desses exercícios de administração de crises, as tarefas pela frente emergem rotineiramente *menos* administráveis do que antes. E não há como saber qual será finalmente a gota d'água: qual das sucessivas operações administrativas vai tornar a tarefa derradeira e irremediavelmente inadministrável. Sendo modernos, estamos a nos mover dentro do circuito de apontar e isolar, designar e resolver problemas, versões especificamente modernas, autopropulsoras e autoaceleradoras dos ciclos de ação e reação, e assim somos incapazes de conceber maneiras alternativas de enfrentar as adversidades que tendem a emergir em rápida sucessão (tal como corretamente suspeitamos que o verme imaginário bidimensional fosse incapaz de visualizar um movimento em terceira dimensão*). Não conhecemos remédio para os efeitos mórbidos de um *detour* – com exceção de outro *detour*; nem terapia para os perniciosos efeitos colaterais de empreendimentos administrativos estritamente orientados – salvo outro empreendimento administrativo estritamente orientado. A questão dos limites da iniciativa humana ficou fora de nossos pensamentos e práticas por tanto tempo que agora se tornou quase incompreensível e na verdade inefável. Mesmo os desastres plena e verdadeiramente "naturais", pelos quais os erros de cálculo e gerenciamento humanos não poderiam ser responsabilizados de maneira verossímil, tendem a ser transplantados para o discurso gerencial – como Dupuy descobriu ser o caso na esteira do tsunami ("A inocência do tsunami asiático durou apenas alguns dias", observou).[3] Citando Paul Taponnier,[4] Dupuy assinala que:

> A exaltação atingiu o auge quando se divulgou que as autoridades da Tailândia foram rapidamente informadas do terremoto e da probabilidade de um tsunami, mas preferiram não emitir o alarme com receio de prejudicar a indústria turística do país. Os pesquisadores foram os próximos a serem apontados entre as

---

* Referência às planárias, os únicos animais com simetria bilateral (com apenas um plano imaginário que divide o corpo em duas metades iguais) capazes de sofrer epimorfose – processo de regeneração por meio da reconstituição das partes perdidas a partir de células presentes em tecidos preexistentes. (N.E.)

causas do desastre: a ignorância, a insuficiência de conhecimento científico e o corte de verbas de pesquisa por parte de certos governos foram os culpados apontados. A culpa moral cobriu definitivamente o espaço que deveria permanecer como domínio dos males naturais, sob o atrevido pressuposto de que a onda teria sido interrompida se houvesse obstáculos físicos para detê-la.

Antes de darmos de ombros e sorrirmos pretensiosamente depois de ler o relato de Taponnier, consideremos o seguinte.

Falta algo nas descrições de Taponnier e Dupuy. O que falta, se não conseguimos percebê-lo no caso de um desastre distante ("exótico"?) como o do tsunami asiático, veio à luz com o Katrina, a catástrofe natural que atingiu no coração o país mais rico e poderoso na vanguarda do processo civilizador.

Em Nova Orleans e cercanias, ninguém poderia se queixar de que o sistema de alarme precoce não funcionou ou da carência de verbas para a pesquisa científica. Todos sabiam que o Katrina estava se aproximando, e todos tiveram tempo bastante para buscar abrigo. Nem todos, porém, puderam agir de acordo com a informação e fazer bom uso do tempo de que dispunham para fugir. Alguns – um bom número – não tinham dinheiro para pagar passagens aéreas. Podiam embarcar as famílias em camionetes – mas para onde poderiam levá-las? Motéis também custam dinheiro, e dinheiro era o que eles não tinham. E – paradoxalmente – foi mais fácil para seus vizinhos abastados obedecer ao aviso de abandonar suas casas e propriedades e salvar suas vidas, ao mesmo tempo em que suas posses estavam garantidas pelo seguro – o Katrina podia ameaçar suas existências, mas não sua riqueza. Por outro lado, as posses dos que não tinham dinheiro para pagar passagens aéreas ou motéis, embora lamentavelmente desprezíveis em comparação, eram tudo que eles tinham; ninguém os compensaria por sua perda e, uma vez perdidas, perdidas para sempre, e com elas as economias de toda uma vida.

O Katrina pode não ter sido muito seletivo, atingindo culpados e inocentes, ricos e pobres com a mesma equanimidade fria – e no entanto essa catástrofe reconhecidamente natural não foi percebida como tal da mesma forma por todas as vítimas. Embora o furacão em si não fosse um produto humano, suas *consequências para os seres humanos* obviamente o foram. Como resumiu o reverendo Calvin O. Butts III, pastor da Igreja batista Abissínia do Harlem (e ele não foi o único): "As pessoas afetadas eram em grande parte pobres. Pessoas negras e pobres."[5] Como disse David Gonzalez, correspondente especial do *New York Times*:

> [Nos] dias que se passaram desde que os bairros e cidades ao longo da costa do Golfo foram varridos pelos ventos e pela água, tem havido um sentimento crescente de que raça e classe são os marcadores tácitos de quem saiu e quem foi atingido. Tal como nos países em desenvolvimento em que os fracassos dos programas de desenvolvimento rural se tornam ofuscantemente claros por ocasião de desastres naturais como secas e inundações, declararam muitos líderes nacionais, algumas das cidades mais pobres dos Estados Unidos foram abandonadas à vulnerabilidade pelas políticas federais.
>
> "Ninguém teria se importado com grande parte dos negros dessas paróquias quando o sol estava brilhando", disse o prefeito Milton D. Tutwiler de Winstonville, Mississippi. "Assim sendo, será que estou surpreso pelo fato de ninguém vir nos ajudar agora? Não."

Martin Espada, professor de inglês na Universidade de Massachusetts, observa: "Tendemos a pensar nos desastres naturais como algo, de certa forma, distribuído equitativamente, de modo um tanto aleatório. No entanto sempre foi assim: os pobres estão em perigo. É o que significa ser pobre. É perigoso ser pobre. É perigoso ser negro. É perigoso ser latino." Como está implícito no texto de Espada, as categorias relacionadas como particularmente expostas ao perigo em grande parte se sobrepõem. Há muitos pobres entre negros e latinos. Dois terços dos moradores de Nova Orleans eram negros e mais de um quarto deles vivia na pobreza, enquanto no 9º Distrito, varrido da face da terra pela inundação, mais de 98% dos moradores eram negros e mais de um terço vivia na pobreza.

Não se pode ter certeza do grau em que essa circunstância influenciou as autoridades federais quando estas se ocuparam em cortar verbas destinadas à recuperação das assustadoramente inadequadas defesas da cidade contra inundações. Nem se pode ter certeza do papel desempenhado pelas características demográficas das vítimas na ordem dada à Guarda Nacional quando seus homens, após uma procrastinação imperdoavelmente longa, foram finalmente enviados à área atingida, para se concentrarem nos saqueadores e "atirarem para matar" (indiscriminadamente, quer se tratasse de ladrões de aparelhos eletrônicos ou de pessoas se apossando de alimentos e água engarrafada) antes de prosseguirem para alimentar os famintos, abrigar os sem-teto e enterrar os mortos. O envio de tropas parece ter sido estimulado mais pela ameaça às leis *feitas pelo homem* do que pelo impulso de salvar as vítimas do desastre natural.

Entre as vítimas da catástrofe natural, quem mais sofreu foram as pessoas que, bem antes do Katrina, já eram os dejetos da ordem e o lixo da modernização; vítimas da manutenção da ordem e do progresso econômico, dois empreendimentos eminentemente humanos.[6] Muito antes de se encontrarem no finalzinho da lista de preocupações prioritárias das autoridades responsáveis pela segurança dos cidadãos, tinham sido exiladas para as margens das preocupações (e da agenda política) de autoridades que declaravam que a busca da felicidade era um direito humano universal, e que a sobrevivência do mais apto era a principal maneira de implementá-lo.

Um pensamento arrepiante: será que o Katrina não ajudou, inadvertidamente, os esforços da atormentada indústria de remoção de dejetos humanos, claramente incapaz de realizar a tarefa de lidar com as consequências da globalização negativa de um planeta congestionado (e, do ponto de vista dessa indústria, *super*congestionado)? Não teria sido essa utilidade uma das razões pelas quais a necessidade de enviar tropas não foi pensada até que a ordem *social* se quebrasse e a possibilidade de perturbação *social* parecesse mais próxima? Qual desses dois "sistemas de alarme preventivo" teve de ser acionado para garantir o envio da Guarda Nacional? De fato, um pensamento humilhante e assustador; gostaríamos profundamente de descartá-lo como injustificado ou simplesmente fantasioso, e estaríamos ainda mais inclinados a articulá-lo e registrá-lo – se pelo menos a sequência de eventos o tornasse menos verossímil do que foi...

Não importa nosso grau de ressentimento ao fazer essas perguntas, os eventos as impõem em nossas mentes e consciências. Como Simon Shama recentemente desvelou, "a diferença mais chocante entre o 11 de Setembro e o Katrina foi quanto àquilo que se poderia esperar na sequência do desastre".[7] E o que realmente aconteceu nessa sequência foi determinado por tudo o que ocorreu antes dele – ou seja, por decisões de seres humanos. O governo federal "tinha cortado em 50% as verbas orçamentárias destinadas à manutenção das defesas contra inundações, de modo que pela primeira vez em 37 anos a cidade de Louisiana foi incapaz de oferecer a proteção que sabia ser necessária no caso de uma catástrofe".

De repente, os desastres naturais parecem comportar-se de uma forma que antes se julgava exclusiva das calamidades *morais*, produzidas pelo homem. Eles são altamente seletivos: "meticulosos", diríamos, não fosse o receio de sermos acusados de incorrer numa falácia antropomórfica. Mas poderíamos dizê-lo e rejeitar a acusação, pois é igualmente gritante que a aparente seletividade dos desastres "naturais" deriva de uma ação humana moralmente *pregnante*, ainda que não moralmente *motivada*.

A proteção da humanidade contra os caprichos cegos da natureza foi parte integrante da promessa moderna. A moderna implementação desse projeto, contudo, não tornou a natureza

menos cega e caprichosa, concentrando-se, em vez disso, na distribuição seletiva da imunidade a seus efeitos. A luta moderna para desabilitar as calamidades naturais segue o padrão dos processos da construção da ordem e do progresso econômico: seja por ação ou omissão, divide a humanidade entre as categorias dignas de atenção e as *unwertes Leben* – as vidas indignas de serem vividas. Em consequência, também é especializada na distribuição desigual dos medos – qualquer que seja a causa específica do medo em questão.
Furacões, terremotos e inundações não constituem casos especiais. Conseguimos tornar seletiva até mesmo a menos exigente, e mais verdadeiramente universal, de todas as calamidades naturais: a limitação biológica da vida humana. Como comentou Max Hastings:

> A riqueza moderna oferece a seus detentores toda chance de atingir uma idade avançada. Até o século XX, a doença não respeitava fortunas. A mulher de um magnata financeiro da época vitoriana era quase tão vulnerável aos perigos do parto como sua empregada doméstica. As lápides dos poderosos revelam quantos deles morriam antes de se esgotar o tempo de vida natural.
> Hoje em dia a ciência médica pode fazer coisas extraordinárias pelas pessoas capazes de pagar. Nunca houve uma distância tão grande entre os remédios disponíveis aos ricos e aqueles oferecidos aos mais pobres, mesmo em sociedades dotadas de sistemas de saúde avançados.[8]

Seja dirigida aos desastres de origem natural ou artificial, o resultado da guerra moderna aos medos humanos parece ser sua *redistribuição social* e não sua *redução em volume*.

O hábito crescente de se falar do tsunami, do Katrina ou de outros desastres naturais em termos de calamidades que poderiam ser evitadas – da forma como costumávamos discutir as consequências dos erros de cálculo ou da negligência humana – é em si mesmo um fenômeno altamente intrigante, sinal de uma divisão de águas na história humana sobre cuja importância vale a pena meditar com cuidado. Ele sinaliza o encontro surpreendente entre as ideias de desastre "natural" e desastre social/moral (ou seja, aqueles gerados e/ou perpetrados por seres humanos); entre dois tipos de catástrofe que tinham sido mantidos à parte por toda a história da modernidade...

Susan Neiman, autora – já citada – de um estudo fundamental sobre a sucessão de imagens e interpretações conflitantes do mal na história moderna,[9] chega a ponto de sugerir que a estrita separação entre os conceitos de desastre natural e social, antes indissoluvelmente misturados na ideia da vontade de Deus – separação que teve lugar no curso dos acesos debates desencadeados pelo terremoto e incêndio de Lisboa em 1755 –, assinala o verdadeiro *início* do "moderno":

> Precisamente por sua tentativa de dividir claramente a responsabilidade... Se o Iluminismo é a coragem de pensar por si mesmo, também é a de assumir a responsabilidade pelo mundo em que se é lançado. Estabelecer uma separação radical entre aquilo que as eras anteriores chamavam de natural e os males morais foi, assim, parte do significado da modernidade.

E, no entanto, a conclusão da história do desafio moderno, segundo essa autora, parece bem diferente de seu início estimulante e favorável:

> As modernas concepções do mal foram desenvolvidas na tentativa de pararmos de culpar Deus pela condição do mundo e assumirmos a responsabilidade por nós mesmos. Quanto mais a responsabilidade pelo mal foi passada para os humanos, menos capaz parecia a espécie de assumi-la. Ficamos sem direção. Retornar à tutelagem

intelectual não é opção para muitas pessoas, mas a esperança de crescer agora parece nula.

Fica-se imaginando qual dos dois males, o *natural* ou o *social* (e portanto passível de ser registrado como falha *moral*), teria de percorrer maior distância para tornar possível a união de ambos, assim como alcançar uma vez mais, após uma separação de dois séculos e meio, o ponto de encontro e a fusão com sua contraparte. O mal natural precisava renunciar à sua "naturalidade", aquele traço que apresenta a "natureza", em oposição à "cultura", como um fenômeno de criação definitivamente *não* humana e portanto firmemente localizado além do poder humano de desafiar, reparar, rearrumar ou reformar. Mas a cultura, oponente da natureza, não tratou nenhuma das sucessivas fronteiras desta última – simultaneamente produtos e determinantes das próprias autolimitações da cultura – como algo mais que linhas de armistício temporárias, definitivamente negociáveis e passíveis de rompimento. Desde o início da Era Moderna, a cultura tendeu a seguir a fórmula de Voltaire: "O segredo das artes é corrigir a natureza." Uma vez proclamada a oposição entre "natureza" e "cultura", a área que a "natureza" foi relutantemente autorizada a controlar nunca parou de encolher, transformando-se pouco a pouco em "derivado negativo" da cultura: o produto de um lamentável atraso na descoberta de sucessivos "segredos da arte". Em algum lugar do fim da longa estrada, predominava a visão de um tempo em que o território provisoriamente cedido à "natureza" seria amplamente conquistado, absorvido ao domínio da "cultura" e totalmente submetido a uma administração exclusivamente humana (e consequentemente passando para o domínio da responsabilidade humana) – e assim se tornando indistinguível do território que era aberto e favorável aos desígnios humanos e à "correção" intencional (mas também vulnerável, como tenderia a se tornar claro mais tarde, aos erros humanos derivados de motivos equivocados ou de negligência).

Para retornar logo a um ponto de encontro e fusão com os desastres naturais, os males sociais/morais precisavam, por outro lado, adquirir todas as características de seu oponente/contraparte das quais haviam sido total e enfaticamente privados no momento de seu nascimento conceitual: a tendência a golpearem aleatoriamente, a afetarem igualmente inocentes e culpados, a serem impossíveis ou pelo menos altamente difíceis de prever, e a estarem além do poder humano de impedi-los, muito menos evitá-los. Em outras palavras, precisavam assumir o caráter de seu suposto adversário, ser uma "catástrofe de tipo natural": uma ruptura súbita, abrupta e radical em termos de continuidade, um ingresso não anunciado da anormalidade na rotina – mas uma ruptura gerada e amadurecida, embora despercebida e talvez imperceptível, no interior dessa mesma rotina.

O itinerário percorrido pelos desastres naturais antes de conseguirem alcançar um ponto de encontro com o malefício moral é de fácil compreensão para pessoas modernas como nós. Ele é desenhado com uma pena que todos nós fomos treinados a usar. Sua história é contada com palavras que nos são muito familiares: na linguagem da ruptura de fronteiras, da invasão, da conquista, da anexação, da colonização. Esse itinerário foi previsto, e planejado, desde o início. Pelo menos desde Francis Bacon, seu destino – o domínio total do homem sobre a natureza – foi estabelecido; apenas o *timing* foi deixado, relutantemente, à mercê dos caprichos do destino – embora se esperasse que, como a conquista progredia e o resgate que se precisava pagar se aproximava cada vez mais do zero, o grau dos perigos residuais da "cegueira do destino" seria radicalmente reduzido.

Por outro lado, o itinerário da culpa moral deve ter apanhado homens e mulheres modernos de surpresa. Ia contra a natureza de tudo aquilo que o espírito moderno representava: em total oposição às expectativas, esperanças e intenções comuns, e longe de eliminar da condição humana a aleatoriedade, a contingência e a incompreensão perturbadoras, reintroduziu e reafirmou a casualidade, a falta de propósito e a imprevisibilidade, e as estabeleceu nas áreas da presença humana no mundo em que foram empregados os batalhões mais poderosos e as armas mais confiáveis dos presunçosos conquistadores e mestres presuntivos da natureza. Enquanto travava uma guerra contra os caprichos inumanos da natureza, a modernidade acabou expondo, para seu próprio horror, à arbitrariedade de um caos de tipo natural os "pontos fracos" do empreendimento humano: o gerenciamento da coabitação humana, considerado o domínio óbvio e incontestável da razão, do know-how e da indústria humanos.

No limiar da Era Moderna, o armistício milenar e a incômoda coabitação entre a natureza disfarçada de Deus e suas criaturas humanas foram rompidos, estabelecendo uma linha de frente entre natureza e humanidade. As duas modalidades eram vistas como quase incompatíveis. Para a humanidade, cada vez mais eloquente e ambiciosa, guiada pela determinação e resolvida a forçar o mundo a servir a suas ambições, a natureza agora se opunha, tal como um objeto cartesiano se coloca diante de um sujeito pensante: inerte, desprovida de propósito, rebelde, insensível e indiferente às aspirações humanas.

Enquanto confrontou os seres humanos sob o disfarce de um Deus onipotente, mas benévolo, a natureza foi um mistério que desafiava a compreensão humana: com efeito, era difícil ajustar a benevolência-com-onipotência divina à profusão do mal num mundo que Ele próprio havia planejado e posto em movimento. A solução mais comumente apresentada para esse enigma – que os desastres naturais infligidos à humanidade eram apenas punições impostas a pecadores morais – não podia dar conta das gritantes evidências resumidas por Voltaire no poema que compôs para memorar o terremoto e o incêndio de Lisboa de 1755: "*L'innocent, ainsi que le coupable,/ subit également ce mal inévitable*" (O inocente, assim como o culpado, foi igualmente submetido a esse golpe inevitável). Esse dilema exasperante (vividamente articulado, permitam-me repetir, mais de dois milênios antes no Livro de Jó – a história do motivo pelo qual os mais ilustres sábios da época se esforçaram em vãs tentativas de explicar por que a natureza, obediente criação e instrumento de Deus, atingiu Jó, uma encarnação exemplar da virtude, da piedade e da lealdade a Seus mandamentos – com um refinado sortimento de malefícios) assaltou os *philosophes* da modernidade emergente da mesma forma que o fizera com gerações de teólogos. A evidente prodigalidade do mal em nosso mundo não podia conciliar-se com a combinação de benevolência e onipotência imputada ao criador e supremo administrador desse mesmo mundo.

Essa contradição era insolúvel; só pôde ser tirada da agenda pelo que Max Weber descreveu como o *Entzauberung* ("desencanto") da natureza, destacando-o como o verdadeiro ato de origem do "espírito moderno" – ou seja, pela arrogância baseada na nova atitude de autoconfiança do "se nós podemos, nós o faremos". Numa espécie de punição pela ineficácia da obediência, da oração e da prática da virtude (os três instrumentos recomendados dos quais se esperava que evocassem as respostas desejadas de um Sujeito Divino benévolo e onipotente), a natureza foi privada de sua subjetividade, e assim da própria *capacidade* de escolher entre bondade e maldade. Ainda que impotentes, os seres humanos podiam ao menos ter a esperança de se insinuarem aos olhos de Deus, e até protestarem contra as decisões Dele para defender e negociar suas demandas. Tentar debater e barganhar com a natureza "desencantada" na esperança de incorrer em suas graças evidentemente não fazia sentido.

Além do descarte daquela aporia irritante e ilógica, o desencanto (ou, mais exatamente, a "desdivinização" ou "dessacralização") da natureza teve outro efeito tremendamente poderoso: a emancipação dos medos mais assustadores – do horror do desespero em face do mal, derivado da ausência de instrumentos e habilidades adequados à tarefa de reagir ao mal e mantê-lo a uma distância segura.

As ameaças evidentemente não desapareceram e, privada de seu disfarce divino, a natureza desencantada não pareceu menos terrível, ameaçadora e aterrorizante do que antes; mas o que as preces não tinham conseguido alcançar, a *techne* – destinada a lidar com a natureza cega e surda, mas não com um Deus onisciente e falante –, apoiada pela ciência, certamente conseguiria, logo que acumulasse as habilidades de fazer coisas e a usasse para que as coisas fossem feitas. Agora se podia ter a esperança de que a aleatoriedade e imprevisibilidade da natureza fossem apenas perturbadores temporários, e acreditar que a perspectiva de obrigar a natureza a obedecer à vontade dos seres humanos era apenas uma questão de tempo. Os desastres naturais podiam (e deviam!) ser submetidos ao mesmo destino dos males *sociais*, os quais, com a habilidade e o esforço devidos, poderiam obviamente ser exilados do mundo dos humanos e impedidos de retornar. Os desconfortos causados pelos absurdos da natureza poderiam ser finalmente enfrentados de modo tão eficaz quanto as calamidades provocadas pela maldade e a devassidão humanas. Cedo ou tarde, *todas* as ameaças, naturais ou morais, se tornariam previsíveis e evitáveis, obedientes ao poder da razão. Quão cedo isso ocorreria ia depender apenas da determinação com que se empregassem os poderes da razão humana. A natureza tornar-se-ia semelhante aos outros aspectos da condição humana que são evidentemente produzidos pelos seres humanos, e assim, em princípio, seria administrável e "corrigível". Como estava implícito no imperativo categórico de Immanuel Kant, empregando a razão, nosso dom inalienável, podemos elevar o tipo de comportamento que gostaríamos que se tornasse universal à categoria do *direito natural*.

É assim que se esperava – no começo da Era Moderna e durante boa parte de sua história – que se desenvolvessem os assuntos humanos. Mas, como sugere a experiência atual, eles caminharam na direção oposta. Em vez de levarem o comportamento guiado pela razão à categoria da lei natural, geraram consequências degradadas ao nível da natureza irracional. As catástrofes naturais não se tornaram cada vez mais próximas de malefícios morais, "em princípio administráveis", mas, ao contrário, o destino da imortalidade foi tornar-se ou ser revelada como algo cada vez mais semelhante às catástrofes naturais "clássicas": perigosa como estas, imprevisível, inevitável, incompreensível e imune à razão e aos desejos humanos. Os desastres provocados por ações humanas vêm de um mundo opaco, atacam aleatoriamente em lugares impossíveis de prever, e fogem ou desafiam o tipo de explicação que separa as ações humanas de todos os outros eventos: a explicação por *motivos* ou *propósitos*. Acima de tudo, o mal causado pelas ações imorais dos seres humanos parece cada vez menos administrável *em princípio*.

Permitam-me reapresentar o caso que agora será debatido com mais detalhes: a transformação imprevista, mas sinistra, das catástrofes sociais/morais em algo semelhante aos inadministráveis desastres naturais foi, paradoxalmente, um produto não intencional, mas, com toda probabilidade, inevitável da luta moderna para tornar o mundo transparente, previsível, regular, contínuo e administrável.

Se os desastres morais de nossa época fogem a explicações em termos de motivos e propósitos, é graças aos triunfos registrados por uma aliança entre o espírito, o know-how, a capacidade de ação e a engenhosidade modernos em sua luta contra a interferência das intenções humanas, notoriamente caprichosas, no grande projeto de um mundo disciplinado, ditado pela razão, que se deseja imune a todas as pressões capazes de conduzir ao desequilíbrio. Essa guerra tinha de ser travada, explicitamente ou não, contra a mesmíssima agência humana autônoma que estava para emergir, aparentemente reforçada, de suas transformações modernas.

A estratégia dessa guerra era dupla, embora seus dois preceitos fossem mutuamente dependentes e estimulantes.

Consistia, em primeiro lugar, na tendência à adiafora: a tendência a minimizar a relevância dos critérios morais, ou, quando possível, eliminá-los totalmente de uma avaliação da desejabilidade (ou, na verdade, permissividade) das ações humanas, levando em última instância a uma situação em que os agentes humanos são expropriados de sua sensibilidade moral, tendo reprimidos seus impulsos morais.

Consistia, em segundo lugar, em agentes humanos individuais sendo expropriados da responsabilidade moral pelas consequências de seus feitos – como que traduzindo em termos seculares o preceito de Martinho Lutero (repetidamente citado por Max Weber ao refletir sobre a natureza nos tempos modernos) de que "o cristão faz o que é certo e coloca o resultado nas mãos de Deus".[10]

O principal instrumento das artes gêmeas da adiaforia e da emancipação de responsabilidade foi (ou melhor, pretendia se tornar, embora jamais com pleno sucesso) a burocracia da modernidade sólida. Esta empenhou-se por colocar o ofício fora do alcance das emoções humanas, dos vínculos espirituais que se estendem para fora das paredes do escritório, da lealdade a propósitos outros que não os oficialmente autorizados, e de regras de conduta recomendadas por autoridades outras que não os estatutos da repartição. Nesse sentido, a lealdade ao *esprit de corps* deve ser suficiente para sustentar o código de ética que regula a totalidade dos procedimentos burocráticos. Tal como todos os outros códigos de ética que se impõem pela autoridade, esse não tolerava a competição nem permitia a renegociação. A burocracia exigia a *conformidade à norma*, não a *avaliação moral*. Com efeito, a moralidade do funcionário foi redefinida como a obediência à ordem e a presteza em concluir um trabalho bem-feito – não importa a natureza do trabalho exigido nem seu impacto sobre as pessoas situadas na extremidade receptora da ação burocrática. A burocracia foi um dispositivo a serviço da tarefa da *mecanização ética*.

O desempenho de uma organização que procurasse aproximar-se do tipo ideal de burocracia deveria assim ser independente de qualquer resquício de consciência moral de seus funcionários. E já que a burocracia representava as supremas encarnações da racionalidade e da ordem, ela também classificou o comportamento moralmente inspirado como oposto à ideia de ordem e aos preceitos da razão – ou até incompatível com estes.

A burocracia também teve grande êxito em libertar os executores de uma tarefa de responsabilidade por seus resultados e repercussões. Efetivamente, ela substituiu a "responsabilidade *por*" pela "responsabilidade *perante*": a responsabilidade pelo impacto de uma ação sobre seu objeto pela responsabilidade perante o superior, o ordenador. Como cada superior, exceto um, era agente de seus próprios superiores, os quais davam ou passavam a ordem e monitoravam sua execução, para a maioria dos encarregados de repartição, se não todos, e a maioria dos níveis da hierarquia burocrática, se não todos, as origens da ordem e a autoridade que endossava a tarefa se localizavam em um distante e nebuloso "lá em cima" – e com duplo efeito: primeiro (relembrando a feliz expressão de Hannah Arendt), uma responsabilidade "flutuante", tornando quase impossível localizá-la e atribuí-la com precisão, transformando-a, para todos os fins práticos, numa responsabilidade "de ninguém"; em segundo lugar, um investimento do dever de seguir as ordens com um poder absoluto, já que irresistível, não muito inferior à força dos mandamentos divinos.

A necessidade de uma inquestionável obediência às ordens era defendida em termos de uma racionalidade instrumental. Na verdade, porém, outra racionalidade, exatamente oposta à versão oficial, e raramente, se é que alguma vez, manifestada em público (e talvez por isso ausente da lista de quatro itens, elaborada por Max Weber, das legitimações empregadas para justificar a exigência de obediência por parte daqueles em posição de poder), pôs em operação o desenvolvimento moderno e determinou, em larga medida, as escolhas cruciais feitas ao longo de seu curso. Em vez de procurar e selecionar os meios mais efetivos e prováveis de atingir os objetivos estabelecidos, essa outra racionalidade, uma racionalidade "latente", que em vez de *ditar* os instrumentos era por eles *ditada*, buscava os objetivos mais lucrativos para os quais se pudessem voltar os meios disponíveis. Nessa racionalidade, os *meios*, e não os *fins*, foram as invariantes da equação, constituindo os únicos "fatos concretos" disponíveis. Os *propósitos* da ação, e não seus instrumentos, eram eminentemente variáveis e flexíveis. Embora o baixo status atribuído ao julgamento de valor no pensamento moderno seja explicado por referência ao fato de que o "é" não determina o "deve", e fixado pelo postulado da investigação "isenta de valores" e do conhecimento "neutro em termos de valores", na verdade algo bem diferente acontecia: a finalidade era procurada e escolhida, na prática, como um derivativo dos meios disponíveis. Permitia-se que o "é" dos meios disponíveis determinasse o "deve" dos responsáveis pela escolha do objetivo, e ele o fazia de modo ainda mais eficiente graças à negação do status autônomo e da autoridade dos valores, à recusa de critérios específicos pelos quais os propósitos de uma ação precisavam ou deveriam ser julgados e escolhidos, e à exclusão *de facto* dos valores do domínio da investigação orientada pela razão.

Os esforços para degradar as avaliações morais e eliminá-las, como irrelevantes, do processo de tomada de decisão acarretaram um considerável enfraquecimento do poder da avaliação moral – fato que tornou os responsáveis pelas decisões simultaneamente livres e impotentes para escolher as maneiras pelas quais os instrumentos deveriam ser usados. Com o gradual desaparecimento das habilidades exigidas pela tarefa da escolha moral devido à redução do interesse e da preocupação com os valores, e com a desvalorização da própria tarefa, as decisões – com referência a como e com que fins deveriam ser empregados os instrumentos de ação efetiva disponíveis no momento – tinham de ser praticamente arbitrárias.

Dupuy recorda a sombria previsão registrada em 1948 por John von Neumann, o teórico pioneiro dos autômatos e computadores: em breve nós, construtores de máquinas automáticas, seremos tão indefesos diante de nossa criação quanto o somos quando confrontados com fenômenos naturais complexos.[11] O tempo transcorrido desde então confirmou plenamente a solidez da previsão de Neumann. A nova tecnologia trazida à luz no último meio século comporta-se – "cresce", "desenvolve-se" – exatamente como a natureza. As manifestações de motivo, intenção, propósito, plano, destino, direção emergem dos movimentos casuais de "mecanismos totalmente cegos", e não há como ter certeza de que esses movimentos nos conduzirão a uma "boa direção", nem como garantir de alguma forma que não nos levem a um beco sem saída ou a um abismo. Tudo isso, conclui Dupuy, acontece como se a tecnologia *feita pelo homem*, adquirindo ainda mais independência e impulso de autopropulsão a cada passo que dá, estivesse se transformando numa força *inumana* destinada a tirar dos inventores humanos o fardo da liberdade e da autonomia...

Se a burocracia da era sólido-moderna "adiaforizava" ativamente os efeitos moralmente impactantes das ações humanas, a tecnologia emancipada de nossos tempos líquido-modernos obtém efeitos similares por meio de uma espécie de "tranquilização ética" de tudo. Oferece aparentes atalhos para os impulsos morais e soluções em doses rápidas para os dilemas éticos, enquanto livra os atores da responsabilidade por ambos, transferindo-a para artefatos técnicos e, no longo prazo, "mecanizando moralmente" os atores, anestesiando sua consciência moral, cultivando a insensibilidade ao pleno impacto dos desafios morais e, de modo geral, desarmando moralmente os atores quando se trata das difíceis escolhas que exigem certo grau de autonegação ou autossacrifício. Particularmente quando mediado pelos mercados consumidores, o "fetichismo tecnológico" *soi-disant** traduz as escolhas morais em atos de seleção da mercadoria certa – implicando que todo impulso moral pode ser descarregado e todo problema ético resolvido, ou pelo menos facilitado e simplificado, com a ajuda dos produtos das indústrias de biotecnologia, farmacêutica ou de bioengenharia. A "tranquilização ética" vem em um pacote que também traz a consciência limpa e a cegueira moral.

---

* Que se reconhece como tal. (N.E.)

O medo que as ambiguidades da condição moral e as ambivalências das escolhas morais tendem a provocar não é desprezível. Pelo contrário, tende a se ampliar ao ser afastado de um confronto direto e focalizado em processos tecnológicos que os atores morais mal compreendem e cuja dinâmica não podem penetrar, muito menos controlar. O preço a pagar pelos "tranquilizantes éticos" é a transferência do controle ético para o reino do "grande desconhecido" onde se geram catástrofes que estão além do poder humano de prever e combater.

Jodi Dean analisou recentemente os novos aspectos acrescidos ao "fetichismo tecnológico" com o advento e a propagação da comunicação eletrônica e das "redes" eletronicamente mediadas.[12] Ela sugere que "os revolucionários conectados" poderiam agora "imaginar que estavam mudando o mundo ao mesmo tempo confortados pelo fato de que nada mudaria realmente (ou, na melhor das hipóteses, poderiam conseguir que as gravadoras baixassem os preços dos CDs)".

O fetiche tecnológico "é político" para nós, possibilitando-nos prosseguir o resto de nossas vidas aliviados da culpa de talvez não estarmos fazendo nossa parte e seguros na crença de que somos, afinal, cidadãos informados e engajados. O paradoxo do fetiche tecnológico é que a tecnologia que age em nosso lugar realmente nos habilita a permanecer politicamente passivos. Não temos de assumir a responsabilidade política porque, uma vez mais, a tecnologia faz isso por nós...

A "dose" nos permite pensar que tudo que precisamos é universalizar determinada tecnologia, e então teremos uma ordem social democrática ou harmoniosa.

Não admira, podemos acrescentar, que quando nos chega ao conhecimento (muitas vezes de forma brutal) que nossas expectativas foram frustradas e o que era esperado e desejado deixou de ocorrer, o efeito seja tão chocante quanto os impactos das catástrofes naturais. E a suspeita reprimida de que a tecnologia a que confiamos nossas esperanças possa frustrá-las ou destruí-las é uma nova e formidável fonte de medo.

Nisso, creio eu, está a causa mais profunda desse curso amplamente não planejado, aleatório e casual do desenvolvimento moderno que provavelmente inspirou Jacques Ellul a sugerir que a tecnologia (as habilidades e instrumentos de ação) se desenvolve exatamente porque se desenvolve, sem necessidade de qualquer outra causa ou motivo. Poucos anos antes de Ellul, em *A condição humana*, escrito logo após o fim da guerra e publicado em 1958, Hannah Arendt advertiu que nós, criaturas terrestres pleiteando a relevância cósmica, dentro em breve seremos incapazes de compreender e articular as coisas que somos aptos a fazer. E poucos anos depois Hans Jonas se queixou de que, embora possamos agora afetar com nossas ações espaços e tempos tão distantes a ponto de nos serem desconhecidos e incompreensíveis, nossa sensibilidade moral avançou muito pouco desde os tempos de Adão e Eva.

Os três grandes pensadores transmitiram uma mensagem semelhante: padecemos de uma *defasagem moral*. Os motivos da ação só tendem a ser claramente visualizados como reflexões posteriores, frequentemente na forma de uma desculpa retrospectiva ou de um argumento em favor de circunstâncias atenuantes, enquanto as ações que empreendemos, embora às vezes inspiradas por *insights* e impulsos morais, são mais comumente estimuladas pelos recursos de que dispomos. Como o *spiritus movens* de nossas ações, a causa substituiu a intenção.

Há 50 anos, Alfred Schütz, fiel seguidor do programa da "sociologia do entendimento" de Weber, assentado na visão moderna dos seres humanos como criaturas orientadas pelo propósito, buscou desmascarar a autoilusão manifestada na fórmula "eu fiz isso *porque*", empregada em demasia, insistindo em que as ações das criaturas humanas, cronicamente buscando objetivos, deveriam ser descritas mais em termos de "eu fiz *a fim de*". Hoje em dia, contudo, uma injunção oposta estaria mais de acordo, já que os objetivos, em particular os objetivos significativos do ponto de vista ético, tendem a ser cada vez mais atribuídos a nossas ações *ex post facto*.

Desse modo, as decisões de lançar o poder assassino das bombas atômicas sobre Hiroshima, em 6 de agosto de 1945, e três dias depois sobre Nagasaki foram justificadas a posteriori pela necessidade de forçar o Japão a uma capitulação imediata e assim salvar as vidas de inumeráveis soldados que de outra forma teriam morrido na tentativa de invadir o arquipélago japonês. O tribunal da história ainda está reunido, mas essa explicação oficial retrospectiva é contestada por uma série de historiadores norte-americanos para os quais ela contraria os fatos da época. O que os críticos afirmam é que já em julho de 1945 o Japão estava perto de se render. Restavam apenas duas condições para que isso ocorresse: que Truman concordasse com a entrada imediata dos soviéticos na guerra contra os japoneses e que os aliados reunidos na Conferência de Potsdam prometessem que o Mikado teria a permissão de permanecer no trono depois da rendição. Mas Truman foi evasivo e recusou dar seu consentimento às requisições quando recebeu, logo após sua chegada a Potsdam (exatamente em 17 de julho), o relatório enviado de Alamogordo, no Novo México, de que a bomba atômica fora testada com sucesso e os resultados do teste haviam sido "ainda mais impressionantes do que se esperava". Com receio de deixar que a nova engenhoca tecnológica, exorbitantemente cara, se desperdiçasse, Truman estava obviamente ganhando tempo. Os interesses que motivavam esse jogo de procrastinação ficaram evidentes com o anúncio triunfante de Truman, relatado pelo *New York Times* em 7 de agosto de 1945: "Fizemos a aposta científica mais audaciosa da história, uma aposta de mais de 2 bilhões de dólares, e ganhamos." Dois bilhões de dólares não podiam ser desperdiçados... E não foram.

Em 16 de março de 1945, quando os alemães já estavam de joelhos e para todos os fins práticos a guerra fora vencida, um comandante da Real Força Aérea britânica (RAF, na sigla em inglês), Arthur "bombardeiro" Harris, enviou 225 Lancasters e 11 Mosquitos para despejarem 289 toneladas de poderosos explosivos e 573 toneladas de bombas incendiárias sobre Würzburg, uma cidade modesta em tamanho, com 107 mil habitantes, rica em arte e história, mas bastante pobre do ponto de vista industrial. Entre 21h20 e 21h37, cerca de cinco mil moradores da cidade foram mortos (66% dos quais mulheres e 14% crianças) e 21 mil casas destruídas, de modo que apenas 6 mil sobreviventes puderam permanecer na cidade após o bombardeio. Hermann Knell, que pesquisou os arquivos e coletou todos esses dados,[13] pergunta por que uma cidade claramente desprovida de importância estratégica (fato indiretamente admitido pela história oficial da campanha de bombardeios da RAF contra a Alemanha, na qual Würzburg não é mencionada, sendo assim reduzida ao status de mais uma "baixa colateral" da guerra) foi escolhida como alvo. Tendo examinado e descartado uma a uma todas as respostas possíveis, Knell chegou à única explicação sensata: "No início de 1945, Arthur Harris, comandante-chefe dos bombardeiros da RAF, e Carl Spaatz, comandante da Força Aérea dos Estados Unidos estacionada na Grã-Bretanha e na Itália, estavam desprovidos de alvos relevantes."

> O bombardeio prosseguiu como planejado sem que se considerasse a situação militar. A destruição das cidades alemãs continuou até o fim de abril. Aparentemente, uma vez em curso a máquina militar não podia ser parada. Tinha vida própria. Havia agora todo o equipamento e todos os soldados à disposição. Deve ter sido esse aspecto que fez Harris decidir que Würzburg fosse atacada...

Mas por que justamente Würzburg? Mera questão de conveniência. Como voos anteriores de reconhecimento haviam mostrado, "a cidade podia ser facilmente localizada com os equipamentos eletrônicos disponíveis naquela época". E era suficientemente distante das tropas aliadas em marcha para que se evitasse o risco de outro "fogo amigo" (ou seja, lançar bombas sobre suas próprias tropas). Em outras palavras, Würzburg era "um alvo fácil e sem riscos".[14] Foi um falha não intencional, do tipo para o qual nenhum alvo seria perdoado uma vez que "a máquina militar estivesse em movimento".

No ponto final do grande salto para a liberdade registrado na história com o nome de "Era Moderna", não somos menos as "criaturas da determinação" do que éramos no seu início – e aparentemente agora o somos mais, embora desta vez em resultado de um desvio (o mais longo de todos, a verdadeira "mãe de todos os desvios", sua causa possibilitadora e o padrão a ser indefinidamente replicado, um genuíno metadesvio) que pode ser descrito em retrospecto como uma tentativa de colocar, no papel de determinante-chefe de nossa condição determinada, nosso poder tecnológico e nosso conhecimento, substituindo os poderes da natureza e nossa ignorância. Somos para a natureza o que o aprendiz de feiticeiro era para o seu mestre. Tal como aquele jovem impetuoso, ousado, mas não particularmente circunspecto, nós obtivemos o segredo de liberar e desencadear forças reprimidas e resolvemos usá-las *antes* de termos tido a chance de aprender a suspendê-las. E ficamos horrorizados com a ideia de que, estando as forças em movimento e com permissão de desenvolver seu ímpeto próprio, talvez seja tarde demais para aplicar os encantamentos mágicos capazes de colocá-las novamente sob controle.

A ironia disso tudo é que, tanto no ponto inicial quanto na extremidade final do grande desvio, nós nos encontramos numa situação marcadamente semelhante: confusos, aturdidos, inseguros quanto a*o que* deve ser feito, *como* e *quem* o faria, caso soubéssemos o que seria isso. Tal como nossos ancestrais, somos tomados por temores que emanam do grande vácuo entre a grandiosidade do desafio e a escassez e fragilidade de nossas ferramentas e recursos – embora desta vez não acreditemos verdadeiramente que mais cedo ou mais tarde essa brecha possa ser transposta. Nós vivenciamos o que as pessoas devem ter sentido ao serem esmagadas pelo "medo cósmico" de Mikhail Bakhtin: o terror e o tremor causados pelo sublime e o terrível, pela visão de montanhas gigantescas e mares intermináveis evidentemente imunes aos nossos esforços de mensurá-los, e cegos e surdos aos nossos gritos de misericórdia. Desta vez, porém, não são as montanhas e o mar, mas artefatos feitos por seres humanos e seus impenetráveis subprodutos e efeitos colaterais que exsudam os mais terríveis de nossos medos.

Antes de alcançar esse ponto (ou melhor, antes de perceber ser esse o caso), nossos ancestrais tiveram a esperança de que a discrepância entre o tamanho do desafio e nossa capacidade de enfrentá-lo ou repeli-lo fosse um inconveniente temporário, que o caminho que percorríamos nos levava adiante e, ao persistir nele, eles e nós, seus sucessores, deixaríamos para trás os receios da inadequação. Eles tomaram esse caminho sem saber que era apenas um desvio e sem a consciência de que este acabaria nos conduzindo à situação da qual tentaram escapar.

A única diferença, embora formidável, entre os pontos inicial e final desse grande desvio é que agora estamos retornando das viagens com a perda de nossas *ilusões*, mas não de nossos *temores*. Tentamos exorcizar os nossos medos e fracassamos, tendo apenas aumentado no curso da tentativa a soma total dos horrores que clamam por ser confrontados e afastados. *O mais horripilante dos medos adicionados é o de ser incapaz de evitar a condição de estar com medo ou de escapar dela.* Agora sem o otimismo inicial, temos medo de que as catástrofes que atormentaram nossos ancestrais não apenas tendam a se repetir, mas também sejam inescapáveis.

Tememos o que não podemos controlar. Chamamos essa incapacidade de controle de "incompreensão"; o que chamamos "compreensão" de alguma coisa é nosso know-how em lidar com ela. Esse conhecimento de como lidar com as coisas, essa *compreensão*, é o "brinde" que acompanha as ferramentas capazes de fazer esse manejo (ou melhor, está embutido nelas). Como regra, esse conhecimento vem como uma reflexão a posteriori. Ele reside, devemos dizer, primeiro nos instrumentos e só depois se estabelece nas mentes por meio da reflexão sobre os efeitos de utilizá-los. Na ausência das ferramentas e das práticas que possibilitam, não é provável que esse conhecimento – essa "compreensão" – possa aparecer. *A compreensão nasce da capacidade de manejo.* O que *não* somos capazes de administrar nos é "desconhecido", o "desconhecido" é assustador. *Medo é outro nome que damos à nossa indefensabilidade.*

Pode-se argumentar que, além dos fatores anteriormente descritos, houve um caminho que nos últimos anos suscitou em nossos lares o medo assombroso do que podemos/devemos descrever como a esfera do desconhecido, do incompreensível, do incontrolável. Até agora esse caminho fatal tem sido referido sob o nome de "globalização".

· 4 ·

O terror global

Até aqui, nossa globalização é totalmente *negativa*: não restringida, suplementada ou compensada por uma contrapartida "positiva" que ainda é, na melhor das hipóteses, uma esperança distante, embora também seja, segundo alguns prognósticos, um empreendimento desesperado. Tendo tido a oportunidade de agir livremente, a globalização "negativa" especializou-se em quebrar fronteiras demasiado frágeis para aguentar a pressão e em cavar buracos numerosos, enormes e impossíveis de tampar, através das fronteiras que resistiram com sucesso às forças destinadas a rompê-las.

A "abertura" de nossa sociedade aberta adquiriu novo brilho hoje, um brilho com o qual Karl Popper, que cunhou a expressão, jamais sonhou. Não mais um produto precioso – ainda que frágil – de esforços corajosos (embora extenuantes), a "abertura" se tornou em vez disso um destino inevitável provocado pelas pressões de forças externas formidáveis; um efeito colateral da "globalização negativa" – ou seja, a globalização altamente seletiva do comércio e do capital, da vigilância e da informação, da coerção e das armas, do crime e do terrorismo, todos os quais agora desdenham a soberania nacional e desrespeitam quaisquer fronteiras entre os Estados.

Se a ideia de "sociedade aberta" representava originalmente a autodeterminação de uma sociedade livre, orgulhosa de sua abertura, agora traz à maioria das mentes a experiência terrificante de populações heterônomas e vulneráveis dominadas por forças que não controlam nem realmente compreendem, horrorizadas por sua própria indefensabilidade e obcecadas pela segurança de suas fronteiras e das populações que vivem dentro delas – já que é exatamente essa segurança *das* fronteiras e *dentro* delas que foge ao controle e parece destinada a permanecer eternamente fora de alcance (ou pelo menos enquanto o planeta for submetido unicamente à globalização *negativa*, que frequentemente parece ser o caso). Em um planeta globalizado, habitado por sociedades forçosamente "abertas", a segurança não pode ser obtida, muito menos garantida de maneira confiável, em um único país ou grupo de países: não por seus meios próprios e não independentemente do estado das coisas no resto do mundo.

Tampouco a justiça, essa condição preliminar para uma paz duradoura. A pervertida "abertura" das sociedades implementada pela globalização negativa é ela própria a causa primeira da injustiça e assim, indiretamente, do conflito e da violência. Como afirma Arundhati Roy, "enquanto a elite realiza suas viagens a um destino imaginário, a algum lugar no topo do mundo, os pobres foram apanhados numa espiral de crime e caos".[1] Foram as ações dos Estados Unidos, juntamente com seus vários satélites como o Banco Mundial, o Fundo Monetário Internacional e a Organização Mundial do Comércio, que "estimularam acontecimentos subsidiários, subprodutos perigosos como o nacionalismo, o fanatismo religioso, o fascismo e, evidentemente, o terrorismo, marchando lado a lado com o projeto neoliberal de globalização". A ideia de um "mercado sem fronteiras" é uma receita para a injustiça e, em última instância, para uma nova desordem mundial na qual (contrariando Clausewitz) é a política que se torna a continuação da guerra por outros meios. *A desordem global e a violência armada alimentam-se*, reforçam-se e se animam *mutuamente*. Como adverte a sabedoria antiga: *inter* *arma silent leg*es (quando as armas falam, as leis silenciam). A globalização dos danos e prejuízos resulta na globalização do ressentimento e da vingança.

A globalização negativa cumpriu sua tarefa, e todas as sociedades são agora plena e verdadeiramente abertas, em termos materiais e intelectuais, de modo que qualquer dano provocado pela privação e a indolência, onde quer que aconteça, é acompanhado do insulto da injustiça: o sentimento de que o mal foi feito, um mal que exige ser reparado, mas antes de tudo vingado... E, no resumo sucinto de Milan Kundera, essa "unidade da humanidade", tal como produzida pela globalização, significa basicamente que "não há um lugar para onde se possa fugir".[2] Não há abrigos seguros onde alguém possa esconder-se. No mundo líquido-moderno, os perigos e os medos são também de tipo líquido – ou seriam gasosos? Eles flutuam, exsudam, vazam, evaporam... Ainda não se inventaram paredes capazes de detê-los, embora muitos tentem construí-las.

O espectro da vulnerabilidade paira sobre o planeta "negativamente globalizado". Estamos todos em perigo, e todos somos perigosos uns para os outros. Há apenas três papéis a desempenhar – perpetradores, vítimas e "baixas colaterais" – e não há carência de candidatos para o primeiro papel, enquanto as fileiras daqueles destinados ao segundo e ao terceiro crescem interminavelmente. Aqueles de nós que já se encontram na extremidade receptiva da globalização negativa buscam freneticamente fugir e procurar vingança. Os que até agora foram poupados temem que sua vez de fazer o mesmo possa chegar – e acabe chegando.

Em um planeta estreitamente envolvido na rede da interdependência humana, nada que os *outros* façam ou possam fazer nos deixa seguros de que não afetará *nossas* esperanças, chances e sonhos. Nada que *nós* façamos ou deixemos de fazer nos permite afirmar com confiança que não afetará as esperanças, chances e sonhos de alguns *outros* que não conhecemos ou dos quais sequer ouvimos falar. Agora é comum discutir nossa nova condição de conectividade e interdependência universal e abrangente em termos de riscos e consequências imprevistas – mas é de se imaginar se o conceito de "risco" apreende e transmite a verdadeira novidade inserida na condição humana pela globalização negativa unilateral.

A ideia de "risco" reapresenta de maneira indireta, e reafirma tacitamente, o pressuposto da regularidade essencial do mundo. Sob esse pressuposto é que os riscos podem ser em tese, de acordo com sua própria definição, *calculados* – e só enquanto esse pressuposto se sustenta é que é possível tentar, com certo grau de sucesso, minimizá-los por meio da ação ou inação. O problema, porém, é que a probabilidade de derrota, prejuízo ou outra calamidade pode ser calculada – e assim o sofrimento que causariam também pode ser evitado ou pelo menos reduzido – apenas na medida em que a lei dos grandes números se aplique à sua ocorrência (quanto maior sua frequência, mais precisos e confiáveis são os cálculos de sua probabilidade). Em outras palavras, o conceito de "riscos" só faz sentido em um mundo *rotinizado*, monótono e repetitivo, no qual as sequências causais reapareçam com frequência e de modo suficientemente comum para que os custos e benefícios das ações pretendidas e suas chances de sucesso e fracasso sejam passíveis de tratamento estatístico e avaliados em relação aos precedentes; em um mundo no qual se apliquem os cânones da indução de John Stuart Mill graças a registros estavelmente crescentes de sequências causais similares ajustando-se a uma distribuição estável de probabilidades.

Mas o mundo "negativamente globalizado" não é assim. Em um mundo como o nosso, os efeitos das ações se propagam muito além do alcance do impacto rotinizante do controle, assim como do escopo do conhecimento necessário para planejá-lo. O que torna nosso mundo vulnerável são principalmente os perigos da probabilidade *não calculável*, um fenômeno profundamente diferente daqueles aos quais o conceito de "risco" comumente se refere. *Perigos não calculáveis aparecem, em princípio, em um ambiente que é, em princípio, irregular*, onde as sequências interrompidas e a não repetição de sequências se tornam a regra, e a anormalidade, a norma. *A incerteza sob um nome diferente.* Possivelmente, o tipo atual de incerteza planetária tende a permanecer incurável até que a globalização negativa seja suplementada e controlada pela positiva e que as probabilidades se tornem uma vez mais passíveis de cálculo. As raízes de nossa vulnerabilidade são de natureza *política* e *ética*.

Na clássica e já canônica formulação de Hans Jonas, apresentada em *O princípio responsabilidade*, a imaginação ética não conseguiu, e ainda não consegue, emparelhar-se com o domínio, em rápida expansão, das responsabilidades éticas. Pode-se ouvir reverberando naquela formulação as mesmas preocupações que assaltavam a obra de Jean-Paul Sartre ("o que quer que façamos, assumimos responsabilidade por alguma coisa, mas não sabemos o que essa coisa é"). A densa rede de interdependência torna todos nós *objetivamente* responsáveis (ou seja, quer o saibamos ou não, gostemos ou não e – um ponto eticamente crucial – queiramos ou não) pela miséria de todos. Nossa imaginação moral, contudo, foi historicamente moldada para lidar apenas com os outros que residem dentro de um círculo de intimidade espacial e temporal, ao alcance da visão e do tato – e ela ainda não avançou muito além desse limite tradicional (endêmico?). Podemos acrescentar que o advento das "autoestradas da informação", e portanto de uma *tele*proximidade eletronicamente mediada, pode ser um estímulo a esse avanço – mas, para se emparelhar com o escopo da responsabilidade objetiva já atingida, é preciso construir, pavimentar e policiar uma "faixa institucional". Essa faixa ainda está parada na etapa do esboço; pior ainda, pelo que sabemos, não é provável que se inicie o trabalho de construção enquanto prevaleçam as condições da globalização negativa.

A brecha entre o tamanho de nossa responsabilidade objetiva e a responsabilidade aceita, assumida e praticada atualmente não está se reduzindo, mas ampliando. A principal razão da impotência desta última em abraçar todo o escopo daquela é, como insinua Jean-Pierre Dupuy,[3] a tendência tradicionalmente autorrestritiva da fórmula ortodoxa da responsabilidade normativa de se basear fortemente nos conceitos de "intenção" e "motivo", totalmente inadequados para lidar com o atual desafio de uma interdependência de âmbito planetário (e podemos comentar que a ausência de um sistema jurídico igualmente planetário, assim como de uma jurisdição planetária, seu braço executivo, torna ainda mais nebulosa a esperança dessa solução). "A distinção", diz Dupuy, "entre um assassinato por ação individual intencional" e um assassinato em resultado de "cidadãos egoístas de países ricos que concentram suas preocupações no seu próprio bem-estar enquanto os outros morrem de fome" se torna cada vez menos defensável. As buscas desesperadas pelo "motivo", ao estilo de detetives e policiais, para determinar os suspeitos e localizar o responsável por um crime não terão serventia quando se trata de apontar as contravenções responsáveis pelo atual estado do planeta.

Há mais uma diferença substantiva entre os "riscos" e a "incerteza" atual, além das já discutidas. Os riscos que mais importam e que mais precisam ser computados se tornam mais densos quanto mais se aproximam, espacial e temporalmente, dos atores e suas ações. As incertezas, porém, se difundem de forma exatamente oposta – elas se expandem e se adensam quanto mais se afastam do ator e da ação. Com o crescimento da distância *espacial*, crescem também a complexidade e a densidade da malha de influências e interações; com o crescimento da distância *temporal*, cresce também a impenetrabilidade do futuro, aquele outro "absoluto", notoriamente incognoscível. Daí o paradoxo observado por Jonas – um paradoxo que ele lutou em vão para resolver: os efeitos de nossas ações, que agora têm um alcance profundo sobre as vidas de gerações ainda por nascer, exigem uma circunspecção sem precedentes e um imenso poder de previsão; um poder que, não obstante, parece inatingível – não por causa das falhas retificáveis e, logo, ao que se espera, transitórias em nossos esforços e faculdades cognitivos, mas devido à aleatoriedade essencial e *in*curável do futuro (do "ainda não"). O impacto das contingências resultantes expande-se a um ritmo exponencial a cada passo que nossa imaginação dá no intuito de alcançar uma duração cada vez mais longa dos resultados diretos e dos efeitos colaterais de nossas decisões. Até mesmo a menor modificação das condições iniciais, ou um minúsculo desvio em relação aos desenvolvimentos inicialmente previstos, pode resultar numa inversão completa dos estados-fim esperados ou desejados.

Essa circunstância pode não perturbar particularmente os administradores do risco. Riscos, afinal, são pragmaticamente importantes desde que continuem calculáveis e passíveis de uma análise de custo-benefício – e assim, quase que por definição, os únicos riscos que causam alguma preocupação aos planejadores da ação são os que podem afetar os resultados numa perspectiva relativamente curta em termos de espaço e tempo. Para a ética, contudo, a fim de restaurar seu potencial orientador do passado nas circunstâncias presentes, é necessário realizar exatamente o oposto (ir *além* dos domínios confortáveis, já que relativamente familiares e, no curto prazo, previsíveis), de modo que a aporia supramencionada, derivada da natureza da incerteza atual (e, em última instância, da globalização negativa, unilateral), é um grande obstáculo e uma preocupação fundamental.

Daí mais um paradoxo no calidoscópio/mosaico líquido-moderno de paradoxos: com o crescimento da capacidade de nossos instrumentos e recursos de ação, os quais nos permitem avançar ainda mais no espaço e no tempo, cresce também nosso medo de que eles sejam inadequados para erradicar o mal que vemos e o mal ainda não visto, mas que tende a ser gestado... A geração mais tecnologicamente equipada da história humana é aquela mais assombrada por sentimentos de insegurança e desamparo. Ou, como afirma Robert Castel em sua incisiva análise das atuais ansiedades alimentadas pela insegurança,[4] nós – pelo menos nos países desenvolvidos – "vivemos indubitavelmente em algumas das sociedades mais seguras (*sûres*) que já existiram", e, no entanto, ao contrário das "evidências objetivas", nós – as pessoas mais mimadas e paparicadas de todas – nos sentimos mais ameaçados, inseguros e atemorizados, mais inclinados ao pânico e mais apaixonados por tudo que se refira a segurança e proteção do que as pessoas da maioria das sociedades de que se tem registro...

De maneira altamente dramática, foi demonstrado pelo terrorismo global o grau de insegurança que sentimos vivendo em um planeta negativamente globalizado e o modo como a "defasagem moral" – responsável pelo aprofundamento das contradições entre o caráter remoto dos efeitos provocados pelas nossas ações e o curto espectro das preocupações que as modelam – torna dificilmente concebível qualquer fuga do estado de incerteza endêmica, da insegurança e do medo que esta alimenta. "O inconcebível, o inimaginável, se tornou brutalmente possível", resumiu Mark Danner, professor de política e jornalismo de Berkeley.[5]

Antes de enviar tropas ao Iraque, Donald Rumsfeld declarou que a "guerra será vencida quando os norte-americanos voltarem a se sentir seguros".[6] Mas enviar tropas ao Iraque elevou a sensação de insegurança às alturas, tanto nos Estados Unidos como em outros lugares. Longe de encolherem, os espaços da desordem, os campos de treinamento do terrorismo global, expandiram-se a dimensões inéditas.

Passados quatro anos da decisão de Rumsfeld, o terrorismo continuava ganhando força – de maneira extensiva e intensiva – ano após ano. Ataques terroristas foram registrados na Tunísia, em Báli, Mombaça, Riad, Istambul, Casablanca, Jacarta, Madri, Sharm el Sheikh e Londres. No conjunto, segundo o Departamento de Estado, houve 651 "ataques terroristas importantes" apenas em 2004. Destes, 198 – nove vezes mais que no ano anterior (sem contar os ataques diários a soldados norte-americanos) – no Iraque, para onde as tropas foram enviadas com a missão de pôr fim à ameaça terrorista. Em maio de 2005, houve 90 atentados praticados por homens-bomba apenas em

Bagdá. O Iraque, diz Mark Danner, "virou um anúncio grotesco do poder e da eficácia do terror".

Como mostram as experiências mais recentes, a ineficiência endêmica ou mesmo a contraprodutividade das ações militares diante das modernas formas de terrorismo continua sendo a regra. Nas palavras de Michael Meacher, "apesar da 'guerra ao terror', nos últimos dois anos... a Al-Qaeda parece ter sido mais eficiente que nos dois anos anteriores ao 11 de Setembro". Adam Curtis vai um passo além, suspeitando de que a Al-Qaeda mal existisse, exceto como uma ideia vaga e difusa sobre "limpar um mundo corrupto por meio da violência religiosa", tendo começado a existir como um produto da ação de advogados; ela nem mesmo tinha um nome "até o início de 2001, quando o governo norte-americano resolveu processar Bin Laden à revelia e precisou usar leis antimáfia que exigiam a existência de uma organização criminosa dotada de nome".[7] Essa suspeita parece mais plausível à medida que se torna mais claro que, não importa o que mais possa ser a Al-Qaeda, ela não corresponde à descrição de uma organização coesa, coordenada e estruturada. Em 5 de agosto de 2005, Bush parece ter admitido algo assim, descrevendo os responsáveis por atrocidades terroristas e seus acólitos como "obscuros, obtusos e atrasados" – talvez se referindo, ainda que subconscientemente, à descoberta de que eles não têm algo equivalente a um Pentágono, nenhum endereço onde se possa descarregar bombas e mísseis a fim de cortar, ou pelo menos paralisar temporariamente, sua capacidade de maquinar e matar. Não há uma cadeia de comando que possa ser cortada. Não há altos escalões a serem transformados em alvos de modo a que os membros das fileiras se sintam perdidos e impotentes.*

Na opinião de Mark Danner, "a Al-Qaeda agora virou o alqaedismo" – um movimento político mundial. Embora mais do que uma organização estritamente unida do tipo registrado no passado sólido-moderno do "Ocidente desenvolvido", a Al-Qae-

---

* Para saber mais sobre isso, leia: Burke, J. *Al-Qaeda: A verdadeira história do radicalismo islâmico*, Rio de Janeiro, Zahar, 2007. (N.E.)

da mais parece "uma coalizão frouxa e em expansão de aproximadamente duas dúzias de grupos", sendo os responsáveis por atentados terroristas principalmente "criados em casa" e não, estritamente falando, membros da Al-Qaeda – apenas "grupos espontâneos de amigos", que têm poucos vínculos com alguma liderança central (e os que são principalmente mediados pela internet). De acordo com uma reportagem posterior,[8] a enorme devastação de Faluja ou Tal Afar, chamados de quartéis-generais dos insurgentes, não ajudou. Os terroristas iraquianos são conhecidos por "desaparecerem à frente da concentração de forças, apenas para estabelecerem células de planejamento e fabricação de bombas em outro esconderijo". "As redes frouxas e evasivas... ainda podem recrutar" as pessoas descontentes cujos números não fazem senão crescer na esteira dos grandes ataques militares das forças de ocupação. Nas palavras do brigadeiro-general Muhammad al-Askari, do Ministério da Defesa iraquiano, "as forças de segurança pouco podiam fazer para evitar nova rodada de atentados... Qualquer maluco com uma arma em qualquer lugar do mundo pode produzir uma catástrofe". Segundo outra reportagem do *New York Times*,[9] houve 126 ataques de carros-bomba somente em Bagdá nos 80 dias anteriores a 18 de maio de 2005 – contra apenas 25 durante todo o ano de 2004.

Um "oficial de alta patente" das forças norte-americanas no Iraque não podia dar quaisquer esperanças consistentes à imprensa, a não ser a crença pessoal de que a campanha contra a insurgência terrorista no Iraque "será vitoriosa no longo prazo, ainda que leve anos, muitos anos". Fica-se imaginando – afinal, a "guerra ao terrorismo", antes limitada aos serviços de inteligência e à polícia, e agora travada pelo Exército mais poderoso e bem-equipado do mundo, parece impossível de vencer. A ação militar em questão tendeu até agora a ter efeitos opostos à intenção declarada. O produto mais evidente das "duas campanhas antiterroristas", no Afeganistão e no Iraque, foi até agora o estabelecimento de dois novíssimos ímãs globais, estufas, casas de força e campos de treinamento para os terroristas, onde as táticas das "forças antiterroristas", suas fraquezas e fragilidades, são estudadas pelos rebeldes e seus recrutas, enquanto novos e mais sofisticados atentados são planejados e ensaiados antes de executados nos lares dos antiterroristas. Como observou Gary Younge algum tempo atrás:

> Tony Blair não é responsável pelos mais de 50 mortos e 700 feridos de quinta-feira (5 de julho de 2005). Com toda certeza, foram os "jihadistas". Mas ele é parcialmente responsável pelas 100 mil pessoas que foram mortas no Iraque. E mesmo neste estágio inicial há uma lógica bem mais clara ligando esses dois eventos do que Saddam Hussein ao 11 de Setembro ou às armas de destruição em massa.[10]

Já agora em 30 de junho de 2005, três anos depois da campanha antiterrorista no Afeganistão, relata-se que:

> A violência tem crescido enormemente nos últimos meses, com um ressurgente movimento talibã realizando ataques diários no Sul do Afeganistão, bandos sequestrando estrangeiros e radicais islâmicos orquestrando violentas manifestações contra o governo e organizações financiadas por estrangeiros. A contínua onda de violência representou um novo golpe para esta nação ainda traumatizada de 25 milhões de habitantes. Em dezenas de entrevistas realizadas nas últimas semanas por todo o país, os afegãos revelaram a preocupação de que as coisas não estão melhorando e de que os talibãs e outros atores perigosos estejam ganhando força.[11]

Um processo semelhante está em curso no Iraque. Notícias como a reproduzida abaixo, escolhida ao acaso, são apresentadas diariamente, diferindo apenas no número de vítimas registrado:

> A maior operação de contrainsurgência conduzida pelo Iraque desde a queda de Saddam Hussein desencadeou no domingo

uma violenta reação por toda Bagdá. Pelo menos 20 pessoas foram mortas na capital, 14 delas numa batalha que durou várias horas, quando os insurgentes iniciaram ataques ininterruptos a diversos distritos policiais e acampamentos do Exército... [A]té árabes sunitas moderados estavam hesitantes diante das novas medidas do governo.[12]

Quanto ao estado de ânimo dos principais comandantes do Exército e da população como um todo após dois anos de ação antiterrorista no Iraque:

As questões agora são quantas vezes mais e durante quantos anos ele [o presidente Bush] terá de transmitir a mesma mensagem de paciência e decisão – e se o público norte-americano, confrontado pela crescente lista de mortos, por um compromisso militar por tempo indeterminado, pela falta de apoio dos aliados e por um custo crescente, vai aceitá-la.

O discurso [do presidente Bush] não apresentou novas políticas ou correções de curso, e foi na maior parte uma reafirmação das ideias e da linguagem que ele tem empregado por dois anos e meio para explicar a guerra...[13]

Como resultado dos enormes esforços, por mais de dois anos, para capturar ou matar os terroristas armados e destruir seus nichos e campos de treinamento, a "coalizão antiterrorista" no Iraque está agora mais distante de seu objetivo do que num estágio anterior da campanha. Como admitem os comandantes das forças expedicionárias,[14] "a sofisticação dos ataques dos insurgentes" (média de 65 por dia!) está crescendo, assim como a capacidade deles de reconstituir suas fileiras na proporção em que os membros são mortos.

"Estamos capturando ou matando um monte de insurgentes", disse um oficial de alta patente da inteligência do Exército, que falou na condição de permanecer no anonimato porque não estava autorizado a fazer declarações públicas. "Mas eles são substituídos mais rapidamente do que podemos interditar suas operações. Há sempre outro insurgente pronto a se apresentar e assumir o lugar." Ao mesmo tempo, os norte-americanos reconhecem que não estão mais próximos de compreender o funcionamento interno da insurgência nem de deter o fluxo de combatentes estrangeiros... [A insurgência] tem fugido amplamente à compreensão dos funcionários da inteligência norte-americana desde a queda do governo de Saddam Hussein, 27 meses atrás. O perigo é que a violência [poderia deixar] a comunidade mais angustiada do que nunca e abrir caminho a mais violência e possivelmente à guerra civil.

E à medida que as investidas punitivas dos norte-americanos crescem em ferocidade, da mesma forma o perigo se aproxima. Uma reportagem recente nos informa:

Com o crescimento da ameaça de bombas e atentados suicidas, o Pentágono enviou 24 mil Humvees blindados para o Iraque desde o final de 2003. Mas os insurgentes reagiram fabricando bombas suficientemente poderosas para furar o revestimento de aço do veículo...
"Não é realista imaginar que vamos pôr um fim nisso", diz o sargento Daniel McDonnell, que lidera uma equipe de três técnicos em explosivos responsável por encontrar e desarmar dispositivos improvisados em Bagdá. "Lutamos com um inimigo que vai para casa à noite e não usa uniforme. Mas podemos atingir um nível aceitável."[15]

A questão, porém, é que a engenhosidade e os recursos aparentemente inexauríveis dos terroristas forçam seus oponentes militares a colocar o limiar da "aceitabilidade" em um nível mais elevado quase que a cada dia...
Segundo especialistas militares norte-americanos, a evidente proliferação de grupos militantes (cerca de 100, de acordo com

estimativas recentes) "talvez ofereça a melhor explicação do motivo pelo qual a insurgência tem sido tão difícil de destruir".[16] Os rebeldes não constituem uma organização cujos membros "cumpram diligentemente ordens vindas de cima", mas uma "ampla série de grupos menores que frequentemente atacam por iniciativa própria ou se juntam para um único atentado". A "estrutura" (se é que se permite usar esse termo) "é horizontal, e não hierárquica, e *ad hoc* em vez de unificada".

As mesmas fontes observam outro desenvolvimento na estratégia terrorista, que consideram ser a explicação da "capacidade" dos insurgentes "de atrair recrutas de todo o mundo árabe" – ou seja, "o alcance e a sofisticação de [suas] relações públicas". A maioria dos grupos terroristas, preocupados com o fato de que seus feitos espetaculares possam ser ignorados pelas emissoras de rádio e TV, está pronta a aproveitar as oportunidades oferecidas pela rede global de informação e "coloca regularmente na *web* atualizações de suas façanhas. Dificilmente um dia se passa sem que um dos grupos tenha anunciado outro atentado, seja com um vídeo ou uma notícia impressa".

Contar com as ferramentas disponibilizadas pelas pressões globalizantes todo-poderosas é parte integrante da estratégia terrorista. Nas palavras de Mark Danner, a arma mais poderosa dos 19 terroristas que usaram suas facas e canivetes para destruir as Torres Gêmeas de Manhattan foi "a criação tecnológica mais norte-americana: o aparelho de TV". A notoriedade mundial prontamente oferecida aos sangrentos espetáculos proporcionados pelos atos terroristas, até mesmo pelos menores e comparativamente desimportantes e insignificantes, pode multiplicar seu potencial assustador, alcançando lugares que as armas à disposição – relativamente escassas e frequentemente primitivas e feitas em casa (sem comparação com as armas numerosas e high-tech de seus inimigos declarados) – nunca poderiam alcançar, muito menos ferir gravemente. Essa notoriedade possibilitada pela rede mundial de televisão e pela internet também pode empurrar os temores universais de vulnerabilidade e o senso de perigo ubíquo muito além dos limites da capacidade dos próprios terroristas.

Fiel ao seu nome, a arma suprema do terrorismo é semear o terror. E, dado o estado atual do planeta, asseguram-se boas colheitas a despeito da qualidade inferior da semente.

Dada a natureza do terrorismo contemporâneo, e acima de tudo o ambiente "negativamente globalizado" em que ele opera, a própria noção de "guerra ao terrorismo" não passa de uma contradição em termos.

As armas modernas, concebidas e desenvolvidas na era das invasões e conquistas territoriais, são singularmente inadequadas para localizar, atacar e destruir alvos extraterritoriais, endemicamente esquivos e eminentemente móveis, esquadrões minúsculos ou apenas homens e mulheres sozinhos deslocando-se velozmente, dotados de armas fáceis de esconder: é difícil capturá-los quando estão a caminho de cometer outra atrocidade, e eles podem morrer no lugar do atentado ou desaparecer de modo tão rápido e inconspícuo quanto chegaram, deixando atrás de si poucas pistas, se é que alguma, sobre quem sejam. Para empregar os termos adequados de Paul Virilio, passamos agora (num evento só tardiamente observado e relutantemente admitido pelos militares) da era "guerra de sítio" para a das "guerras de movimento".[17] Dada a natureza das modernas armas à disposição dos militares, as respostas a esses terroristas tendem a parecer canhestras, pesadas e imprecisas, lançando-se sobre uma área muito maior do que a afetada pelo atentado terrorista e causando um número cada vez maior de "baixas colaterais", e portanto também mais terror, ruptura e desestabilização do que os terroristas possivelmente produziriam por conta própria – provocando assim um novo salto no volume acumulado de ressentimento, ódio e fúria reprimida, e ampliando ainda mais as fileiras de potenciais recrutas para a causa terrorista. Podemos presumir que essa circunstância seja parte integrante do plano terrorista e fonte principal de sua força, a qual excede em muito o poder de seu contingente e de suas armas. Diferentemente de seus inimigos declarados, os terroristas não precisam se sentir constrangidos pelos limites das forças que comandam diretamente. Ao desenvolverem seus projetos estratégicos e planos táticos, também podem incluir entre seus trunfos as reações prováveis, na verdade quase certas, de seus inimigos, as quais tendem a ampliar consideravelmente o impacto de suas atrocidades. Se o propósito declarado (imediato) dos terroristas é espalhar o terror entre a população inimiga, então o Exército e a polícia inimigos, com a colaboração entusiástica dos veículos de comunicação, certamente garantirão que esse propósito seja alcançado num nível muito superior àquele que os próprios terroristas seriam capazes de garantir. E se a intenção de longo prazo dos terroristas é destruir as liberdades humanas nas democracias liberais e "tornar a fechar" as sociedades abertas, eles podem contar uma vez mais com as imensas potencialidades a cargo dos governos dos "países inimigos". Alguns pacotes de explosivos e uns poucos desesperados, ávidos por sacrificar suas vidas "pela causa", podem, assim, ir muito longe – muito, mas muito mais longe do que os próprios terroristas poderiam sonhar alcançar com os recursos que são capazes de reunir, comandar e administrar.

Na esteira dos dois atentados terroristas ocorridos em Londres, o *New York Times* concluiu que, à luz dos recentes acontecimentos na Grã-Bretanha e em outros lugares, tornara-se claro que "a Al-Qaeda com o controle central do 11 de Setembro não existe mais". Agora enfrentamos "uma nova face, mais sinistra, do terrorismo na Europa". Pierre de Bousquet, diretor do DST, o serviço de inteligência doméstico da França, assinala que os grupos terroristas "não são homogêneos, mas uma variedade de misturas" – em outras palavras, são formados *ad hoc*, recrutados cada vez em um ambiente diferente e por vezes de lugares considerados mutuamente incompatíveis. Eles desafiam qualquer raciocínio categórico – esfregando o sal da incompreensão incapacitante nas feridas infligidas pelos feitos horrendos, e assim acrescentando mais medo aos efeitos já atemorizantes dos atentados. Prossegue De Bousquet:

> Muçulmanos linha-dura misturam-se com pequenos criminosos. Pessoas de diferentes antecedentes e nacionalidades trabalham em conjunto. Algumas são europeias de nascimento ou têm dupla nacionalidade, o que lhes torna mais fácil viajar. As redes são bem menos estruturadas do que costumávamos acreditar. Talvez seja a mesquita que os aproxime, talvez a prisão, talvez o bairro. E isso torna muito mais difícil identificá-los e exterminá-los.[18]

Já em junho de 2004, em uma conferência em Florença, Peter Clarke (chefe do contraterrorismo da polícia britânica) se queixou de que, "se eliminamos dois ou três líderes, eles são rapidamente substituídos e a rede, reformada". Uma composição fluida e pontos de condensação que mudam rapidamente são os atributos dessa variedade de "nanotecnologia" – o tecido rasgado é imediatamente reconstruído e as células perdidas são substituídas.

Uma avaliação confidencial do governo britânico sobre a ameaça representada por jovens britânicos muçulmanos e radicais (memorando preparado para o primeiro-ministro e publicado pelo *Sunday Times*) mostra duas categorias aliadas no planejamento e na perpetração de atos terroristas: "estudantes de graduação" ou pessoas já possuidoras de "diplomas e qualificações técnico-profissionais" em engenharia ou tecnologia da informação, de um lado, e "fracassados com pouca ou nenhuma qualificação, e muitas vezes com ficha criminal", de outro. Os autores do documento comentam que "os muçulmanos são mais propensos do que os membros de outros grupos religiosos a não terem qualificações (mais de dois quintos não têm nenhuma) e a serem desempregados e economicamente inativos, e estão super-representados nas áreas carentes".

Mas lembremo-nos: a globalização negativa cumpriu sua tarefa. Não importa quantos guardas de segurança de fronteira, instrumentos biométricos e cães farejadores de explosivos possam ser empregados em portos, fronteiras que já foram abertas e assim permanecem pelo e para o capital livremente flutuante, mercadorias e informações não podem ser novamente lacradas e assim mantidas contra os seres humanos.

À luz das evidências até agora disponíveis, podemos presumir que quando (ou se) os atos terroristas finalmente fracassarem, isso ocorrerá *apesar da* e não *graças* à crua e esmagadora violência dos soldados, que apenas fertiliza o solo em que viceja o terrorismo e impede a solução das questões sociais e políticas que por si só poderia cortá-lo pela raiz. O terrorismo só vai definhar e morrer quando (ou se) suas raízes sociopolíticas forem cortadas. E isso, infelizmente, vai custar muito mais tempo e esforço do que uma série de operações militares punitivas e até um conjunto de ações de policiamento cuidadosamente preparadas.

A guerra verdadeira – e *vencível* – contra o terrorismo não é conduzida quando as cidades e aldeias já semidestruídas do Iraque ou do Afeganistão são ainda mais devastadas, mas quando as dívidas dos países pobres forem canceladas, quando nossos ricos mercados se abrirem a seus principais produtos, quando a educação for patrocinada para as 115 milhões de crianças atualmente privadas de acesso a qualquer tipo de escola e quando outras medidas semelhantes forem conquistadas, decididas – e *implementadas*.

E no entanto há poucos sinais estimulantes – se é que algum – de que essa verdade tenha sido compreendida, aceita e posta em prática. Os governos dos países mais ricos, reunidos em Gleneagles em julho de 2005, supostamente para acabar com a pobreza, gastam entre si dez vezes mais com armamentos do que gastaram com a ajuda econômica a África, Ásia, América Latina e países pobres da Europa tomados em conjunto. A Grã-Bretanha reserva 13,3% do orçamento para armamentos e 1,6% para a ajuda externa. Quanto aos Estados Unidos, a desproporção é ainda maior: 25% contra 1%.[19]

Com efeito, só se pode repetir o que disse Meacher: com muita frequência, e principalmente depois do 11 de Setembro, parecemos estar "fazendo o jogo de Bin Laden". Essa é uma política, como Meacher corretamente insiste, mortalmente viciada. E ainda menos perdoável, acrescentaria eu, por não ser realmente motivada pela intenção de erradicar o flagelo do terrorismo, muito menos precedida e acompanhada de uma análise sóbria das raízes profundas do problema e da ampla gama de iniciativas necessárias para eliminá-lo. A "política mortalmente viciada" segue uma lógica bem diferente daquela que tal intenção e tal análise iriam sugerir. Meacher acusa os governos a cargo da "guerra ao terrorismo" de:

> Má vontade em contemplar o que está por trás do ódio: por que dezenas de jovens são preparados para explodir a si mesmos, por que 19 rapazes altamente instruídos estavam prontos a se destruir, juntamente com milhares de pessoas, nos sequestros do 11 de Setembro, e por que a resistência [no Iraque] está crescendo apesar da probabilidade de os insurgentes serem mortos.[20]

Em vez de fazerem uma pausa para a meditação, os governos agem – e se o pensamento sem ação é reconhecidamente ineficaz, agir sem pensar o é igualmente, se não mais – e isso além de multiplicar o volume de corrupção moral e sofrimento humano. Como assinalou Maurice Druon: "Antes de lançarem a guerra contra o Iraque, os norte-americanos tinham apenas quatro agentes, que além disso se revelaram duplos."[21] Os norte-americanos começaram a guerra certos de "que os soldados dos Estados Unidos serão recebidos como libertadores, de braços abertos e com buquês de flores". Porém, mais uma vez citando Meacher, "a morte de mais de 10 mil civis, com 20 mil feridos e um número ainda maior de baixas militares entre os iraquianos, [foi] exacerbada, ano após ano, pelo fracasso no fornecimento de

serviços públicos básicos... desemprego galopante e um poder militar norte-americano gratuitamente opressivo".
Os terroristas dificilmente recuariam ante ataques militares. Pelo contrário, é exatamente da inabilidade e da prodigalidade perdulária e extravagante de seu adversário que eles extraem e recompõem sua força.

Mark Juergensmeyer tem analisado a complexa mistura de religião, nacionalismo e violência nas hostilidades intertribais no Punjab,* as quais permanecem em eterna ebulição, ocasionalmente explodindo.[22] Focalizando particularmente o terrorismo dos siques, responsável pela morte de milhares de vítimas e, entre outros crimes, pelo assassinato da primeira-ministra indiana Indira Ghandi, descobriu o que ele próprio e outros pesquisadores esperariam encontrar antes de iniciar o trabalho de campo: "Os jovens siques das áreas rurais tinham todas as razões para estarem infelizes" – razões econômicas, políticas e sociais. Sua produção agrícola tinha de ser vendida a preços abaixo do mercado, sua identidade havia sido reduzida a zero pelas políticas opressivas do partido no poder, o Partido do Congresso, e eles se sentiam inexoravelmente degradados por terem ficado atrás das classes urbanas mais abastadas. Mas Juergensmeyer também esperava encontrar evidências de "politização da religião", e para isso estudou os ensinamentos do líder espiritual dos jovens militantes siques, Sant Jarnail Singh Bhindranwale, a quem os incontáveis seguidores adoravam como a um santo mártir. Nesse caso, porém, ele se surpreendeu. Nos discursos de Bhindranwale ele encontrou apenas referências residuais e superficiais a economia, política ou classe. Em vez disso, o pregador:

> Tal como a legião de oradores do movimento de renovação do protestantismo cristão que vagavam pelo interior rural norte-

---

* Estado do Norte da Índia, parte da região do Punjab, que inclui a província paquistanesa de mesmo nome e que faz fronteira com o estado indiano. (N.E.)

americano... falava das lutas entre o bem e o mal, a verdade e a mentira, que residem em cada alma atormentada, e pedia a renúncia, a dedicação e a redenção. Parecia que estava falando para os rapazes em particular sobre seus compromissos fáceis com os engodos da vida moderna.

Com mais frequência do que no caso dos pregadores do *Bible Belt*^{*}, contudo, podemos encontrar nos sermões de Bhindranwale referências a líderes políticos contemporâneos. Bhindranwale deu à sua guerra espiritual uma dimensão "externa": insinuou que as forças satânicas haviam de alguma forma descido à Terra e agora ocupavam a residência oficial do chefe de Estado indiano... Intrigado, Juergensmeyer estendeu sua investigação a vários outros lugares, como Caxemira, Sri Lanka, Irã, Egito, Palestina e os territórios ocupados israelenses, onde linhas de frente tribais ou de classe foram traçadas usando-se marcadores religiosos e onde o sangue era derramado em nome dos valores exaltados de uma vida de virtude, devoção e santidade – e descobriu por toda parte um padrão marcadamente semelhante, não tanto o da "politização da religião", mas o da (em seus termos) *religionização da política*. Ressentimentos não religiosos, como questões de identidade social e participação significativa na vida comunal, que antes se expressavam nos vocabulários marxista ou nacionalista, tendem hoje em dia a serem traduzidos na linguagem da renovação religiosa: "Expressões ideológicas seculares foram substituídas por formulações ideológicas que são religiosas. Mas tais ressentimentos – o senso de alienação, marginalização e frustração social – são frequentemente os mesmos."

Charles Kimball observa um fenômeno parecido com a "*religionização* da política" no vocabulário do atual governo norte-

---
^{*} Este é um termo informal para apontar uma região dos Estados Unidos onde o cristianismo protestante evangélico é bastante influente. A área consiste basicamente dos estados do Sul do país. (N.T.)

americano.²³ O presidente Bush, desenvolvendo criativamente a linguagem introduzida na vida política norte-americana por Ronald Reagan, gosta de falar de um "dualismo cósmico" entre as nações do bem, lideradas pelos Estados Unidos, e as forças do mal: "Você tem de se alinhar com as forças do bem e ajudar a erradicar as forças do mal." Ele gosta de falar das investidas militares norte-americanas como uma "cruzada", uma "missão" empreendida por ordem divina. Henry A. Giroux cita John Ashcroft, ex-procurador geral dos Estados Unidos: "Singular entre as nações, os Estados Unidos reconheceram a fonte de nosso caráter como sendo devota e eterna, e não cívica e temporal... Não temos outro rei que não Jesus" – e nos alerta para o ingresso maciço na cena política norte-americana dos *"apparatchiks* morais", políticos que "acreditam que a influência de Satã molda todas as coisas, da mídia liberal ao modo como Barbra Streisand aprendeu a cantar".

> Como escreveu o jornalista Bill Moyers em seu *Rapture politics* [A política do êxtase], em que a Bíblia é lida como uma verdade literal, a dissensão é a marca do Anticristo e "os pecadores serão condenados ao fogo eterno do inferno". Quando a direita religiosa se conjuga com a ideologia política conservadora e o poder corporativo, não apenas legitima a intolerância e as formas antidemocráticas de correção política, mas também abre caminho a um crescente autoritarismo que ridiculariza facilmente os apelos à razão, à discordância, ao diálogo e ao humanismo secular.²⁴

No mundo loucamente multivocal, confuso e desconcertante das mensagens entrecruzadas, porém mutuamente incompatíveis, cujo principal propósito pode muito bem ser o questionamento e a destruição da credibilidade do outro, as crenças monoteístas acopladas às visões maniqueístas do tipo preto e branco constituem as últimas fortalezas do "mono": de *uma* verdade, *um* modo, *uma* fórmula de vida – da *certeza* e da *autoconfiança* inexoráveis e belicosas; os derradeiros refúgios dos que buscam a clareza, a pureza e a liberdade em relação à dúvida e à indecisão. Elas prometem os tesouros que o resto do mundo nega de modo ruidoso e obstinado: a autoaprovação, uma consciência clara, o conforto de não temer o erro e estar sempre certo. Tal como Jamiat Ahli Hadith, um pregador "estritamente ortodoxo" residente em Birmingham, descrito como praticante de "uma forma de islamismo que exige o desligamento estrito da sociedade dominante. Seu site denuncia os modos dos "descrentes" como "calcados em visões doentias e aliciantes a respeito de suas sociedades, do universo e de sua própria existência'".[25] Ou como os enclaves dos judeus ortodoxos em Israel, que, na descrição de Uri Avnery, têm "sua lógica própria" e "muito pouco a ver com qualquer outra coisa":

> Eles vivem numa sociedade teocrática completamente fechada que não sofre a influência de nada que aconteça fora dela. Acreditam em seu mundo próprio... Vestem-se e se comportam de maneira diferente. São, no conjunto, um tipo de povo diferente.
> Há muito pouca comunicação entre eles e nós. Eles falam uma língua diferente. Têm uma visão totalmente diferente do mundo. Sujeitam-se a leis e regras completamente diferentes...
> São pessoas que vivem isoladas em suas próprias comunidades, cidades e bairros religiosos em Israel. Não têm contato com a sociedade israelense comum.[26]

Com efeito, a visão maniqueísta do mundo, o apelo às armas numa guerra santa contra forças satânicas que ameaçam dominar o universo, a redução da caixa de Pandora dos conflitos econômicos, políticos e sociais à visão apocalíptica de um confronto final de vida ou morte entre o bem e o mal: esses não são padrões exclusivos dos aiatolás islâmicos. Em nosso planeta em processo de rápida globalização, a "religionização" da política, dos ressentimentos sociais e das batalhas por identidade e reconhecimento parece ser uma tendência global.

Podemos estar olhando em direções radicalmente diferentes e evitar os olhares uns dos outros, mas parecemos estar entulhados no mesmo barco sem uma bússola confiável – e sem ninguém ao leme. Embora nossas remadas estejam longe de ser coordenadas, somos marcadamente semelhantes em um único aspecto: nenhum de nós, ou quase nenhum, acredita (muito menos declara) que está perseguindo seus próprios interesses – defendendo privilégios já obtidos ou reivindicando uma parcela daqueles até aqui negados. Em vez disso, hoje em dia todos os lados parecem estar lutando por valores eternos, universais e absolutos. Ironicamente, nós, os habitantes da parte líquido-moderna do planeta, somos estimulados e treinados a ignorar esses valores em nossas atividades cotidianas e a ser guiados por projetos de curto prazo e desejos de curta duração – mas mesmo então, ou talvez precisamente por isso, tendemos a sentir de modo ainda mais doloroso sua carência ou ausência quando (ou se) tentamos identificar um motivo dominante nessa cacofonia, uma forma na neblina ou uma estrada na areia movediça.

Os perigos que mais tememos são imediatos: compreensivelmente, também desejamos que os remédios o sejam – "doses rápidas", oferecendo alívio imediato, como analgésicos prontos para o consumo. Embora as raízes do perigo possam ser dispersas e confusas, queremos que nossas defesas sejam simples e prontas a serem empregadas aqui e agora. Ficamos indignados diante de qualquer solução que não consiga prometer efeitos rápidos, fáceis de atingir, exigindo em vez disso um tempo longo, talvez indefinidamente longo, para mostrar resultados. Ainda mais indignados ficamos diante de soluções que exijam atenção às nossas próprias falhas e iniquidades, e que nos ordenem, ao estilo de Sócrates, que "conheça-te a ti mesmo!". E abominamos totalmente a ideia de que, a esse respeito, há pouca diferença, se é que alguma, entre *nós*, os filhos da luz, e *eles*, as crias das sombras.

A todos esses desejos e ressentimentos, as religiões – e particularmente as variedades *fundamentalistas* das religiões *mo-*

nísticas – alimentam e gratificam melhor que quaisquer outros sistemas de ideias (com exceção dos credos totalitaristas como o comunismo ou o fascismo – religiões fundamentalistas/monísticas com vocabulários modificados e sob diferentes nomes e administração), e certamente muito, mas muito melhor que as ideias não sistêmicas ou mesmo antissistêmicas, experimentalmente expressas, que se ressentem dos absolutos, como tendem a ser aquelas gestadas nas democracias solidamente multivocais. É como se fossem comissionadas, customizadas e feitas sob medida para satisfazer os anseios alimentados pela globalização negativa, notória por deixar timões sem timoneiros e assim solapar a credibilidade da moderna substituição de Deus onipotente por uma humanidade que se espera autossuficiente. É como se outro "grande desvio" estivesse completando o ciclo: a arrogante promessa moderna de que sob o planejamento humano o mundo serviria melhor às necessidades humanas tende a ser substituída pelo melancólico desejo de que Deus possa consertar o que os humanos remendaram e estragaram.

Essa atual "substituição da substituição" – o reverso da mudança do gerenciamento moderno, oferecendo um retorno aos tempos anteriores à invenção das pranchetas de desenho – tem suas vantagens. De uma só tacada, revela as pessoas responsáveis pela miséria de alguém e oferece um modo seguro de se livrar dessa miséria e dos culpados. E, enquanto o rancor reprimido, nascido dos medos mais perturbadores por serem difusos e de origem incerta, puder ser lançado sobre um alvo tangível e de modo imediato, não importa muito o fato de que seguir esse caminho dificilmente acabará com a miséria. A estratégia recomendada elimina a tarefa incômoda de fornecer provas da culpa e da premeditação maligna dos inimigos visados: eles não podem provar sua inocência, já que sua culpa reside em terem sido acusados de forma autorizada, não derivando daquilo que fazem ou pretendam fazer, mas daquilo que são. Eles são – como qualquer um pode confirmar – pecadores hereditários (e isso significa inatos, geneticamente determinados, irredimíveis), idólatras, infiéis, instrumentos de Satã, forças sombrias colocando-se entre a corrupção do presente e o mundo de sonhos confortável, aconchegante e seguro purificado de sua presença venenosa e cancerígena.

Tudo isso provavelmente teria sua inscrição rejeitada no serviço de patentes – caso os atuais pregadores fundamentalistas estivessem exigindo seus "direitos de propriedade intelectual". O que eles oferecem aos potenciais convertidos é apenas uma versão aberta e gritantemente dessecularizada das tentações totalitárias que acompanharam toda a história moderna, sendo testadas com zelo particular e efeitos mais espetaculares pelos movimentos comunista e fascista do século que recentemente chegou ao seu final.

Tzvetan Todorov oferece uma análise profunda dessa tentação em funcionamento ao refletir sobre as reminiscências de Margarete Buber-Neumann,[27] notável testemunha das duas variedades de horror totalitário do século XX. Ela foi atraída para as fileiras comunistas no início da década de 1920, juntamente com muitos milhares de jovens bem-instruídos, homens e mulheres, perplexos e estarrecidos com as futilidades e a desumanidade de uma sociedade dividida e desarticulada pela carnificina da Grande Guerra, e, tal como ela, procurando em vão por uma vida significativa em um mundo aparentemente destituído de significado. No momento em que tomou a decisão de se juntar às fileiras, Margarete ganhou uma comunidade de pessoas com ideias semelhantes, milhares de "irmãos" e "irmãs" compartilhando pensamentos, fé e esperanças. Ela agora "fazia parte", estava livre da angustiante experiência da solidão entre os solitários, tornara-se parcela de uma totalidade poderosa – "a palavra NÓS estava escrita por toda parte em letras muito grandes", recorda-se ela. "De repente", acrescenta, "tudo me parecia maravilhosamente fácil de entender." Seria essa claridade o efeito de se associar a tantas outras pessoas "como ela", marchando no mesmo passo e ombro a ombro na única estrada certa, nobre e dignificante? Quase um século depois, as relações públicas (RPs) de nossa época sugeririam exatamente essa explicação, repetindo como o fazem sempre que "tantos clientes satisfeitos não podem estar errados!".

Todorov comenta que, quando pessoas se juntam às fileiras, adquirem afinal a certeza de que imploraram e obtiveram uma resposta para qualquer pergunta – em vez de flutuarem em meio a hesitações, corroendo-se nas garras da incerteza. Camaradagem e certeza (não são sinônimos?) constituem o que é prometido pelo canto da sereia dos agentes de recrutamento dos campos de treinamento militantes-religiosos ou belicosos-seculares da "grande simplificação": uma vida livre da dúvida e a absolvição da necessidade exasperante e aflitiva de tomar decisões e assumir responsabilidades.

Os muçulmanos não são as únicas pessoas inclinadas a ouvir e ávidas por serem seduzidas pelas vozes das sereias. E se realmente ouvem e se submetem à sedução, não o fazem por serem muçulmanos. Ser muçulmano explica apenas por que preferem a voz dos mulás ou aiatolás àquelas das sereias de outras denominações. Aos outros, que ouvem com a mesma avidez e se permitem ser seduzidos com a mesma satisfação, mas não são muçulmanos, será oferecido um rico sortimento de outras canções de sereia, e eles sem dúvida vão encontrar entre estas as que poderão reconhecer com facilidade como confortavelmente conhecidas e parecidas com as suas.

Mas ocorre que, no começo do século XXI, para muitos jovens muçulmanos, ser muçulmano significa ser vítima de privações múltiplas, como ser privado do acesso (ou impedido de utilizar) às rotas públicas de fuga que levam para longe da opressão, juntamente com os caminhos de emancipação pessoal e da busca da felicidade que tantos outros homens, não muçulmanos, parecem trilhar com assombrosa, e irritante, facilidade.

Os jovens muçulmanos têm razão de se sentirem assim. Pertencem a uma população oficialmente classificada como uma parcela atrasada em relação ao restante "avançado", "desenvolvido" ou "progressista". E estão presos a essa condição não invejável oriunda do conluio entre seus próprios governos, cruéis e arbitrários, e os governos da parte "avançada" do planeta, afastando-os impiedosamente das terras prometidas e apaixonadamente cobiçadas da felicidade e da dignidade. A escolha entre essas duas variedades de destino cruel, ou entre essas duas partes de tal crueldade do destino, é como a escolha entre a cruz e a espada. Os jovens muçulmanos tentam usar a fraude, a clandestinidade ou a força para evitar as "espadas rodopiantes e os querubins" que vigiam a entrada do paraíso, apenas para descobrirem (se conseguirem enganar os guardas ou contornar os postos de controle) que não são bem-vindos por lá, que não lhes é permitido colocar-se em dia com o próprio modo de vida que são acusados de não buscar com suficiente avidez; e que estar lá não significa compartilhar o tipo de vida de felicidade e dignidade que os atraiu.

Estão realmente num dilema: rejeitados pela comunidade de origem por deserção e traição, e impedidos de entrar na comunidade dos sonhos por sua suposta imperfeição e insinceridade, ou, pior ainda, pela perfeição e aparente intacabilidade de sua traição/conversão. A dissonância cognitiva, sempre a experiência aflitiva e dolorosa de uma situação intrinsecamente irracional que não permite solução racional, nesse caso é dupla. A realidade nega os valores que aprenderam a respeitar e acalentar, ao mesmo tempo em que lhes recusa a oportunidade de abraçar os valores que são insistentemente exortados a adotar – ainda que as mensagens encorajando-os a abraçar esses valores sejam notoriamente confusas e perturbadoras (Integrem-se! Integrem-se! Mas pobre de você se tentar, e maldito seja se conseguir...). Vergonha e vingança em suas duas casas... (Observe-se que entre as vítimas do terrorismo islâmico dos últimos anos o número de "irmãos [e irmãs e crianças] muçulmanos" ultrapassou de longe o de todos os outros. Já que Satã e seus capangas/instrumentos não são exigentes, por que seus detratores e potenciais subjugadores o seriam?)

O que torna ainda mais profunda a opacidade (ambivalência, irracionalidade) dessa condição é que o próprio mundo muçulmano, por uma coincidência geopolítica, parece estar colocado sobre uma barricada. Acontece que a economia dos países ricos e "avançados" se baseia em um consumo extremamente elevado de petróleo (depende não apenas do petróleo destinado a ser queimado nos motores de automóveis, mas também de matérias-primas derivadas do petróleo para indústrias essenciais), enquanto a economia dos Estados Unidos, de longe a maior potência militar, prospera graças ao fato de os preços do petróleo serem mantidos artificialmente baixos. Também ocorre que os mais abundantes suprimentos de petróleo cru, e os únicos que prometem permanecer economicamente viáveis à altura da metade do século, estão sob a administração de governos muçulmanos (árabes, para sermos mais exatos). Os árabes mantêm os dedos sobre as cordas de salvamento do Ocidente – as principais torneiras de onde flui a energia vital do opulento e poderoso Ocidente. Eles podem – apenas podem – cortar esse suprimento, com consequências virtualmente inimagináveis, mas decerto dramáticas (catastróficas do ponto de vista das potências ocidentais) para o equilíbrio do poder no âmbito planetário.

A devastação provocada por outra catástrofe (uma catástrofe "natural", o Katrina) sobre a capacidade de ação e a preservação da lei e da ordem na mais poderosa dessas potências pode ser vista como um ensaio preliminar do que pode acontecer se os governos árabes, proprietários nominais das maiores reservas de petróleo do planeta, conseguirem aumentar o domínio sobre suas torneiras. Foi isso que viu o correspondente do *New York Times* Jad Mouawad após a passagem de ventos de 280 quilômetros por hora que colocaram fora de ação plataformas *offshore* e poços terrestres que vinham fornecendo mais de um quarto da produção doméstica de petróleo dos Estados Unidos, forçando 10% das refinarias do país à ociosidade:

> Motoristas esperando em fila durante horas, e ocasionalmente em vão, para encherem seus tanques. O presidente exortando todos a restringirem o uso do automóvel e a pouparem energia em casa. Rumores sombrios sobre açambarcamento e manipulação de mercado

começando a se espalhar. Economistas advertindo que aumentar o preço da energia certamente reduzirá o crescimento econômico – e poderá até eliminá-lo totalmente...

Diz Vincent Lauerman, analista de energia global do Instituto de Pesquisas Energéticas do Canadá: "O que temos neste momento é um trem de carga desgovernado. Não há nada que eu possa ver entre ele e o aumento de preços"...

"Estamos em um território não mapeado", disse John Felmy, economista-chefe do Instituto Americano do Petróleo, o principal grupo comercial dessa indústria...

Roberto Mabro, presidente do Instituto Oxford de Energia... acrescentou: "Se as pessoas não têm gasolina, ficam furiosas, ficam violentas, criam problemas. A energia é uma necessidade."[28]

"Os mercados de energia", conclui Mouawad, "estão à mercê da menor pane em qualquer lugar do planeta que possa empurrar os preços mais para cima". E "se o petróleo chegasse a 100 dólares" por barril isso teria, na opinião de William Hunter, outro analista experiente, "um efeito muito debilitante" sobre as empresas aéreas e todo o setor de transportes, e a economia como um todo "iria reduzir sua velocidade até se arrastar". Observe-se, porém, que mesmo que o esforço de segurar o aumento dos preços do petróleo traga os resultados esperados, o alívio pode ser apenas temporário. Com China, Índia e Brasil se juntando ao grupo das economias conduzidas pelo automóvel, e com os suprimentos planetários de petróleo se aproximando lenta, mas inexoravelmente da exaustão, esse alívio também pode ter uma vida muito efêmera. Já no ano e meio *anterior* ao desastre do Katrina, o preço do óleo cru na bolsa de Nova York dobrou (de 33 para 66 dólares o barril). E o ritmo de crescimento da demanda anual de combustível também dobrou.

Essa concatenação de circunstâncias tem dois efeitos, ambos ampliando a aparentemente incurável ambiguidade do destino dos muçulmanos.

O interesse previsivelmente agudo da "parte moderna" do planeta em assegurar o controle exclusivo dos mais preciosos suprimentos de óleo cru coloca-a em confronto direto com grande parte do mundo islâmico. Desde o encontro apócrifo de Franklin Delano Roosevelt com o rei Saud a bordo de um cruzador norte-americano – quando Roosevelt garantiu manter a dinastia saudita no poder naquela península quase vazia, porém fabulosamente rica em petróleo, enquanto o rei recém-coroado prometeu um suprimento ininterrupto de petróleo para as empresas norte-americanas – e desde que a CIA conseguiu promover um golpe para destituir o governo democraticamente eleito de Mossadeq, no Irã, meio século atrás, os países ocidentais, e particularmente os Estados Unidos, não conseguiram parar de interferir nos regimes islâmicos do Oriente Médio, usando como armas básicas, intermitentemente, propinas generosas, ameaças de sanção econômica ou intervenções militares diretas. Eles também têm ajudado a sustentar no poder – com a única condição de que os ajudados mantenham abertas as torneiras do petróleo e cheios, os oleodutos – regimes reacionários (e, no caso do reino saudita dominado por wahabitas, radicalmente fundamentalistas) que ultrapassaram claramente seu prazo de tolerância e de validade e muito provavelmente não conseguiriam sobreviver, não fosse pelo guarda-chuva militar ocidental, principalmente norte-americano.

Foi por meio dos serviços do enviado especial, até pouco tempo secretário de Defesa, Donald Rumsfeld que os Estados Unidos prometeram apoiar a ditadura de Saddam Hussein no Iraque com bilhões de dólares de créditos agrícolas e milhões em tecnologia militar de ponta, assim como com informações fornecidas por satélite que poderiam ser usadas para lançar armas químicas contra o Irã – e eles mantiveram a sua promessa. Os reis e ditadores no timoneiro de tais regimes são ávidos em utilizar sua boa sorte para se cercarem dos brinquedos extravagantes que a sociedade de consumo ocidental pode oferecer, enquanto reforçam os guardas de fronteira e armam suas polícias secretas para enfrentarem o contrabando de produtos da democracia ocidental. Frotas de carros cheios de engenhocas sim, eleições livres não; sim para o ar-condicionado, não para a igualdade das mulheres; e o mais enfático "não" para uma distribuição equitativa das súbitas riquezas, para as liberdades pessoais e para os direitos políticos de seus súditos.

Os *hoi polloi* que tiveram a chance de provar as importações do Ocidente em primeira mão são, portanto, aqueles com menor probabilidade de desenvolver um gosto profundo pelos frutos da civilização ocidental. O canto das sereias dos mulás, desconfiados das inclinações seculares da democracia liberal, tem a garantia de encontrar numerosos e ávidos adeptos não apenas entre os grandes e poderosos que compartilham seus sentimentos antiocidentais por terem medo da ameaça democrática aos seus privilégios, mas também entre os milhões de seus súditos ignorados na distribuição de confortos importados. Alguns destes últimos estariam dispostos a morrer de modo que a vida confortável dos primeiros pudesse prosseguir. E muitos daqueles reservariam com satisfação um pedaço de suas fabulosas fortunas para que uma parte destes últimos pudesse ser treinada para fazer exatamente isso e colocar em prática voluntariamente suas habilidades.

Outro efeito dessa peculiar concatenação de circunstâncias é aparentemente o oposto: a parte seletivamente "ocidentalizada" da elite dos países islâmicos ricos pode parar de chapinhar em seu complexo de inferioridade. Graças a seu "poder de causar prejuízo", seu controle potencial de riquezas das quais o Ocidente precisa, mas que não possui, pode sentir-se suficientemente forte para tentar o passo final: proclamar sua condição superior àqueles que dependem tão gritantemente, para sua sobrevivência, dos recursos que eles, e ninguém mais, podem dizer que comandam. Nada é tão reconfortante para o poder de alguém do que ser subornado pelos poderosos...

O cálculo não poderia ser mais simples nem mais óbvio: se apenas *nós* tivermos o controle total dos combustíveis que alimentam os motores *deles*, a engrenagem vai ter de parar. *Eles* precisarão comer em *nossas* mãos e fazer o jogo de acordo com as regras que *nós* estabelecermos. A estratégia, contudo, diferentemente do cálculo de possibilidades, não é simples nem autoevidente. Embora *nós* tenhamos meios suficientes para comprar mais e mais armas, todo o dinheiro de propina que financia sua compra não será o bastante para que nos equiparemos ao poder militar *deles*. A alternativa, ainda que seja apenas a segunda melhor opção, é empregar outra arma que *nós* possuímos tanto quanto *eles*, se não mais: nosso potencial de causar prejuízo, o poder de tornar a luta pelo poder algo custoso demais para se continuar, algo que não vale a pena ou cuja continuidade é claramente impossível. Considerando-se a gritante vulnerabilidade de seus territórios, seus tipos de sociedades, a capacidade destrutiva de nosso poder de causar prejuízo pode muito bem transcender o potencial reconhecidamente formidável de suas armas de destruição em massa. Afinal, precisa-se de muito menos homens, material e trabalho para paralisar uma cidade como Nova York ou Londres do que para descobrir o esconderijo de um único comandante terrorista em sua caverna nas montanhas ou expulsar seus subalternos de sótãos e porões em favelas urbanas...

Quando todos os livros doutrinários e todos os remédios artesanais ou industriais tiverem sido tentados, sem que nada tenha alcançado o resultado esperado, a única coisa que resta é a condição dolorosamente patética dos ratos de laboratório, os quais aprenderam que os petiscos depositados no fim do labirinto só podem ser saboreados juntamente com os horrores dos choques elétricos. Escapar do labirinto de uma vez por todas (opção que não se oferece aos ratos de laboratório) talvez possa trazer a satisfação que nunca virá com o mais diligente aprendizado e mapeamento das voltas e curvas de seus muitos corredores...

Quer os que estão presos no labirinto tentem ou não encontrar uma saída da opressão – e continuem ou não aguardando sem esperança que a rota da fuga à dissonância possa ser encontrada do lado de dentro das paredes do labirinto –, isso não parece fazer muita diferença no que se refere à sua sorte. Os prêmios pela obediência são entregues de forma torturantemente lenta, enquanto as penalidades por não tentar o suficiente ou por tentar demais são dispensadas diariamente (e como o tentar *não* "demais" poderia ser se não fosse condenado imediatamente como "não tentar *o suficiente*"?!).

Tornar-se terrorista é uma escolha. Deixar-se cegar pela pura inveja, pelo ressentimento ou pelo ódio também é uma escolha. Ser punido por confrontar, genuína ou supostamente, tais opções não é, contudo, matéria de escolha, já que o confronto é o veredicto do destino. O fato de que algumas pessoas "como você" fizeram escolhas erradas é suficiente para privá-lo do direito de fazer sua própria – e correta – escolha; e se você, não obstante, a fez, esse mesmo fato vai impedi-lo de convencer aqueles que o julgam, ou que estão usurpando o direito de impor sentenças, de que você o fez – e com sinceridade.

Uns poucos assassinos suicidas à solta são mais que suficientes para reclassificar milhares de inocentes como "suspeitos habituais". Em pouco tempo, umas poucas escolhas individuais iníquas serão reprocessadas como atributos de uma "categoria"; uma categoria facilmente reconhecível, por exemplo, pela pele suspeitamente escura ou pela mochila suspeitamente estufada – o tipo de objeto que as câmaras das TVs de circuito fechado são planejadas para registrar e que os transeuntes são ensinados a encarar com desconfiança. E os transeuntes são ávidos por seguir o ensinamento. Desde as atrocidades dos terroristas no metrô londrino, o volume de incidentes classificados como "ataques racistas" teve um crescimento agudo em toda a Grã-Bretanha. Na maioria dos casos, não foi preciso nem mesmo a visão de uma mochila para provocá-los.

Cerca de uma dúzia de conspiradores islâmicos prontos para matar se mostraram suficientes para criar uma atmosfera de fortaleza sitiada e formar uma onda de "insegurança generalizada". Pessoas inseguras tendem a procurar febrilmente por um alvo sobre o qual possam descarregar sua ansiedade concentrada, e a restaurar a autoconfiança perdida aplacando esse sentimento ofensivo, atemorizante e humilhante de impotência. A fortaleza sitiada em que as cidades multiétnicas e multiculturais estão se transformando são habitações compartilhadas pelos terroristas e suas vítimas. Cada um dos lados aumenta o medo, a paixão, o fervor e a obstinação do outro. Cada um deles confirma os piores temores do outro e acrescenta substância a seus ódios e preconceitos. Entre eles, trancados numa espécie de versão líquido-moderna da *dance macabre*, os dois lados não permitirão que o fantasma do cerco possa jamais descansar.

Em seu estudo sobre a tecnologia de vigilância introduzida em escala maciça nas ruas das cidades após o 11 de Setembro, David Lyon observa suas "consequências indesejadas": "uma ampliação da teia de vigilância... e um aumento da exposição das pessoas comuns ao monitoramento em suas vidas cotidianas".[29] Podemos argumentar, contudo, que entre todas as "consequências indesejadas" o lugar de honra pertence ao efeito "o meio é a mensagem" da tecnologia de vigilância. Especializada, como se destina a ser, em ver e registrar objetos externos, visíveis e registráveis, essa tecnologia também tende a ser cega aos motivos e escolhas individuais por trás das imagens gravadas, e portanto deve acabar levando à substituição da ideia de malfeitores individuais pela de "categorias suspeitas". Como diz Lyon:

> A cultura do controle vai colonizar outras áreas da vida, com ou sem nossa permissão, por causa do desejo compreensível de segurança, combinado com a pressão a adotar certos tipos de sistemas. Os habitantes comuns dos espaços urbanos, cidadãos, trabalhadores e consumidores – ou seja, pessoas sem ambições terroristas de qualquer tipo –, vão descobrir que suas oportunidades na vida estão circunscritas pelas categorias em que são classificadas. Para alguns, essas categorias são particularmente prejudiciais, restringindo suas

chances de consumo em função de avaliações de crédito ou, mais insidiosamente, relegando-os a um status de segunda classe devido à sua cor ou a seus antecedentes étnicos. É uma velha história sob um disfarce high-tech.

O detetive anônimo que se desculpou com Girma Belay, o indefeso refugiado e engenheiro naval etíope, depois que a polícia entrou brutalmente em seu apartamento em Londres, deixou-o nu, lhe bateu, o imobilizou contra a parede, prendeu-o e o manteve preso por seis dias sem acusação, ao dizer: "Desculpe, cara – lugar errado, hora errada",[30] poderia (e deveria) ter acrescentado: "E *categoria* errada". E é assim que Belay resume as consequências dessa experiência categorial, ainda que sofrida individualmente: "Tenho medo; não quero ir embora." E ele culpa por sua sorte aqueles "bastardos terroristas" que "agiram de tal maneira que toda doçura e liberdade foi destruída para pessoas *como eu*" (grifos nossos).

Num círculo vicioso, a ameaça do terrorismo se transforma na inspiração para mais terrorismo, cuspindo em seu caminho volumes cada vez maiores de terror e massas maiores ainda de pessoas aterrorizadas – dois produtos que os atos terroristas, cujo nome deriva exatamente de tais intenções, tendem a produzir, e tramam para tal. Pode-se dizer que as pessoas aterrorizadas são os aliados mais confiáveis, ainda que involuntários, dos terroristas. O "compreensível desejo de segurança", sempre preparado e aguardando para ser utilizado por um usuário habilidoso e astuto, e agora instigado por atos de terror difusos e aparentemente imprevisíveis, mostra-se no final como o principal recurso com o qual o terror pode contar para ganhar impulso.

Mesmo na eventualidade improvável de que as fronteiras sejam fechadas aos viajantes indesejáveis de carne e osso, a probabilidade de outro atentado terrorista não pode ser reduzida a zero. Ressentimentos gerados globalmente flutuam no espaço global tão facilmente quanto as finanças ou a última moda em música ou roupas, e assim também o impulso de vingança em relação aos genuínos ou supostos culpados, ou ainda (se estes forem inacessíveis) aos bodes expiatórios mais adequados e convenientes.

Onde quer que aterrissem, os problemas globais se estabelecem como locais, criando rapidamente raízes e se tornando "domesticados" – e não tendo encontrado uma solução global, buscam alvos locais onde possam descarregar a resultante frustração. Escapando à prisão, Hussain Osman, um dos principais suspeitos do atentado ao metrô de Londres, chegou à Itália, embora, segundo Carlo De Stefano, alto funcionário da polícia antiterrorista italiana, não se houvesse encontrado vínculos entre ele e qualquer grupo terrorista de lá – "ele não parecia estar em contato com quaisquer outros grupos terroristas". "Parece que estamos vendo um grupo improvisado agindo sozinho neste caso", concluiu Stefano.[31]

Os danos causados pelos poderes que se tornam fora de controle no planeta negativamente globalizado são incontáveis e ubíquos – e acima de tudo espalhados e difusos. Em todas as partes do globo, o solo está bem preparado para as sementes do terrorismo, e os "mentores" itinerantes dos atentados terroristas podem razoavelmente esperar encontrar alguns lotes férteis onde quer que parem. Não precisam nem planejar, construir e manter uma estrutura estrita de comando. Não são exércitos terroristas, apenas *enxames*, mais sincronizados que coordenados, com pouca ou nenhuma supervisão, e apenas cabos ou comandantes de pelotão *ad hoc*. Com muita frequência, para que um "grupo tarefa" nasça aparentemente *ad nihilo* basta oferecer um exemplo adequadamente espetacular e deixar que ele seja obsequiosa e prontamente disseminado e martelado em milhões de lares por redes de TV permanentemente famintas por espectadores, por meio de todas as autoestradas da informação ao longo das quais eles movimentam suas mensagens.

Nunca antes a antiga noção antropológica de "difusão do estímulo" (significando os protótipos e inspirações que trafegam por territórios e culturas sem seus praticantes ou mediadores originais, ou independentemente deles, e sem seu "habitat natural", as formas de vida em que eles nasceram e cresceram) capturou tão bem o caráter da atual comunicação transcultural e o potencial contagioso, epidêmico, das inovações culturais. Em um planeta atravessado por redes de informação, as mensagens vão encontrar e selecionar seus próprios e gratos ouvintes sem sequer procurá-los; ou então serão infalivelmente encontradas e selecionadas pelos potenciais e gratos ouvintes, os quais assumem com satisfação a tarefa da procura ("surfar na rede").

O encontro entre mensagens e ouvintes é altamente facilitado em um planeta transformado em um mosaico de diásporas étnicas e religiosas. Em um planeta assim, a antiga separação entre o "dentro" e o "fora", ou, nesse sentido, entre o "centro" e a "periferia", não mais se sustenta. A "externalidade" do terrorismo que ameaça a vida é tão imaginária quanto a "internalidade" do capital que a sustenta. Palavras nascidas no estrangeiro se tornam corriqueiras no país em que aterrissam; supostos "forasteiros" mostram-se, em muitos casos, indivíduos nascidos no local que foram inspirados/convertidos por ideias *sans frontiers*. Não há linhas de frente – somente campos de batalha distintos, altamente dispersos e eminentemente móveis. Nada de tropas regulares – apenas civis virando soldados por um dia e soldados em licença civil indefinida. Os "exércitos terroristas" são todos *exércitos domésticos*, não precisando de quartéis, reagrupamentos ou áreas de desfile.

A maquinaria do Estado-nação, inventada e cultivada para garantir a soberania territorial e separar claramente os de dentro dos de fora, foi apanhada despreparada pelo "cabeamento" do planeta. Dia após dia, uma atrocidade terrorista após outra, as instituições de lei e ordem dirigidas pelo Estado aprendem sobre sua própria inépcia em lidar com os novos perigos que gritantemente atacam as categorias e distinções ortodoxas consagradas, aparentemente testadas e confiáveis.

As respostas *ad hoc* dessas instituições a sucessivas surpresas traem sua confusão. Um dia depois que o belicoso pregador islâmico Sheikh Omar Bakri, provavelmente temendo ser acusado de incitação, deixou a Grã-Bretanha e foi para o Líbano (supostamente para um dia santo), políticos importantes dos dois lados da fronteira partidária exigiram o estrito controle dos habitantes do país que viajam para o exterior (até agora um costume associado aos Estados totalitários de outrora), tal como têm sido controlados os estrangeiros que desejam entrar. Dois dias depois, John Prescott, o vice-primeiro-ministro, advertiu Bakri publicamente: "Aproveite o feriado, prolongue-o" – provavelmente desejando que, ao fugir, Bakri tivesse favorecido as autoridades de Estado, livrando-as dos apuros em que teriam se metido pela iniciativa sem precedentes de revogar sua permissão de permanência no país por tempo indeterminado: "Embora o secretário do Interior, Charles Clarke, não possa, pela atual legislação, impedir o Sr. Bakri de voltar, ele seria capaz de fazê-lo segundo os planos anunciados na última sexta-feira de excluir ou deportar aqueles que pregam o ódio ou justificam a violência."[32] Um dilema, sem dúvida, que não tem uma boa solução; ou talvez um dilema ilusório, refletindo unicamente a confusão estratégica e a tática das autoridades do Estado? Ao sair do país, Bakri escapou da justiça, e o fato de ter podido fazê-lo impunemente não é o melhor testemunho em relação aos serviços de segurança britânicos. Mas – paradoxalmente – a intenção é redefinir a justiça como o direito de forçar os culpados a saírem e impedi-los de voltar...

A sorte de um "estrangeiro", capturado e mantido numa "zona cinzenta" perturbadoramente indefinida, que se estende entre os inimigos declarados e os amigos de confiança, sempre foi a encarnação da ambivalência. Os Estados modernos fizeram o possível para eliminar ou pelo menos reduzir essa ambivalência, mortificante para aqueles classificados na categoria de estrangeiros, mas também muito desconfortável para quem assim os classifica. Talvez tenha sido por refletir sobre a história complicada (e inconclusa) desses esforços que se cunhou a famosa/infame definição de soberania de Carl Schmitt como o "direito de excluir".

Num nível menos teórico, passaportes e vistos, direitos de residência e suas recusas, a naturalização e sua recusa – tudo destinado a pôr fim à ambiguidade, se não *social*, pelo menos da condição *jurídica* – merecem ser incluídos entre as mais notáveis invenções modernas. Mas a globalização negativa e seus derivados (o nível sem precedentes de extraterritorialidade do capital, do comércio, da informação, do crime e do terrorismo) tornaram esses comprovados instrumentos de soberania, em seu conjunto, ineficazes. A perspectiva de que o direito soberano de excluir possa assegurar a vitória na guerra declarada à ambivalência que afeta os estrangeiros, ou pelo menos garantir uma vantagem em batalhas sucessivas, agora não parece absolutamente segura; a faca de dois gumes da inclusão/exclusão se revela muito enfraquecida a ponto de garantir a vitória ou mesmo manter viva a esperança de que essa dinâmica ocorra. Para matar dois coelhos com uma cajadada só – manter a capacidade de ação em um novo mundo de diásporas e do entrelace de conexões "externas" e "internas" e lealdades conflitantes que não podem mais ser desatadas e separadas, ao mesmo tempo preservando espaço para manobras quando confrontados com situações futuras em rápida mudança –, os poderes constituídos parecem tender a tornar "indeterminada" a *ambivalência* da condição jurídica em lugar da *inambiguidade* da residência e dos direitos civis.

Nada disso promete que em breve nos livremos da ambivalência, essa pródiga fonte de ansiedade, insegurança e medo sofridos em igual medida pelas pessoas por tudo isso apanhadas e que passam suas vidas na impertinente presença desses problemas. Não há uma dose rápida concebível, muito menos disponível. Com a dispersão crescente das populações do mundo e com a hierarquia ortodoxa de culturas praticamente desmantelada, qualquer sugestão de substituição tem grande probabilidade de ser contestada ardentemente. Com as próprias noções de superioridade e inferioridade cultural eliminadas do vocabulário "politicamente correto", essa maneira tradicional – antes universalmente comprovada – de estabelecer e solidificar os resultados de sucessivas soluções da ambivalência na forma da "assimilação cultural" (agora polidamente rebatizada de "integração", embora permanecendo fiel à antiga estratégia) não é aceitável nem tem a probabilidade de ser adotada e seguida até o fim.

Tendo escapado de uma sociedade forçosamente aberta pela pressão das forças da globalização negativa, o poder e a política se desenvolvem cada vez mais em direções mutuamente opostas. O problema que muito provavelmente vai confrontar o século atual como seu principal desafio é aproximar uma vez mais o poder e a política, enquanto a tarefa que deve dominar a agenda deste século é encontrar uma forma de concretizar esse feito.

A reaproximação de parceiros separados dentro do domicílio do Estado-nação talvez seja a menos promissora das possíveis respostas a esse desafio. Em um planeta negativamente globalizado, todos os problemas fundamentais – os verdadeiros *meta*-problemas que condicionam as chances e as maneiras de lidar com todos os outros – são *globais*, e assim não admitem soluções *locais*.

Não existem – nem podem existir – soluções locais para problemas globalmente originados e fortalecidos. A reaproximação do poder e da política terá de ser atingida, se é que o será, no nível planetário. Como afirma acidamente Benjamin R. Barber, "nenhuma criança norte-americana pode se sentir segura em sua cama se as crianças de Karachi ou Bagdá não se sentirem seguras nas delas. Os europeus não poderão ostentar por muito tempo as suas liberdades se os povos de outras partes do mundo permanecerem carentes e humilhados."[33] A democracia e a liberdade não podem mais ser garantidas num só país ou mesmo num só grupo de países. Sua defesa em um mundo saturado de injustiça e habitado por bilhões de seres humanos aos quais se negou a dignidade acabará inevitavelmente corrompendo os próprios valores que pretende proteger. O futuro da democracia e da liberdade tem de ser assegurado em escala planetária – ou não o será.

O medo é seguramente o mais sinistro dos muitos demônios que se aninham nas sociedades abertas de nossa época. Mas é a insegurança do presente e a incerteza do futuro que criam e alimentam o mais aterrador e menos suportável de nossos medos. A insegurança e a incerteza, por sua vez, nascem de um sentimento de impotência: não parecemos mais estar no controle, seja sozinhos, em grupo ou coletivamente, dos assuntos de nossas comunidades, da mesma forma que não estamos no controle dos assuntos do planeta – e nos tornamos cada vez mais conscientes de que não é provável que nos livremos da primeira desvantagem enquanto permitirmos que a segunda persista. Para piorar ainda mais nossa situação, carecemos das ferramentas que poderiam permitir que nossa política se elevasse ao nível em que o poder já se estabeleceu, possibilitando-nos, assim, recapturar e recuperar o controle sobre as forças que moldam nossa condição compartilhada, e portanto redefinir o espectro de nossas opções assim como traçar os limites de nossa liberdade de escolha: o tipo de controle que atualmente escapou – ou foi tirado – de nossas mãos.

O demônio do medo não será exorcizado até encontrarmos (ou, mais precisamente, *construirmos*) tais ferramentas.

· 5 ·

Trazendo os medos à tona

O paradoxo apontado corretamente por Robert Castel, em sua incisiva análise dos medos profusos, nascidos da insegurança e por ela alimentados, que saturam a vida líquido-moderna, afirma que "nós – ao menos nos países desenvolvidos – vivemos indubitavelmente numa das sociedades mais seguras [*sûres*] que já existiram".[1]

Nós, homens e mulheres que vivemos na parte "desenvolvida" do planeta (ou seja, na parte mais rica, mais modernizada e ainda mais avidamente modernizante), somos "objetivamente" o povo mais seguro da história da humanidade. Como demonstram amplamente as estatísticas, os perigos que ameaçam encurtar nossas vidas são menos numerosos e mais espaçados do que eram no passado e do que são em outras partes do planeta. E nós temos meios excepcionalmente engenhosos e efetivos de prever, evitar e enfrentar os perigos que ainda nos fazem morrer precocemente ou adoecer. Todas as medidas objetivas concebíveis mostram uma ascensão aparentemente irrefreável da proteção que os homens e mulheres da parte "desenvolvida" do globo usufruem em todas as três frentes em que se travam as batalhas em defesa da vida humana: contra as forças superiores da natureza, contra a debilidade inata de nossos corpos e contra os perigos que emanam da agressão de outras pessoas.

E, no entanto, foi precisamente nessa parte do mundo caracterizada por uma segurança e um conforto sem precedentes – na Europa e seus antigos domínios, braços ultramarinos, ramos e sedimentações, assim como em outros poucos "países desenvolvidos" com uma conexão europeia de afinidade eletiva, uma relação de *Wahlverwandtschaft* em vez de *Verwandtschaft** – que a soma do medo com a obsessão por segurança tem feito a carreira mais espetacular nos últimos anos. Ao contrário da evidência objetiva, são as pessoas que vivem no maior conforto já registrado, mais mimadas e acarinhadas do que qualquer outro povo na história, que se sentem mais ameaçadas, inseguras e amedrontadas, mais inclinadas ao pânico e mais apaixonadas por tudo aquilo que se refira a segurança e proteção do que os povos da maioria das sociedades do passado e do presente.

A promessa moderna de evitar ou derrotar uma a uma todas as ameaças à segurança humana foi até certo ponto cumprida – embora não a promessa reconhecidamente exagerada, altamente ambiciosa e com toda probabilidade impossível de cumprir, de acabar com elas de uma vez por todas. O que, no entanto, deixou flagrantemente de se materializar é a expectativa de liberdade em relação aos *medos* nascidos da insegurança e por esta alimentados.

Tentando explicar esse mistério, Castel sugere que nosso sentimento agudo de insegurança deriva não tanto da carência de proteção quanto da inescapável "falta de clareza de seu escopo" (*ombre portée*) em um tipo de universo social que, como o nosso, "foi organizado em torno da infindável busca de proteção e da frenética busca de segurança"[2] – estabelecendo assim padrões de proteção sempre crescentes, e previamente impensáveis, sempre à frente do que é atualmente possível de atingir. É nossa "obsessão com segurança", assim como nossa intolerância a qualquer brecha – ainda que mínima – no seu fornecimento, que se torna a fonte mais prolífica, autorrenovável e provavelmente inexaurível de nossa ansiedade e de nosso medo.

---

* De "afinidade eletiva" em vez de "de relacionamento" ou "de parentesco". (N.E.)

Podemos imaginar que a maldição de nossa aterradora experiência de insegurança, que não mostra sinais de redução e é aparentemente incurável, é o efeito colateral das, por assim dizer, "expectativas crescentes"; a promessa singularmente moderna e a convicção generalizada que gerou de que, com a continuação das descobertas científicas e das invenções tecnológicas, além das habilidades adequadas e dos esforços apropriados, seria possível atingir a segurança "total", uma vida completamente livre do medo – que "isso pode ser feito" e que "podemos fazê-lo". Mas as ansiedades crônicas sugerem obstinadamente que tal promessa não pode ser alcançada – que "isso *não* foi feito". Quando isso se combina com a convicção de que tal coisa *poderia* ser feita, a frustração das esperanças acrescenta ao dano da insegurança o insulto da impotência – e canaliza a ansiedade para um desejo de localizar e punir os culpados, assim como de ser indenizado/compensado pelas esperanças traídas.

Em duas das três áreas que deram origem às inseguranças que assombravam os homens e as mulheres dos tempos pré-modernos (os poderes eminentemente caprichosos e refratários da natureza e a incômoda fragilidade do corpo humano), desenvolvimentos espetaculares ocorreram por toda a Era Moderna. Um escudo protetor tecnológico foi interposto entre os caprichos da natureza e nosso habitat, avançando de alguma forma na direção de uma confortável regularidade homeostática deste último – embora estejam aumentando as suspeitas, minimizadas por alguns especialistas, mas vocalizadas em tom cada vez mais elevado por muitos outros, de que o preço que teremos de pagar por esse sucesso (transitório) pode ser a destrutividade crescente, sem precedentes e talvez já irresistível, dos elementos naturais. Quanto à segunda área, mais do que nunca enfermidades corpóreas ou mesmo defeitos congênitos se tornaram curáveis, e ainda que a soma total das moléstias e suas vítimas não apresente sinais de queda, ou que nossas suspeitas recorrentes quanto à salubridade de nossa dieta possam ser bem-fundamentadas, a longevidade estatística de nossas existências continua aumentando de maneira constante.

Mas quanto à terceira área – as animosidades e a má vontade inter-humanas – há uma concordância quase generalizada de que a segurança prometida não apenas deixou de se materializar em sua plenitude, mas nem sequer chegou perto, e pode até ter ficado mais distante. O grau de autoconfiança e os sentimentos de segurança abominavelmente deixaram de crescer, já que parecemos passar de um "pânico de segurança" para outro, cada qual não menos assustador, se é que não mais, do que o anterior. Já que os sucessivos acessos de pânico de segurança geralmente se seguem às notícias de que algumas instituições humanas (hospitais, prisões e serviços de condicional, fábricas de alimentos e supermercados, unidades de purificação da água etc.) são menos que seguras e não funcionam tão bem como se presumia (e fomos encorajados a crer), os medos resultantes tendem a ser explicados por atos perversos motivados por intenções malévolas. Nesse tipo de drama deve haver um vilão – um vilão humano. E, como já vimos (no Capítulo 2), são também os seres humanos – *outros* seres humanos, é claro, cruéis ou egoístas, mas de qualquer forma insensíveis e diferentes de nós – que, tanto na opinião dos especialistas quanto nas crenças populares, têm grande parte da responsabilidade pelas travessuras da natureza e as extravagâncias da saúde corpórea.

Podemos dizer que a variedade moderna de insegurança é marcada pelo medo principalmente da maleficência *humana* e dos malfeitores *humanos*. É desencadeada pela suspeita de motivos malévolos da parte de certos homens e mulheres específicos, ou mesmo grupos ou categorias específicas de homens e mulheres. E frequentemente também pela recusa em confiar na constância, dedicação e fidelidade dos parceiros humanos, uma recusa que é quase inevitavelmente seguida de nossa indisposição em construir uma camaradagem sólida, durável e portanto confiável.

Castel atribui à individualização moderna a principal responsabilidade por esse estado de coisas. Sugere que, tendo substituído as comunidades e corporações intimamente entrelaçadas que definiam as regras de proteção, seus direitos e obrigações individuais correlatos, e também monitoravam sua observância, pelo dever individual da preocupação consigo mesmo (*l'amour propre* em lugar do *l'amour de soi*, para usar a memorável distinção de Jean-Jacques Rousseau), a sociedade moderna foi construída sobre a areia movediça da contingência. Exortados, instados e pressionados diariamente a perseguirem seus próprios interesses e satisfações, e a só se preocuparem com os interesses e satisfações dos outros na medida em que afetem os seus, os indivíduos modernos acreditam que os outros à sua volta são guiados por motivos igualmente egoístas – e portanto não podem esperar deles uma compaixão e uma solidariedade mais desinteressadas do que eles próprios são aconselhados, treinados e dispostos a oferecer. Numa sociedade assim, a percepção da camaradagem humana como fonte de insegurança existencial e como um território repleto de armadilhas e emboscadas tende a se tornar endêmica. Numa espécie de círculo vicioso, ela exacerba, por sua vez, a fragilidade crônica dos vínculos humanos e aumenta os temores que essa fragilidade tende a gerar.

Tendo assolado o mundo dos humanos, o medo se torna capaz de se impulsionar e se intensificar por si mesmo. Adquire um ímpeto e uma lógica de desenvolvimento próprios, precisando de poucos cuidados e quase nenhum estímulo adicional para se difundir e crescer – irrefreavelmente. Nas palavras de David L. Altheide, não é o medo do perigo:

> Que é o mais crucial, mas sim aquilo no qual esse medo pode se transformar, o que pode se tornar... A vida social muda quando as pessoas vivem atrás de muros, contratam guardas, dirigem veículos blindados... andam com porretes e revólveres e têm aulas de artes marciais. O problema é que essas atividades reafirmam e ajudam a produzir um senso de desordem que é perpetuado por nossas ações.[3]

O medo nos estimula a assumir uma ação defensiva, e isso confere proximidade, tangibilidade e credibilidade às ameaças, genuínas ou supostas, de que ele presumivelmente emana. É nossa reação à ansiedade que reclassifica a premonição sombria como realidade cotidiana, dando ao espectro um corpo de carne e osso. O medo se enraíza em nossos motivos e propósitos, se estabelece em nossas ações e satura nossas rotinas diárias. Se dificilmente precisa de qualquer outro estímulo externo é porque as ações que incita dia após dia fornecem toda a motivação, toda a justificativa e toda a energia exigidas para mantê-lo vivo, expandindo-se e florescendo. Entre os mecanismos que afirmam seguir o sonho do moto-perpétuo, a autorreprodução do enredo do medo e das ações por ele inspiradas parecem ter um lugar de honra...

Mas isso constitui, é claro, uma ilusão – tal como sempre foi no caso de outros incontáveis mecanismos de *perpetuum mobile* que reivindicaram o milagre da autossuficiência em energia. O ciclo do medo e as ações por ele ditadas não prosseguiriam ininterruptamente nem ganhariam velocidade se não extraíssem sua energia dos *tremores existenciais*.

A presença desses tremores não é exatamente novidade. Os tremores existenciais têm acompanhado os seres humanos por toda a sua história, e nenhum ambiente social em que as atividades existenciais humanas foram conduzidas ofereceu segurança garantida contra os "golpes do destino" ("destino": expressão cunhada para separar os infortúnios imprevisíveis e inevitáveis das adversidades que *poderiam* ser previstas e evitadas). A ideia de "destino" implica não tanto a natureza peculiar dos golpes que traz quanto a *incapacidade humana* de prevê-los, que dirá preveni-los ou controlá-los. Implica a impotência e o infortúnio das vítimas, mais que a particular crueldade do dano e da perda. O "destino" distingue-se dos outros desastres por atacar sem aviso e por ser cego àquilo que suas vítimas fazem ou deixam de fazer para escapar aos seus golpes. O "destino" sempre representou a ignorância e a impotência humanas, e deve seu poder tremendamente assustador à falta de recursos de suas vítimas.

Talvez a única distinção dos medos atuais seja o *desacoplamento* entre as ações inspiradas pelo medo e os tremores existenciais que geraram os medos que, por sua vez, os inspiraram; o *deslocamento* dos medos, das brechas e fissuras das defesas humanas em que o "destino" é produzido e incubado para áreas da vida amplamente *irrelevantes* em relação à verdadeira fonte de ansiedade, mas em vez disso – consoladoramente – visíveis e alcançáveis. O problema é que, evidentemente, nenhuma quantidade de esforço investida nas áreas para as quais o medo foi deslocado poderá neutralizar ou bloquear suas verdadeiras fontes, e assim tende a se mostrar impotente em aplacar a ansiedade original, ainda que esse esforço possa ser honesto e engenhoso. É por essa razão que o círculo vicioso do medo e das ações por ele inspiradas (aparentemente preventivas ou defensivas) vai em frente sem perder nem um pouco do vigor – mas sem se aproximar do seu fim.

O círculo em questão foi deslocado, na atualidade, da esfera da segurança (ou seja, da autoconfiança e autossegurança, ou de sua ausência) para a da proteção (ou seja, do abrigo em relação às ameaças à própria pessoa e suas extensões, ou da exposição a elas). A primeira esfera, progressivamente despida dos mecanismos institucionais apoiados e garantidos pelo Estado, foi aberta às incertezas do mercado e transformada em um playground das forças globais operando no "espaço dos fluxos" que se estende além do alcance do controle político, e portanto também da capacidade de suas vítimas (já afetadas por suas ações ou temendo serem afetadas dentro em breve) de reagir adequadamente, muito menos resistir de maneira efetiva. As políticas comunalmente endossadas contra o infortúnio individual, que no curso do último século vieram a ser coletivamente conhecidas sob o nome de Estado ("do bem-estar") "social", agora estão sendo suprimidas, reduzidas abaixo do nível necessário para validar e sustentar a confiança na segurança, ou não mais consideradas capazes de sobreviver à próxima rodada de cortes.

Em um resumo das tendências mais recentes, Neal Lawson observa que o governo "se torna meramente a criada da economia global".[4] O Estado não é mais o senhor onipotente de seu território – nem em termos reais ou supostos, nem em sua prática ou em seus sonhos, nem em sua função atual ou em suas ambições mais ousadas. Lawson concorda com Thomas Frank em seu diagnóstico da ascensão contínua do "populismo de mercado", "com o mercado sendo agora visto como o derradeiro instrumento da democracia" e "cada indivíduo 'depositando seu voto' diariamente e todos os dias nos bens e serviços que lhe interessam".[5] "Por toda parte, a voz coletiva... é substituída por escolhas individualizadas atomizadas e competitivas."

A criada dos poderes econômicos globais ou não, o Estado não pode simplesmente enviar uma carta de demissão (a que endereço?), empacotar seus pertences e se retirar. Ele permanece a cargo da lei e da ordem dentro de seu território e continua responsável pela maneira como essa função é desempenhada. De forma paradoxal, é precisamente sua dócil e cada vez maior submissão a outros poderes, tanto dentro quanto fora de seu território, mas sempre fora de seu controle, que torna quase inescapável não apenas a retenção, mas a expansão, extensiva e também intensiva, de sua função de policiamento e proteção da ordem. "Ao liberar ainda mais o mercado e permitir que suas fronteiras penetrem no setor público, o governo tem de arcar com as contas do fracasso do mercado, de externalidades que este se recusa a reconhecer, e agir como uma rede de proteção para os inevitáveis perdedores das forças do mercado."[6]

Observe-se, porém, que não são apenas as ocasionais *falhas* de mercado que estimulam as atuais mudanças nas prioridades governamentais. A desregulamentação das forças de mercado e a submissão do Estado à globalização "negativa" unilateral (ou seja, globalização dos negócios, do crime ou do terrorismo, mas não das instituições políticas e jurídicas capazes de controlá-los) precisam ser pagas, e *diariamente*, na moeda da ruptura e devastação social: da fragilidade sem precedentes dos vínculos humanos, transitoriedade das lealdades comunais e debilidade e revogabilidade de compromissos e solidariedades – cujas consequências sobrecarregam os governos dos Estados com um fardo que não é menor que o das tarefas relacionadas ao estabelecimento, à manutenção e à operação diária do Estado social. É a *normalidade* permanente, e não as ocasionais falhas dos mercados desregulamentados e da globalização negativa, que estimula o crescimento, a um ritmo cada vez maior, das contas sociais que os governos se veem obrigados a pagar.

Como a rede de proteção dos direitos sociais está se enfraquecendo e não se confia que dure o tempo necessário para oferecer uma estrutura sólida para planos futuros, retorna o veneno da insegurança e do medo, que a visão do Estado social propunha eliminar de uma vez por todas – mas agora é obrigado a buscar outros remédios, e em outros lugares. Para citar Lawson mais uma vez: "Como não há mais nada a que recorrer, é provável que as pessoas abandonem totalmente a noção de coletivismo... e recorram ao mercado como árbitro da provisão." E os mercados, notoriamente, atuam em direção oposta às intenções do Estado social. O mercado prospera em condições de insegurança; ele aproveita os medos e o sentimento de desamparo dos seres humanos.

Com o progressivo desmantelamento das defesas mantidas pelo Estado contra os tremores existenciais, e os arranjos para a defesa conjunta, como sindicatos e outros instrumentos de barganha coletiva, seguindo a mesma maré sob a pressão de um mercado competitivo que solapa a solidariedade dos fracos, resta agora aos indivíduos procurar, encontrar e praticar soluções individuais para problemas socialmente produzidos – e fazê-lo mediante ações individuais, solitárias e empreendidas isoladamente, equipados com ferramentas de posse e operação individuais, e recursos evidentemente inadequados para a tarefa. Oferecendo o aumento da flexibilidade como único remédio para um volume já intolerável de insegurança, as mensagens provenientes dos *loci* do poder político apresentam perspectivas de ainda mais desafios e mais privatização dos problemas – e assim, em última instância, mais incerteza, e não menos. Deixam poucas esperanças de segurança existencial coletivamente garantida e, em vez disso, encorajam seus ouvintes a se concentrarem em sua segurança individual em um mundo cada vez mais incerto e imprevisível, e assim potencialmente perigoso.

Os onipresentes cuidados "do berço ao túmulo" podiam ser percebidos como opressivos, por vezes a um grau irritante. Comparados com variedades ainda não testadas, e portanto mais tentadoras, de produtos oferecidos pelo mercado, podem parecer monótonos, insípidos e opacos, sem "molho", desprovidos daquele mínimo de mudança, surpresa e desafio de que a vida necessita para se livrar do tédio insípido e imobilizante. Esse tipo de cuidado, do qual o "Estado social" é agora acusado, foi castigado por ser excessivo – ele provocava uma rebelião generalizada.

Afinada com os humores do público, Margaret Thatcher foi celebrada por lançar e conduzir um ataque frontal ao "Estado babá" sob o lema: "Quero um médico de minha escolha no momento que escolher." Como programa, isso provocou um coro de reações quando anunciado. A escolha parecia realmente um alívio bem-vindo em relação à rotina. Logo se descobriu, contudo, que as surpresas e os desafios propiciados pela escolha transpiravam um volume de incerteza perturbador, muitas vezes insustentável. A estrada que leva à escolha certa do médico e ao momento certo para a consulta se revelou, com certeza, menos monótona do que antes, mas repleta de obstáculos e armadilhas de uma variedade desconhecida, porém não menos alarmante e incômoda. Tendo investigado as salas de espera de hospitais e clínicas de cirurgia e conversado com um grande número de pacientes que esperavam ansiosamente a sua

vez, Jan Hoffman descobriu, por exemplo, que "na última década a mudança na conversa entre médico e paciente – de 'Isso está errado com você, eis o que fazer' para 'Aqui estão suas opções, o que você quer fazer?' – se tornou quase completa. Os *baby boomers** tiveram aquilo que pediram. E no entanto alguns deles..."[7]
Hoffman prossegue citando opiniões emitidas por pacientes desnorteados:

> É como estar num país estrangeiro. Você não fala a língua e está tentando encontrar o caminho...
> Quando um médico diz "Aqui estão suas opções", sem oferecer a ajuda e a avaliação de um especialista, essa é uma forma de abandono...
> Quer saber quem administra seu plano de saúde? Ninguém...

Sentir-se abandonado "em um país estrangeiro", sem saber que direção tomar e tendo consciência de que "ninguém" vai ajudá-lo a evitar um equívoco e compartilhar a responsabilidade por suas consequências, é – todos lhe dirão – uma experiência assustadora. A liberdade sem segurança não é menos perturbadora e pavorosa do que a segurança sem liberdade. As duas condições são ameaçadoras e impregnadas do medo – as alternativas entre a cruz e a espada.

A diferença entre hoje e aquele momento é que agora as duas situações foram tentadas – vivenciadas no tempo de uma geração. E ambas foram consideradas deficientes. O que agora sabemos, mas antes podíamos ignorar, é que, se em muitos aspectos as duas situações podem diferir entre si, o poder de gerar o medo não é um deles. O medo talvez seja agora mais profundo e assustador, já que parece não haver saída – pelo menos não o

---

* Membros da geração nascida no período de prosperidade entre 1946 e 1964, quando os casais tenderam a ter muitos filhos, os quais são considerados até hoje responsáveis por tendências e modismos nas áreas da política, da moda e dos costumes. (N.T.)

tipo de saída que parece confiável –, apesar da fervorosa busca por uma "terceira via". Claramente, não é óbvio o que os indivíduos – sobre os quais recai a tarefa de encontrar sozinhos soluções individuais para um dilema socialmente produzido, e depois empregar recursos individuais para colocá-las em prática – poderiam fazer para se libertarem de seus medos, que dirá evitarem ser atormentados por eles, para começo de conversa.

Reconhecidamente, o exemplo que usei para ilustrar essa condição difícil foi extraído de uma situação em que os indivíduos se sentiram particularmente vulneráveis, e que por esse motivo foi pintada em cores particularmente vívidas. O tema em discussão, porém, não se confina à saúde e aos cuidados médicos, nem pode a culpa pelo dilema "sem uma boa solução" ser lançada sobre a medicina (pelo menos, não só sobre ela). Problemas e preocupações semelhantes estão à espera dos indivíduos (selecionadores infalíveis por decreto, estrangeiros em um país estrangeiro por destino) em qualquer momento e lugar em que seus conhecimentos e habilidades forem inapropriados para lidar com a complexidade do mundo, ineptos em garantir a sabedoria de suas escolhas e dolorosamente insuficientes para controlar sua própria situação – e isso significa sempre e em toda parte. Em um momento de reflexão (se é que um momento assim pode ser encontrado e salvo em meio ao perpétuo e contínuo alvoroço), eles podem ponderar e concordar com a descrição de seu dilema feita por Woody Allen: "Mais que em qualquer momento da história, a humanidade está diante de uma encruzilhada. Um caminho leva ao desespero e à impotência absoluta. O outro, à total extinção. Rezemos para que tenhamos a sabedoria de escolher corretamente..."[8]

Como escreveram os editores da *Hedgehog Review* na introdução de um número especial dedicado ao medo, "na ausência do conforto existencial" as pessoas tendem a optar "pela proteção, ou pela aparência de proteção".[9]

A palavra inglesa *safety*[*] (ausente, aliás, na maioria das outras línguas europeias) evoca principalmente os aspectos pessoais – materiais, corporais – da segurança, de modo que a citação anterior insinua que as pessoas tendem a buscar uma solução para a *segurança de seus corpos e suas extensões*: seus lares e os conteúdos destes, as ruas pelas quais se movem seus corpos, vulneráveis e indefesos como parecem aos golpes que são particularmente assustadores e dolorosos por serem súbitos e inesperados. Mas já que é a ausência de "segurança existencial" (ou a falta de confiança em sua duração) que desencadeia todo o processo, as preocupações com proteção que as pessoas "buscam solucionar" não são a causa genuína dos problemas que instigam sua busca febril por essa solução.

A solução atual significa que, em primeiro lugar (na prática, o único), é do domínio da *proteção* que alguém hoje deseja e luta por eliminar o "destino". É nesse domínio que se luta pelo controle, o controle total e contínuo – esperando desesperançadamente possuir, ou adquirir, habilidades e recursos suficientes para alcançá-lo, de modo que a tarefa acabe se revelando realista e cedo ou tarde compense o investimento. Como resultado, os outros domínios que exsudam e difundem o medo permanecem inalcançados. Toda a esperança de controlá-los é abandonada – e corretamente, já que, enquanto a tarefa for empreendida individualmente, esses domínios de fato tenderão a permanecer incontroláveis.

O problema é que as ações que prometem ser efetivas tendem em geral a ser irrelevantes em relação às verdadeiras causas da ansiedade – enquanto as ações potencialmente relevantes permanecem obstinadamente ineficazes. Afinal de contas, o mais agudo dos "tremores existenciais" que solapam a confiança e alimentam os tormentos da incerteza são gestados em uma área inalcançável pelos instrumentos à disposição dos indivíduos, e assim estamos condenados a considerá-los incontroláveis. O ter-

---

[*] Neste texto, optamos em geral por traduzir "safety" por "proteção" – uma de suas possíveis acepções – e "security" por segurança. (N.T.)

reno sobre o qual repousam nossas perspectivas de vida é reconhecidamente instável e movediço – da mesma forma que nossos empregos e as empresas que os oferecem, nossos parceiros e nossas redes de amizade, a posição que ocupamos na sociedade mais ampla e a autoconfiança que a acompanha.

O "progresso", antes manifestação mais extrema do otimismo radical e promessa de felicidade permanente compartilhada de forma universal, está se transformando com rapidez em seu oposto, derivando em direção ao polo distópico e fatalista de nossas previsões. A ideia de "progresso" agora representa principalmente a ameaça de mudança implacável e inescapável, mas uma mudança suposta e não prevista com algum grau de certeza (ou, nesse sentido, receptiva a tal previsão), muito menos planejada. Em vez de augurar paz e alívio, as futuras mudanças pressagiam o esforço contínuo sem um momento de descanso, ameaçando apresentar exigências novas e desconhecidas e invalidar rotinas de enfrentamento aprendidas com dificuldade. A imagem do "progresso" está se transformando na probabilidade de um jogo de cadeiras interminável, no qual um instante de desatenção resultará em uma derrota irreversível e em uma exclusão irrevogável – ou em uma versão do *Weakest Link* encenada a sério. Sendo o verdadeiro significado de cada "passo à frente", como nesse *reality show*, a eliminação e a falência da pessoa mais lenta em realizá-lo. Em vez de grandes expectativas e doces sonhos, o "progresso" evoca noites sem sono cheias de pesadelos de ser deixado para trás – de perder o trem, cair da janela de um veículo em rápida aceleração, não estar mais à altura da tarefa ou ser avaliado desse modo por outros que se adaptaram mais rapidamente às novas circunstâncias. A exclusão é, afinal de contas, o *dejeto* do progresso. E fica-se a imaginar se é de fato a sua linha secundária ou principal de produção, o seu produto básico: sua função latente, e no entanto genuinamente essencial...

Há ainda mais razões para se ter medo. Uma delas pode ser localizada no déficit de regulação normativa. Sem nenhuma autoridade que ouse e/ou seja suficientemente poderosa para proclamar a universalidade das normas que prefere e deseja promover, e nenhuma capaz de assegurar a força obrigatória das normas por ela preferidas e promovidas, as regras orientadoras da interação humana são atiradas de volta ao caldeirão cultural logo que sugeridas. Cabe agora ao indivíduo, em grande medida, negociar por si mesmo soluções reconhecidamente *provisórias* e *locais* para suas discordâncias. Ainda que aceitas e temporariamente obedecidas por todos os envolvidos, não se pode confiar na permanência dessas soluções – seu controle sobre os signatários (para não mencionar os que se recusaram a assinar) é fraco e desigual, e todos eles precisam de uma vigilância ininterrupta – senão os outros protagonistas se retiram do acordo com ou sem aviso. Todos os compromissos são "até segunda ordem" – e não está claro quem está capacitado a dar essa "ordem", muito menos sob que circunstâncias e por que motivo. Na ausência de orientações claras, pode-se presumir que uma sucessão de tentativas e erros, embora notória por seus riscos e armadilhas, é a segunda melhor opção. Apenas para ficar onde está e manter-se no lugar que alcançou, você precisa correr, e correr, e correr. Você é pressionado e persuadido e instigado e estimulado a se manter em movimento, ou então... Do contrário será ultrapassado e deixado para trás.

A velocidade extrema das mudanças da moda é apenas um exemplo – tediosamente óbvio, banal: no momento em que você fez sua declaração, calculada com cuidado, de identidade e aspiração, ajustando de forma meticulosa todos os elementos de sua aparição em público, do penteado aos sapatos e "acessórios", esses elementos perdem ou invertem seus significados: estes se dissolvem mais depressa do que o tempo que se leva para articulá-los e absorvê-los. Os rodopios da moda engolem e devoram tudo à sua volta. Você pensava, por exemplo, que tinha finalmente composto seu lar ideal, realizado todos os toques finais, pagado as dívidas dos cartões de crédito que isso exigiu, e que agora poderia sentar-se, apreciar a vista e se orgulhar por ter conseguido?

Bem, pense novamente. "Hoje está aqui, amanhã já se foi", reflete Caroline Roux, especialista do *Guardian* e consultora versada em matéria de lar/design/imóveis.

Pode estar errado, mas os interiores estão se tornando tão propensos a reviravoltas em um piscar de olhos quanto o mundo da moda.
O último item a entrar nessa lista de aposentados é o candelabro. Eu sei. Sinto muito. Especialmente depois de todo o trabalho que você teve...
Persianas de madeira, pisos de madeira: não espere que durem para sempre, pelo menos não em termos de credibilidade. Eles não são mais bens de consumo duráveis.[10]

Vá lá e retire o assoalho, então, e as janelas, e... Será que restou algum "bem de consumo durável"? "Bem de consumo durável": será que isso não se tornou um paradoxo, uma contradição em termos?

Escrevendo no apogeu da fase "sólida" da modernidade e desenvolvendo a memorável distinção de Basil Bernstein entre códigos "restritos" e "elaborados", Mary Douglas sugeriu que, enquanto a criança nas famílias de classe trabalhadora "é controlada pelo desenvolvimento contínuo de um senso de padrão social", tendo a pergunta "que devo fazer?" respondida regularmente com breves lembretes dos padrões irrevogavelmente registrados em um lugar na hierarquia de poder ("porque assim digo eu"), de gênero ("porque você é um menino"), de antiguidade ("porque você é o mais velho") etc., nas famílias de classe média "o controle é efetuado por meio da manipulação verbal de sentimentos ou pelo estabelecimento de razões que ligam a criança a seus atos".[11] Douglas concluiu que "dessa maneira a criança é liberada de um sistema de posições rígidas, mas aprisionada num sistema de sentimentos e princípios abstratos". Escrevendo na década de 1960, Douglas podia acreditar que os dois códigos eram simplesmente instrumentos alternativos de controle *efetivo*, e que o eram graças à capacidade de ambos de recorrer com verossimilhança a algo *estável*, rígido, refratário e inquestionável – a estrutura social no primeiro caso, princípios abstratos no segundo.

As classes médias, vale comentar, nunca tiveram o (duvidoso) luxo de usar como referência o tipo de necessidade inflexível que só uma estrutura social rígida pode forjar. Afinal, as classes *médias* extraíram seu nome do fato de se situarem "a meio caminho": no terreno do *meio*, e por essa razão ambíguo – entre os dois "polos magnéticos" das duas categorias sociais polares. Assim situadas, sempre enfrentaram certo grau de "indeterminação" desconhecido de outras classes, assim como um constante desafio a reafirmar sua condição – um tipo de desafio que os membros de outras classes não enfrentavam (há muito pouco que os aristocratas *precisem* fazer para manter sua identidade, enquanto as classes baixas *podem* fazer muito pouco para mudá-la; só as classes médias é que devem trabalhar duro para permanecerem o que são). Embora estruturalmente indeterminadas, no passado as classes médias puderam, não obstante, usar como arma a invocação de algo igualmente sólido e unificador: as *regras* sólidas chamadas "princípios" – e tratar essa invocação como um instrumento efetivo de controle. Mas nenhuma das duas alternativas "sólidas" que serviam de referência na época em que Mary Douglas escreveu *Natural Symbols* pode agora ser considerada tão sólida e adotada de maneira tão ampla (quer de bom grado ou com ressentimento) quanto o era no auge da era sólido-moderna.

Poucas pessoas hoje em dia estariam prontas a reclamar para suas próprias escolhas *pessoais* o tipo de autoridade irresistível que antes emanava da ordem *socialmente* imposta – e se o fizessem, seria remota a chance de sua autoridade ser aceita e obedecida. Os ambientes sociais para as atividades existenciais dos homens e mulheres contemporâneos agora lembram mais um cenário de guerra perpétua, com inumeráveis batalhas e incursões de reconhecimento montadas e travadas diariamente. Batalhas que tendem a ser voltadas não tanto para a promoção de um código de comportamento consistente e durável – muito menos para promover um código com pretensões à aceitação universal – quanto para testar os limites (se é que existem) da escolha individual permissível e realista, e para avaliar a extensão do terreno a ser ganho dentro ou fora desses limites. Quando o déficit de legitimidade se torna a característica de todas as requisições e reivindicações, as ações empreendidas em seu nome e no seu interesse, antes percebidas como as únicas expressões adequadas da imutável, incontestável e irresistível ordem das coisas, tendem a ser reclassificadas aos olhos do público como atos de imposição e, portanto, de *violência* – ou seja, uma espécie de coerção *i*legítima. Resulta disso a impressão generalizada de um volume rapidamente crescente de violência: outra fonte prolífica dos medos contemporâneos.

Os medos desse tipo são espalhados e difundidos por todo o espectro de atividades existenciais. Suas fontes permanecem ocultas e resistem firmemente a serem mapeadas – o mistério que envolve essas fontes aumenta ainda mais seu potencial de inspirar o medo. Se apenas pudéssemos concentrar nossas apreensões, assim como as ações voltadas a mitigar a dor que elas causam, em um objeto que pudesse ser localizado de modo fácil e não ambíguo, e que fosse, ao que se espera, possível de tratar e portanto, ao menos em princípio, passível de controle! Enquanto os medos resistirem a ser focalizados dessa forma, estaremos destinados a tatear às cegas. Talvez ficar perto de lugares mais iluminados seja a escolha menos aterrorizante, mesmo que no final se revele inútil.

Exasperados pela incapacidade de reduzir o ritmo atordoante da mudança, muito menos predizer ou determinar sua duração, tendemos a nos concentrar nas coisas que podemos, ou acreditamos poder, ou estamos seguros de que podemos, influenciar. Tentamos calcular e minimizar o risco de cairmos vítimas dos perigos que são mais fáceis de localizar, os mais flexíveis e manejáveis, entre todos os inúmeros e incontáveis perigos que, ao que suspeitamos, o mundo opaco e seu futuro incerto têm em estoque. Ocupamos o tempo buscando "os sete sinais do câncer" ou "os cinco sintomas da depressão", ou ainda exorcizando o espectro da alta pressão sanguínea e do alto nível de colesterol, estresse ou obesidade. Em outras palavras, procuramos alvos substitutos para descarregar o medo existencial excedente que teve cortado o acesso a seu escoadouro natural, e encontramos alvos paliativos ao tomarmos precauções minuciosas contra a inalação da fumaça do cigarro de outra pessoa, a ingestão de comidas gordurosas ou de bactérias "ruins" (enquanto ingerimos avidamente líquidos que prometem conter as "boas"), a exposição ao sol ou o sexo sem proteção. Aqueles de nós que podem arcar com isso se fortificam contra perigos visíveis ou invisíveis, atuais ou previstos, conhecidos ou ainda não, dispersos, mas ubíquos, desintoxicando o interior de nossos corpos e lares, trancando-nos atrás de muros, cercando os acessos a nossas residências com câmaras de TV, contratando guardas armados, dirigindo veículos blindados ou tendo aulas de artes marciais.

"O problema", contudo, para relembrar a advertência de David L. Altheide, "é que essas atividades reafirmam e ajudam a produzir o senso de desordem que nossas ações precipitam". Cada chave extra na porta de entrada em resposta a sucessivos rumores sobre criminosos de aparência estrangeira enrolados em mantos cheios de punhais, ou cada revisão de nossa dieta em resposta a outro "pânico alimentar", faz o mundo parecer *mais* traiçoeiro e assustador, e instiga *mais* ações defensivas que acrescentarão ainda *mais* vigor à capacidade do medo de se autopropagar.

Grande quantidade de capital comercial pode ser – e tem sido – acumulada a partir da insegurança e do medo. "Os publicitários", por exemplo, comenta Stephen Graham, "têm explorado deliberadamente os medos generalizados de uma catástrofe terrorista para aumentar as vendas dos SUVs*, altamente lucrativos."[12] Esses monstros quase militares beberrões de gasolina, grosseira e erroneamente chamados de "veículos utilitários esportivos", que em um certo ponto chegaram a representar 45% das vendas de veículos nos Estados Unidos, estão sendo incorporados à vida cotidiana como "cápsulas defensivas". O SUV é:

> Um significante de segurança que, tal como as comunidades fechadas onde tão frequentemente são vistos, é apresentado nos anúncios como sendo imune à vida urbana do lado de fora, arriscada e imprevisível... Tais veículos parecem aliviar o medo que sentem as classes médias urbanas ao se movimentarem – ou fazerem fila no trânsito – na cidade que é o seu "lar".

Eduardo Mendietta é ainda mais mordaz em sua análise da mensagem transmitida pelo súbito amor que os norte-americanos dedicam aos SUVs (ou "Hummers"):

> Antes que o Hummer se popularizasse, já tínhamos a imagem de um veículo que seria excepcionalmente blindado e equipado para ocupar as selvas de concreto e violência urbana – esse era o carro blindado do campo de batalha. O Hummer... simplesmente aproveita uma necessidade já produzida: a de estar preparado para se movimentar pela cidade em chamas, a cidade em ruínas da agitação urbana pós-anos 1960... [O SUV está] assumindo e insinuando, sem muita dissimulação, que a cidade é um campo de batalha e uma selva para conquistar e se evadir.[13]

O SUV é apenas um exemplo dos possíveis usos comerciais dos medos, desde que permaneçam "desacoplados" de suas fontes, flutuantes, difusos, indefinidos e sem foco. Muitas pessoas darão um braço e uma perna pelo conforto de saber do que de-

---

* Sigla em inglês para Sport Utility Vehicle. (N.E.)

vem ter medo e pela satisfação de terem feito todo o possível para agir de acordo com esse conhecimento. Tal como dinheiro líquido pronto para qualquer tipo de investimento, o capital do medo pode ser direcionado a qualquer tipo de lucro – comercial ou *político*. E o é.

Enquanto a proteção pessoal se tornou um grande ponto de venda, talvez *o* maior, nas estratégias de marketing de mercadorias de consumo, a garantia da "lei e ordem", cada vez mais confinada à promessa de proteção pessoal, se tornou um grande ponto de venda, talvez *o* maior, tanto nos manifestos políticos quanto nas campanhas eleitorais – ao mesmo tempo em que as ameaças à segurança pessoal foram promovidas à posição de grande trunfo, talvez *o* maior, na guerra de audiência dos veículos de comunicação de massa, aumentando ainda mais o sucesso dos usos comerciais e políticos do medo. (Como diz Ray Surette, o mundo visto pela TV parece constituído de "cidadãos-ovelhas" protegidos de "criminosos-lobos" por "policiais-cães pastores".)[14]

Há, na verdade, várias maneiras de aproveitar os crescentes suprimentos do medo que flutuam livremente, sem âncora nem foco. Por exemplo, ganhando legitimidade e aprovação política ao fortalecer a máquina governamental para declarar guerra ao crime e, mais genericamente, aos "distúrbios da ordem pública" (uma categoria ampla e, nos ambientes líquido-modernos, sem fundo, capaz de acomodar toda a gama dos desconfortáveis "outros" – de sem-teto dormindo ao relento a alunos gazeteiros).

Loïc Wacquant sugeriu recentemente que "o carrossel da segurança é para a criminalidade o que a pornografia representa para as relações amorosas",[15] pois ignora totalmente as causas e o significado de seus aparentes objetos e reduz seu tratamento a assumir "posições" escolhidas unicamente em virtude de serem espetaculares – e porque é exposto ao público não no seu próprio interesse, mas em benefício da publicidade. A exposição pública condensa a atenção sobre "mendigos reincidentes na impertinência, refugiados em deslocamento, imigrantes a serem expulsos, prostitutas nas calçadas e outros tipos de dejetos sociais que povoam as ruas das metrópoles para o desgosto das 'pessoas decentes'. Por esse motivo, a batalha contra o crime é apresentada como um 'excitante espetáculo midiático-burocrático'."

Seria fútil ou insano negar a realidade do crime e dos perigos a ele relacionados. A questão é, contudo, que o peso do crime entre todas as outras questões de interesse público tende a ser avaliado, tal como o de outros alvos da atenção do público, pela extensão e intensidade da publicidade que lhe é concedida, e não por suas qualidades inatas. O vívido retrato do fenômeno da "celebridade" pintado por Joseph Epstein captura de maneira semelhante os aspectos mais conspícuos do fascínio exercido pela proteção – essa, por assim dizer, "celebridade negativa" genérica da era líquido-moderna. "Muito da celebridade moderna", sugere Epstein, "parece resultar da promoção cuidadosa". A celebridade baseia-se "na transmissão" de uma façanha, mas também "na invenção de alguma coisa que, se não for examinada muito de perto, pode passar por uma façanha". E ele conclui: "Grande parte das atuais celebridades flutuam num '*hype*' que é na verdade um combustível de publicista usado para abastecer e fazer flutuar algo que não chega sequer a existir."[16] Também nos lembramos dos comentários similares de Ulrich Beck sobre as características dos riscos contemporâneos: já que a maioria dos perigos atuais é inacessível à fiscalização do público e não pode ser confiavelmente confirmada ou negada com os meios ao alcance das pessoas, eles podem ser facilmente "inseridos" nas crenças públicas ou delas "excluídos". E na batalha das opiniões os mais poderosos em matéria de radiodifusão têm mais chances de vencer.

O novo individualismo, o desvanecimento dos vínculos humanos e o definhamento da solidariedade estão gravados em um dos lados da moeda que traz do outro a efígie da globalização. Em sua forma atual, puramente negativa, a globalização é um processo parasitário e predatório que se alimenta da energia extraída dos corpos dos Estados-nação e outros dispositivos de proteção de que seus súditos já usufruíram (e dos quais ocasionalmente foram vítimas) no passado. Na visão de Jacques Attali, as nações organizadas em Estados agora "estão perdendo sua influência sobre o curso geral das coisas e abandonando à globalização todos os meios de dirigir o destino do mundo e de resistir às muitas formas que o medo pode assumir". Ou, como assinala Richard Rorty:

> O fato central da globalização é que a situação econômica dos cidadãos dos Estados-nação saiu do controle das leis do Estado... Temos agora uma superclasse global que toma todas as decisões econômicas importantes, e o faz de forma totalmente independente das legislaturas e, *a fortiori*, do desejo dos eleitores de qualquer país... A ausência de uma comunidade global politicamente organizada significa que os super-ricos podem operar sem nenhuma preocupação com quaisquer interesses outros que não sejam os seus. Estamos correndo o perigo de ficar com apenas dois grupos sociais genuinamente globais e internacionais: os super-ricos e os intelectuais, ou seja, as pessoas que participam de conferências internacionais dedicadas a avaliar os danos causados por seus colegas cosmopolitas super-ricos.[17]

Rorty poderia adicionar um terceiro "grupo social" à lista dos cosmopolitas, abrangendo traficantes de drogas, terroristas e outros criminosos de todo tipo, com exceção dos mais humildes e relativamente menos ameaçadores.

E também poderia qualificar sua descrição do ramo intelectual dos cosmopolitas. Um bom número deles participa de conferências internacionais destinadas a celebrar a glória da nova "superclasse global", e não a tentar avaliar os danos que ela causou e causa. Eles seguem estritamente (e algumas vezes precedem, como tratores) o itinerário global dos "super-ricos". São descritos geralmente pelo termo "neoliberais". A mensagem e as práticas que tentam tornar globais são conhecidas pelo nome de "neoliberalismo" – uma ideologia que aspira a se tornar, nas memoráveis palavras de Pierre Bourdieu, *la pensée unique* dos habitantes do planeta Terra. O neoliberalismo, para usar a expressão mordaz de John Dunn, é uma "aposta no mais forte" – "uma aposta nos ricos, em certa medida forçosa naqueles com a boa sorte de já serem ricos, mas acima de tudo nos que têm capacidade, coragem e sorte para assim se tornarem".[18] Os neoliberais, no resumo que Lawrence Grossberg faz dessa ideologia:

> Tendem a acreditar que, já que o livre mercado é o sistema de escolha mais racional e democrático, cada domínio da vida humana deve se abrir às forças do mercado. No mínimo, isso significa que o governo deve parar de prover serviços que seriam mais bem fornecidos se fossem abertos ao mercado (incluindo, presumivelmente, vários serviços sociais e dispositivos previdenciários)...
> Finalmente, os neoliberais são individualistas radicais. Qualquer apelo a grupos maiores... ou à própria sociedade não é apenas sem sentido, mas também um passo na direção do socialismo e do totalitarismo.[19]

Essa chantagem ideológica ajuda a globalização negativa a avançar com suavidade. Poucos líderes políticos são suficientemente corajosos ou habilidosos para aguentar a pressão; e se o fazem, devem contar com adversários formidáveis: a aliança entre os dois ramos da "superclasse global" – o capital extraterritorial e seus acólitos neoliberais. Salvo por algumas exceções (notadamente nórdicas), a maioria dos políticos fica com a opção mais fácil: a fórmula NEOA – "não existe outra alternativa". E no entanto, como Polly Toynbee[20] nos relembrou recentemente: "As pessoas são levadas a presumir que não há alternativa a algumas forças econômicas malignas que se encontram além do controle. A verdade é que a penúria e a ambição constituem escolhas políticas, e não um destino econômico; podemos ser nórdicos, e não norte-americanos, e podemos ser empregadores como John Lewis, e não como Gate Gourmet."*

A despeito de todos os acréscimos que poderiam ser feitos ao supracitado veredicto de Rorty, sua mensagem principal é incontestável. De fato, a sociedade não é mais protegida pelo Estado de maneira adequada – ela agora está exposta à rapacidade de forças que o Estado não controla nem mais espera ou pretende recapturar e submeter – não sozinho, nem mesmo em combinação com vários outros Estados igualmente impotentes.

É principalmente por isso que os governos dos Estados, lutando dia após dia para resistir às tormentas que ameaçam devastar seus programas e políticas, vão tropeçando de uma campanha de administração da crise e um conjunto de medidas de emergência para outro, sonhando nada mais que permanecer no poder depois da próxima eleição, e sob outros aspectos desprovidos de programas ou ambições de maior alcance – para não mencionar visões de uma solução radical dos problemas recorrentes da nação. "Aberto" e cada vez mais indefeso de ambos os lados, o Estado-nação perde boa parte de seu poder, que agora se evapora no espaço global, e muito de sua perspicácia e destreza política, agora crescentemente relegadas (ou despejadas?) à esfera da "política de vida" individual, e (para usar o jargão político atual) "terceirizadas" a indivíduos, homens e mulheres. O que possa ter permanecido da política e do poder que antigamente estavam a cargo do Estado e de seus órgãos tem se reduzido gradualmente a um volume que talvez seja suficiente para guarnecer uma grande delegacia de polícia equipada com tecnologia de ponta em termos de vigilância – e fica nisso. O Estado reduzido dificilmente poderia conseguir ser algo mais que um *Estado da proteção pessoal*.

---

* John Lewis é uma loja de departamentos britânica e a Gate Gourmet, empresa supranacional à qual a British Airways "terceirizou" recentemente seus serviços de fornecimento de alimentação, despediu há pouco tempo de forma sumária 670 empregados depois de eles entrarem em greve contra a contratação de mão de obra mais barata oferecida pela agência Blue Arrow de serviços temporários. (N.E.)

A retirada do Estado da função na qual, em grande parte do século passado, se fundamentaram suas mais persuasivas reivindicações de legitimidade reabriu a questão de sua legitimação política. Não se pode atualmente construir um consenso a respeito de cidadania ("patriotismo constitucional", para usar a expressão de Jürgen Habermas), como foi prometido não faz muito tempo, sobre as garantias de proteção contra os caprichos do mercado, notório por provocar tremores em pessoas de qualquer posição social e ameaçar os direitos de todos à autoestima e à dignidade pessoal.

Em tais circunstâncias, é preciso encontrar urgentemente uma legitimação alternativa para a autoridade do Estado, e outra fórmula para os benefícios da cidadania conscienciosa. Não surpreende que a autoridade do Estado esteja sendo procurada na proteção contra os perigos à *segurança pessoal*. Na fórmula política do Estado da segurança pessoal, o espectro de um futuro incerto e da degradação social contra os quais o então Estado *social* jurou, não muito tempo atrás, garantir seus cidadãos está sendo substituído, de modo gradual mas consistente, pela ameaça de um pedófilo à solta, de um *serial killer*, de um mendigo agressivo, de um assaltante, de um molestador, de um gatuno, de um envenenador de água e alimentos, de um terrorista – ou, melhor ainda, por todas essas ameaças transformadas numa só, nas figuras intercambiáveis da "subclasse" nativa ou do imigrante ilegal, um corpo estranho do berço ao túmulo e para sempre um potencial "inimigo interno", contra o qual a segurança do Estado promete defender seus súditos com unhas e dentes.

Em outubro de 2004, a BBC2 transmitiu um documentário em série intitulado *The Power of Nightmares: The Rise of the Politics of Fear* [*O poder dos pesadelos: a ascensão da política do medo*].[21] Adam Curtis, roteirista e produtor da série, um aclamado responsável por programas da televisão britânica caracterizados pela seriedade, assinalou que, embora o terrorismo global seja um perigo extremamente real e continuamente reproduzido na "terra de ninguém" da imensidão global, grande parte de sua ameaça oficialmente estimada, se não toda ela, "é uma fantasia que tem sido exagerada e distorcida pelos políticos. Trata-se de uma ilusão sombria que se espalhou sem questionamento pelos governos de todo o mundo, além dos serviços de segurança e da mídia internacional". Não seria difícil encontrar as razões para a rápida e espetacular carreira dessa particular ilusão: "Numa época em que todas as grandes ideias perderam credibilidade, o medo de um inimigo fantasma é tudo que restou aos políticos para manterem seu poder."

Numerosos sinais da iminente mudança da legitimação do Estado pelo poder para a do Estado da proteção pessoal podiam ser percebidas bem antes do 11 de Setembro – ainda que as pessoas precisassem, ao que parece, que o choque provocado pela queda das torres de Manhattan fosse reproduzido em câmera lenta por meses a fio em milhões de telas de TV para que a notícia submergisse e fosse absorvida, e para que os políticos transformassem as ansiedades existenciais populares numa nova fórmula política. Não foi mera coincidência que (segundo Hughes Lagrange) os "pânicos de segurança" mais espetaculares e os mais estridentes alarmes sobre o aumento da criminalidade – juntamente com reações ostensivamente duras da parte dos governos e manifestadas, entre outras maneiras, no rápido incremento da população carcerária ("a substituição do Estado social pelo Estado prisional", nas palavras de Lagrange) – tenham ocorrido desde meados da década de 1960 nos países menos desenvolvidos em matéria de serviços sociais (como Espanha, Portugal ou Grécia) e naqueles em que a previdência social começou a ser drasticamente reduzida (como Estados Unidos e Grã-Bretanha).[22] Nenhuma pesquisa realizada até o ano 2000 mostrou qualquer correlação entre a severidade da política penal e o volume de atos criminosos, embora a maioria dos estudos tenha de fato descoberto uma forte correlação (negativa) entre a "pressão de encarceramento", por um lado, e "a proporção de previdência social independente do mercado" juntamente com "a parcela do PIB destinada a esse propósito", de outro. No final das contas, o novo foco sobre o crime e os perigos que ameaçam a segurança corporal dos indivíduos e suas propriedades se revelou, para além da dúvida razoável, intimamente relacionado ao aumento do "sentimento de vulnerabilidade [social]", seguindo de perto o ritmo da desregulamentação econômica e da correspondente substituição da solidariedade social pela autoconfiança individual.

O excesso não marca apenas as operações explicitamente antiterroristas – ele também se evidencia nos alertas e advertências que a coalizão antiterror dirige a suas próprias populações. Como Deborah Orr observou há pouco tempo, muitos voos foram interceptados, mas nada se descobriu que indicasse estarem sob ameaça. "Os tanques e soldados ficaram estacionados em frente a [o aeroporto de] Heathrow, embora acabassem se retirando sem encontrar coisa alguma."[23] Ou veja-se o caso da "fábrica de ricina", cuja descoberta foi pública e tonitruantemente anunciada em 2003: foi "trombeteada como 'evidência poderosa da permanente ameaça terrorista', embora no final a fábrica de germes com finalidade bélica de Porton Down não conseguira provar que tivesse havido qualquer quantidade de ricina no apartamento apresentado como importante base terrorista". E finalmente, "embora 500 pessoas [até fevereiro de 2004] tenham sido presas com base nas novas leis contra terroristas, só duas foram condenadas" (e observemos: apesar de minúscula, essa proporção ainda é infinitamente maior que a dos condenados entre os prisioneiros de Guantánamo após vários anos de encarceramento sem acusação).

Embora o secretário do Interior britânico Charles Clarke evidentemente esteja certo ao advertir que é "absolutamente tolo" imaginar que não haverá outro atentado terrorista em Londres, as medidas tomadas pelo governo para enfrentar o terrorismo parecem ter sido calculadas para aprofundar ainda mais o sentimento de emergência e o complexo de "fortaleza sitiada", em vez de reduzir a probabilidade de ocorrer outra atrocidade dessa natureza. Como sugeriu Richard Norton-Taylor, editor de segurança do *Guardian*, "existe o perigo real de que o anúncio dos 12 pontos do primeiro-ministro – as novas medidas de prisão e deportação contra suspeitos de terrorismo, as quais se desviam amplamente dos procedimentos judiciários consagrados – "venha a ser contraproducente, alienando as próprias pessoas que o governo – e não menos as agências [de segurança e inteligência] – precisam ter do seu lado".[24]

Deborah Orr sugere que, à luz de tais fragilidades, a hipótese de que haja poderosos interesses comerciais contribuindo para instigar o pavor ao terrorismo merece pelo menos algum crédito. Com efeito, há indicações de que a "guerra contra o terrorismo", em vez de combater a proliferação mundial do comércio de armas leves, fez com que este aumentasse consideravelmente (e os autores de um relatório conjunto da Oxfam e da Anistia Internacional advertem que as armas leves são "as verdadeiras armas de destruição em massa", já que matam meio milhão de pessoas a cada ano).[25] Os lucros obtidos por produtores e comerciantes americanos de "objetos e dispositivos de autodefesa" a partir dos medos populares, por sua vez amplificados pela própria ubiquidade e alta visibilidade desses objetos e dispositivos, têm sido amplamente documentados. Da mesma forma, deve-se repetir que o principal e mais poderoso produto da guerra travada contra os terroristas acusados de fomentar o medo tem sido, até agora, o próprio medo.

O outro produto colateral da guerra, igualmente prolífico, são os limites impostos às liberdades pessoais – alguns dos quais desconhecidos desde os tempos da Magna Carta. Conor Gearty, professor de direitos humanos da London School of Economics, listou um longo inventário de leis limitadoras das liberdades humanas e já aprovadas na Grã-Bretanha sob a rubrica de "legislação antiterrorista", e concorda com a opinião de outros numerosos comentadores preocupados com o fato de que não está absolutamente garantido que "nossos direitos civis ainda se mostrem presentes quando tentarmos passá-los para nossos filhos".[26] Até agora o Judiciário britânico tem concordado, com poucas (embora avidamente divulgadas) exceções, com a política governamental de que "não há alternativa à repressão" – e assim, como conclui Gearty, "somente os idealistas liberais" e outros simpatizantes igualmente iludidos "têm a expectativa de que a justiça conduza a sociedade" na defesa das liberdades civis nestes "tempos de crise".

Enquanto escrevo estas palavras, ainda não houve uma resposta do Judiciário à tática de "atirar para matar" adotada pela Polícia Metropolitana – a mesma que, em sua primeira aplicação, levou à morte do brasileiro Jean Charles de Menezes, cuja única culpa foi ter sido (falsamente) identificado pela polícia como potencial homem-bomba e que, ao contrário da explicação *a posteriori*, jamais fugiu da polícia nem pulou a roleta. Na verdade, hoje em dia é preciso se precaver em relação a novos atentados terroristas. Mas também precisamos olhar com suspeita os guardiões da ordem que podem nos tomar (equivocadamente) por um portador dessa ameaça...

Os relatos dos feitos sombrios nos campos de prisioneiros de Guantánamo ou Abu Ghraib, isolados não apenas de visitantes, mas do alcance de qualquer tipo de lei – nacional ou internacional – e do lento mas inexorável declínio rumo à desumanidade que homens e mulheres designados para supervisionar essa ilegalidade podem exercer, foram divulgados pela imprensa de forma suficientemente ampla para precisarmos repeti-los aqui.[27] Faz-se necessário, contudo, assinalar que as atrocidades reveladas e divulgadas não foram incidentes isolados nem tampouco "acidentes de trabalho". De acordo com tudo que ficamos sabendo *ex post facto* (embora ainda não possamos jurar que conhecemos a história toda), eles foram cuidadosamente planejados e seus executores diligentemente treinados com técnicas de última geração exigidas pela tarefa. A ciência moderna e seus porta-vozes foram utilizados para atualizar as técnicas de tortura:

Os médicos da baía de Guantánamo, em Cuba, ajudaram os interrogadores a conduzir e refinar os interrogatórios coercitivos aplicados aos detentos, incluindo fornecer aconselhamento sobre como aumentar os níveis de estresse e explorar os medos... O programa foi explicitamente planejado para aumentar o medo e a perturbação entre os detentos... Os militares recusaram-se a dar permissão para que o [New York] *Times* entrevistasse o pessoal médico no campo isolado de Guantánamo... O punhado de ex-interrogadores que falou com o *Times* sobre as práticas empregadas em Guantánamo o fez sob a condição do anonimato; alguns disseram ter recebido a ajuda dos médicos com satisfação.[28]

O general Ricardo S. Sanchez, "o comandante norte-americano no Iraque durante o escândalo dos abusos na prisão de Abu Ghraib", foi promovido pelo secretário de Defesa Donald H. Rumsfeld a uma nova posição de destaque no comando do Exército. Como comentaram os repórteres do *New York Times*, a promoção "parece refletir a crescente confiança de que os militares deixaram para trás o escândalo dos abusos".[29]

"Não há novos monstros aterrorizantes. Ele está extraindo do medo o veneno", observou Adam Curtis.[30] Os medos lá estão, saturando a vida cotidiana dos seres humanos na medida em que a desregulamentação do globo atinge seus alicerces mais profundos e os bastiões defensivos da sociedade civil se desmantelam. Os medos estão lá, e recorrer a seus suprimentos aparentemente inesgotáveis e autorreprodutíveis a fim de reconstruir um capital político exaurido é uma tentação a que muitos políticos consideram difícil de resistir.

Bem antes do 11 de Setembro, entregar-se a tal tentação, juntamente com seus formidáveis benefícios, era algo que já tinha sido bem ensaiado e testado. Em um estudo que recebeu o título, ao mesmo tempo adequado e mordaz, de "The Terrorist, Friend of State Power" [O terrorista, amigo do poder do Estado], Victor Grotowicz analisou os usos, pelo governo da

República Federal da Alemanha, dos atentados terroristas perpetrados pela Facção do Exército Vermelho numa época em que os "trinta anos gloriosos" do Estado social começavam a mostrar os primeiros sinais de proximidade do fim.[31] Ele descobriu que, enquanto em 1976 apenas 7% dos cidadãos alemães consideravam a segurança pessoal como um assunto político importante, dois anos depois uma considerável maioria daquela população achava esse tema mais relevante do que a luta contra o desemprego crescente e a inflação galopante. Durante aqueles dois anos, a nação assistiu pelas telas de TV a imagens que mostravam as forças da polícia e do serviço secreto em rápida expansão, e ouviu as propostas, cada vez mais audaciosas, de políticos que tentavam sobrepujar um ao outro ao prometerem medidas sempre mais duras e severas a serem empregadas na guerra total contra os terroristas.

Grotowicz também descobriu que, embora o espírito liberal que inspirou a ênfase da Constituição alemã nos direitos individuais tivesse sido sub-repticiamente substituído pelo autoritarismo de Estado antes tão deplorado, e conquanto Helmut Schmidt agradecesse publicamente aos advogados por deixarem de contestar nos tribunais a constitucionalidade das novas resoluções do Bundestag, a nova legislação serviu principalmente aos terroristas, aumentando sua visibilidade pública (e portanto, indiretamente, sua estatura social) a um nível muito superior àquele que eles poderiam alcançar por si próprios. Segundo as conclusões compartilhadas pelos pesquisadores, a violenta reação das forças da lei e da ordem incrementou enormemente a popularidade dos terroristas. Somos forçados a suspeitar que a função manifesta dessas novas e inflexíveis políticas, declaradamente a erradicação da ameaça terrorista, estava em segundo plano em relação à sua função latente, que era o esforço para mudar as bases da autoridade do Estado de áreas que este não podia, não ousava nem pretendia efetivamente controlar para uma outra – onde seus poderes e sua determinação para agir poderiam ser espetacularmente demonstrados, para os aplausos do público.

O resultado mais evidente da campanha antiterrorista foi o rápido crescimento do volume de medo a saturar a sociedade alemã. Quanto aos terroristas, alvo declarado da campanha, aproximou-os ainda mais do que poderiam ter sonhado de seu objetivo, ou seja, solapar os valores que sustentam a democracia. A maior ironia foi que o colapso final da Facção do Exército Vermelho, e seu desaparecimento da vida alemã, não foi provocado pela ação repressiva da polícia, mas pela mudança das condições sociais, não mais propícias ao *Weltanschauung** dos terroristas e suas práticas.

Mais ou menos o mesmo pode ser dito da triste história do terrorismo na Irlanda do Norte, obviamente mantido vivo e, até certo ponto, crescendo em termos de apoio popular graças, em larga medida, à dura reação militar dos britânicos. Seu fim pode ser atribuído mais ao milagre econômico irlandês e a um fenômeno psicológico semelhante à "fadiga do metal" do que a qualquer coisa que os contingentes do Exército britânico mantidos por tanto tempo na Irlanda do Norte tentaram, puderam ou foram capazes de fazer.

O Estado da proteção pessoal, último substituto do atormentado Estado social, não é conhecido por ser particularmente amigável à democracia – pelo menos não tão intensa e devotadamente quanto o Estado social pretendia ser.

A democracia baseia-se no capital da fé que o povo tem no futuro e na autoconfiança otimista em sua capacidade de agir, e o Estado social foi historicamente eficiente em levar essa confiança a parcelas da sociedade às quais ela permaneceu fora dos limites durante a maior parte da história. O Estado social fez da autoconfiança, e da fé na possibilidade de acesso a um futuro melhor, uma propriedade comum a todos os seus cidadãos. O Estado da proteção pessoal, pelo contrário, baseia-se no medo e na incerte-

---

* Palavra de origem alemã que significa literalmente *visão de mundo* ou *cosmovisão*. Outro sentido no qual é empregada é o de uma imagem do mundo que lhe é imposta, isto é, uma ideologia. (N.T.)

za, dois arqui-inimigos da confiança e da fé, e, tal como qualquer instituição, desenvolve interesses na multiplicação das fontes que o nutrem, assim como em colonizar novas, como terras virgens que possam ser convertidas em fazendas. Indiretamente, solapa nesse processo os alicerces da democracia.

Tal como a crise da autoconfiança e da fé dos cidadãos sinaliza tempos difíceis para a democracia, a queda dos níveis de medo pode parecer um dobre de sinos mortal para um Estado que busca sua legitimação na defesa da lei e da ordem ameaçadas. A ascensão do Estado da proteção pessoal pode muito bem pressagiar a aproximação do crepúsculo da democracia moderna. Também pode se revelar funcional em reciclar essa previsão, transformando-a numa profecia autorrealizadora.

Os "Estados da segurança" não são necessariamente totalitários. Em alguns aspectos cruciais, o Estado da proteção pessoal, sua variedade líquido-moderna, chega a parecer o exato oposto do Estado totalitário.

No adequado resumo de Tzevtan Todorov de seus atributos constitutivos, o totalitarismo consiste em uma *soi-disant* "unificação" da totalidade da vida individual.[32] Num Estado totalitário em pleno funcionamento, as fronteiras entre o público e o privado se confundem e tendem a ser totalmente eliminadas, e as iniciativas do Estado não são mais limitadas pelas inexpugnáveis liberdades individuais de seus cidadãos, consideradas sagradas. (Cornelius Castoriadis diria que a *ecclesia* invade, conquista e coloniza o *oikos*, anexando a *agora* nesse percurso*).[33] Mas evidentemente não é essa a tendência predominante no Estado líquido-moderno. Pelo contrário, parcelas cada vez maiores da esfera pública, antes administradas e gerenciadas diretamente por órgãos do Estado, tendem a ser esvaziadas: a serem "terceirizadas", "subsidiarizadas", "removidas" para instituições privadas,

---

* Em grego, o termo *ecclesia* se aproximaria do conceito de poder – a assembleia de notáveis da democracia ateniense –, a palavra *oikos* de "casa", "família", "espaço pessoal", e *agora*, o "espaço público", o que tornaria a frase algo como: o poder invade, conquista e coloniza o espaço pessoal anexando o espaço público. (N.E.)

ou simplesmente abandonadas por agências administradas pelo Estado e deixadas aos cuidados e responsabilidade de indivíduos. É como se o *oikos* agora estivesse na ofensiva, enquanto se assiste ao recuo da *ecclesia*.

O Estado não mais se inclina a substituir a espontaneidade pela rotina, a contingência por diagramas e tabelas, e, de maneira mais geral, o "caos" (ou seja, a autoafirmação e a competição de agentes autônomos) pela ordem (quer dizer, o reajuste, mas acima de tudo a redução da gama de resultados prováveis) – todas aquelas ambições anteriores que (como observou Hannah Arendt) alimentavam e mantinham em alta sua endêmica e ubíqua tendência totalitária. Pelo menos a esse respeito, a tendência nas condições do Estado líquido-moderno corre na direção exatamente oposta. Em outros aspectos, contudo, pode-se de fato observar uma evidente "inclinação totalitária".

Segundo Mikhail Bakhtin, o "momento constitutivo" de todos os poderes terrenos é "a violência, a repressão e a falsidade", assim como o "tremor e o medo dos subjugados".[34] Escrevendo debaixo de um dos dois sedimentos mais espessos e opressivos da tendência totalitária do século passado (a comunista e a nazista), Bakhtin se inclinava a decifrar a conexão íntima entre o domínio do Estado e a "agitação e o medo dos subjugados" como sendo basicamente, ou mesmo exclusivamente, o medo que os subjugados tinham *do* Estado, fluindo da prática perpétua e da ameaça ainda mais constante de violência por parte deste.

Com efeito, esse foi o marco distintivo dos regimes totalitários do século XX, os quais obtiveram e mantiveram a submissão e a obediência de seus súditos mediante o terror promovido pelo Estado. Esse terror provinha da aleatoriedade, extravagância e aparente falta de lógica na forma como os Estados totalitários praticavam a isenção da lei – sob outros aspectos uma prerrogativa universal (e definidora, segundo Carl Schmitt) de todo poder soberano. O Estado totalitário era temido como *fonte do desconhecido e do imprevisível*: como o perpétuo e inamovível elemento de incerteza na condição existencial de seus súditos.

(Isso, evidentemente, se aplicava mais à variante comunista do regime totalitário do que ao nazismo; tendo descartado a competição do livre mercado, outra fonte importante de ansiedade existencial, e isentado a maioria dos processos de vida da interferência desestabilizadora e incontrolável das forças *econômicas*, o regime comunista tinha de se basear em uma incerteza deliberadamente *manufaturada*, em uma insegurança *artificial* produzida por meios *políticos*, ou seja, pela coerção aberta e ubíqua.) Todorov cita o terceiro *Dialogue philosophique* de Ernest Renan, uma defesa relativamente esquecida e bizarra de práticas totalitárias, sugerindo que o Estado precisa substituir o "inferno quimérico" do reino dos mortos, usado pelas religiões para assustar o fiel, forçando-o à obediência, mas cuja existência não podia ser convincentemente provada aos vivos, por um tipo tangível, bastante real, certamente à espera de qualquer um que abandone o caminho correto.[35]

Mesmo nos regimes comunistas, contudo, os poderes do Estado se empenhavam por se apresentar a seus súditos oprimidos como *salvadores* em relação ao terror, e não como sua *fonte* básica. Quando o Estado do terror se tornou a norma, qualquer suspensão momentânea no curso de um "expurgo" permanente, a revogação de uma sentença, a isenção pessoal de uma perseguição em ampla escala seriam recebidas como mais um testemunho da benevolência do Estado, assim como da seriedade de seus esforços em proteger os inocentes e recompensar os obedientes – e portanto como mais uma confirmação de que a resolução de depositar fé no Estado, como única ilha de lógica e constância em um mar de anarquia e contingência, era a decisão certa a se tomar.

A "agitação e o medo dos subjugados" é um "momento constitutivo" do poder nas sociedades democráticas modernas da mesma forma que o foi em todos os Estados totalitários de que se tem registro. Mas o Estado democrático moderno, que por acaso também era uma sociedade capitalista e de mercado, situou-se quase desde o início, ou pelo menos desde um estágio comparativamente inicial, como uma agência voltada a *reduzir* o medo ou *eliminá-lo* de vez da vida de seus súditos-cidadãos. A incerteza não precisava ser manufaturada. Os meios de repressão e violência administrados pelo Estado podiam ser usados apenas em ocasiões extraordinárias, e na maior parte do tempo deixados a enferrujar. Havia uma quantidade maior que a necessária de medo inato, autêntico, emanando das condições de vida da maioria dos membros da sociedade democrática.

A história da ascensão da democracia moderna poderia ser escrita em termos do progresso feito para eliminar, ou constranger e domar, sucessivas causas de incerteza, ansiedade e medo. A longa cruzada contra os terrores socialmente criados e gestados culminou na garantia coletiva, endossada pelo Estado, contra o infortúnio individual (como o desemprego, a invalidez, a doença ou a velhice), e na oferta coletivamente garantida, igualmente referendada pelo Estado, das amenidades essenciais à autoformação e à autoafirmação do indivíduo, que constituíam a substância, ou pelo menos o objetivo orientador, do Estado (mal denominado "do bem-estar") social. Pouco mais de meio século atrás, Franklin Delano Roosevelt, em sua declaração no fim da guerra em nome da aliança democrática, anunciou a chegada de um mundo em que o próprio medo seria a única calamidade restante do qual os seus habitantes ainda teriam medo. Na maior parte das democracias liberais, os "trinta anos gloriosos" do pós-guerra se passaram em um esforço concentrado para cumprir essa promessa.

Com o recuo, em toda parte, do Estado social, a promessa de Roosevelt raramente é repetida e, o que é mais significativo, nunca pelas pessoas que controlam o poder de Estado – enquanto todos os medos que deveriam ter sido banidos de uma vez por todas pelo Estado social em ascensão estão de volta, e com violência. Mais notadamente, o medo da degradação social, com o espectro da pobreza e da exclusão no final do percurso descendente.

Sobre a passagem do "aburguesamento do proletariado" – visto com preocupação e tristeza por nostálgicos intelectuais de esquerda nos anos do pós-guerra – à "proletarização da burguesia" nos Estados Unidos pós-Regan, Richard Rorty afirmou:

> Desde 1973, o pressuposto de que todo casal norte-americano que desse duro seria capaz de adquirir uma residência, e de que então a mulher poderia, se quisesse, ficar em casa e criar os filhos, começou a parecer absurdo. A questão agora é se o casal médio, ambos trabalhando em tempo integral, será algum dia capaz de levar para casa mais de 30 mil dólares por ano. Se marido e mulher trabalharem 2 mil horas por ano cada um, pelo atual salário médio para trabalhadores da produção que não sejam supervisores (7,50 dólares por hora), eles chegarão a isso. Mas 30 mil dólares por ano não permitirão comprar a casa própria nem pagar uma creche decente. Em um país que não acredita em transporte público nem em seguro-saúde universal, essa renda garante apenas a uma família de quatro membros uma existência humilhante, no nível da mera sobrevivência. Tal família, tentando se safar com essa renda, será constantemente atormentada pelo medo do corte de salário e da redução de pessoal, assim como das consequências desastrosas de uma doença, ainda que breve.[36]

E como relatou o *New York Times* de 3 de março de 1996, 72% dos norte-americanos acreditam que "os *layoffs** e a perda do emprego neste país provavelmente continuarão indefinidamente". Eles continuam acreditando nisso, provavelmente mais do que uma dezena de anos atrás: afinal, sua experiência de viver na gangorra já está se tornando vitalícia. Ocorre que essa crença é uma daquelas que, dia após dia, encontram amplos motivos de corroboração e poucas razões para dúvida, se é que alguma. E sustentar essa crença significa ter medo – cronicamente, dia e noite, dia após dia.

Sessenta anos depois, a declaração de "guerra aos medos" de Roosevelt (os medos da falta de liberdade, da perseguição religiosa e da pobreza), assim como sua promessa de que a derrota destes era iminente, foi substituída pela declaração de "guerra ao

---

* Suspensões temporárias dos contratos de trabalho. (N.T.)

terrorismo" de George W. Bush, assim como por sua promessa de que esta ainda prosseguirá por muito tempo (alguns de seus colaboradores, ainda mais insensíveis, advertem que nunca vai terminar...). Nos anos pós-Reagan, o medo das ameaças à segurança pessoal (em relação a terroristas, acrescidos intermitentemente – embora hoje um pouco menos que antes do 11 de Setembro – de mendigos, traficantes, assaltantes e, de modo mais geral, da categoria da "subclasse", convenientemente indefinida, e portanto ainda mais aterrorizante, assim como dos venenos da *fast food*, da obesidade, do colesterol e da fumaça de cigarro) é que tende a ser indicado como uma esponja para macerar, absorver e varrer todos os outros medos. Poucos anos *antes* do 11 de Setembro, Rorty observou (profeticamente, ao que parece agora, *depois* daquele dia) que "se os proletários puderem ser distraídos de seu próprio desespero por pseudoeventos criados pela mídia, incluindo uma guerra ocasional, breve e sangrenta, os super-ricos pouco terão a temer".[37]

Mas os super-ricos não têm mesmo muito o que temer... Como Max Hastings assinala corretamente:

> A arma mais poderosa dos ricos é o globalismo. Uma vez ultrapassado certo limiar corporativo, o pagamento de impostos se torna voluntário, como podem testemunhar os contadores de Rupert Murdoch. Em confronto com qualquer ameaça física ou mesmo fiscal, é fácil levar o dinheiro, ou mudar-se, para outro lugar. Reconhecendo isso, poucos governos nacionais têm estômago para correr o risco de alienar os criadores de riqueza atacando suas contas bancárias ... [Somente] um colapso do sistema financeiro numa escala sem precedentes poderia ameaçar a segurança dos ricos.[38]

Os membros da elite global dos super-ricos podem estar de vez em quando *neste* ou naquele lugar, mas nunca e em lugar nenhum eles são *desse* lugar – ou de qualquer outro, na verdade. Não precisam se preocupar em aliviar os medos que assombram os nativos/locais do lugar em que pararam por alguns instantes, pois "manter felizes os proletários" não é mais uma condição de sua própria segurança (que pode ser, caso necessário, buscada e encontrada em outros lugares), ou mesmo de sua riqueza e seu progresso contínuo (que se tornaram eminentemente leves e móveis, podendo ser facilmente transferidos para lugares mais benignos e hospitaleiros). Se o volume dos medos locais ficar grande demais para que possam sentir-se confortáveis, há tantas outras localidades para onde é possível mudar-se, deixando os nativos cozinhando e queimando sozinhos nos caldeirões do pânico e dos pesadelos...

Para a elite global, estimular em vez de aliviar os medos dos nativos (quaisquer nativos, de qualquer localidade que a elite tenha escolhido para uma escala) implica poucos riscos, se é que algum. Remoldar e refocalizar os medos nascidos da insegurança social global, transformando-os em preocupações de segurança locais, parece constituir uma estratégia muito eficaz e quase infalível; traz muitos ganhos e relativamente poucos riscos, desde que concretizada com consistência. Seu benefício, de longe, mais importante consiste em desviar os olhos dos amedrontados, afastando-os das causas de sua ansiedade existencial, de modo a que – novamente citando Hastings – a superclasse global possa "continuar recompensando a si mesma numa escala assombrosa", sem perturbação.

Graças à globalização negativa, a soma total, o volume e a intensidade dos medos populares capazes de serem capitalizados pelos promotores e praticantes dessa estratégia crescem a todo vapor. E graças à abundância dos medos, a estratégia em questão pode ser empregada rotineiramente, e assim a globalização negativa também pode ir em frente a todo vapor. Quer dizer, em um futuro *previsível*. Mas, como já vimos, a "previsibilidade" é um daqueles atributos de que o mundo líquido-moderno, negativamente globalizado, carece de maneira mais conspícua.

· 6 ·

O pensamento contra o medo
(ou uma conclusão inconclusa para os que podem perguntar o que deve ser feito)

Compartilhando com seus leitores os três choques que vivenciou em 1990 ao tomar conhecimento, em rápida sucessão, dos falecimentos de Althusser, Benoist e Loreau, Jacques Derrida observou que cada morte é o fim de *um mundo*, e a cada vez o fim de um mundo *singular*, que jamais poderá reaparecer ou ser ressuscitado.[1] Cada morte é *a perda* de um mundo – uma perda *eterna, irreparável*. A morte é, podemos dizer, o alicerce empírico e epistemológico da ideia de *singularidade*.

O falecimento de Ralph Miliband foi um choque particularmente cruel e doloroso para as pessoas que rejeitavam a crença panglossiana – de que tudo que poderia ser feito para tornar o planeta menos ameaçador e atemorizante para os seres humanos, e portanto mais hospitaleiro para o ser humano e para a vida *humana*, já o tinha sido – e que se recusavam a aceitar que nenhum melhoramento fosse concebível. O mundo de Miliband, singular e inimitável, era um mundo de esperança imorredoura. Por essa razão, contudo, ele também continua sendo parte indispensável e fonte de perpétuo enriquecimento para nossos próprios mundos. É tarefa dos vivos manter viva a esperança; ou então ressuscitá-la em um mundo em rápida transformação, notável por alterar rapidamente as condições em que é conduzida a luta contínua com o propósito de torná-lo mais hospitaleiro para a humanidade.

O trabalho de Ralph Miliband simbolizou o grave desafio enfrentado pelos intelectuais do seu tempo (intelectuais: as pessoas que continuaram acreditando que o derradeiro propósito do pensamento é fazer o mundo melhor do que encontraram), e os meios e maneiras pelos quais as pessoas ditas "intelectuais" tentaram, com resultados ambíguos e não poucos erros, reagir a esse desafio.

O desafio em questão era a lenta, mas inexorável (embora desprezada por muito tempo e deliberadamente ignorada por mais tempo ainda) decomposição do "agente histórico" que, segundo a expectativa dos intelectuais (cientes dos padrões "orgânicos" estabelecido para eles pelo código de conduta de Antonio Gramsci, e dolorosamente cônscios dos efeitos práticos limitados do pensamento puro), iria introduzir (ou ser introduzido em) uma terra em que o salto para a liberdade, a igualdade e a fraternidade, vislumbrado em sua forma prístina pelos pensadores do Iluminismo – porém mais tarde transformado nos becos sem saída do capitalismo ou do comunismo –, finalmente alcançaria seu destino socialista.

Nos mais ou menos dois séculos de sua história (moderna), os intelectuais fizeram todo o percurso desde a autoconfiança e a audácia do jovem Ícaro até o ceticismo e a circunspecção do velho Dédalo (uma jornada que, fique bem claro, ainda não foi encerrada, embora sua rota até agora tenha sido, e tudo indica que continue sendo, bem diferente de uma linha reta...). E juntamente com todo o espectro de projetos, atitudes e *Weltanschauungen* nascidos, experimentados e abandonados ao longo dessa rota – de autoconfiança, coragem e impetuosidade de sua juventude arrogante (quando Claude-Henri Saint-Simon convocou seus "intelectuais positivos" "a unificar e combinar suas forças para desferir um ataque geral e definitivo contra os preconceitos, e começar a organizar o sistema industrial") e até a idade avançada em que se recobra o juízo, a cautela e a ponderação (quando Ludwig Wittgenstein concluiu, resignadamente, que "a filosofia deixa tudo como estava") –, eles sempre suspeitaram tacitamente ou se queixaram em voz alta da impotência do "pensamento puro". As palavras seriam capazes de mudar o mundo? Dizer a verdade é suficiente para garantir a vitória sobre a mentira? Será a razão capaz de se sustentar por si mesma diante do preconceito e da superstição? Será provável que o mal acabe sucumbindo perante a glória luminosa da bondade, ou a feiúra perante o esplendor ofuscante da beleza?

Os intelectuais nunca confiaram realmente em seus poderes de transformar o mundo de carne e osso. Precisavam de alguém para empreender a tarefa que, insistiam, deveria ser realizada. Alguém com o poder real de fazer as coisas e assegurar que continuassem sendo feitas (o conhecimento não necessita do poder para mudar o mundo? Da mesma forma que o poder precisa do conhecimento para mudá-lo da maneira certa e com o propósito correto?). O "déspota esclarecido", o sábio porém impiedoso, e acima de tudo o Príncipe habilidoso capaz de transformar o conselho da razão na lei vinculante, era obviamente a primeira opção dos intelectuais. Mas a primeira de muitas que se seguiram, e a história prova que, uma vez escolhida, essa mesma deixa de ser uma opção óbvia, quiçá promissora. As relações entre os poderes constituídos e seus ardorosos conselheiros (vistos com muita frequência como ultra-ardorosos por aqueles a quem o conselho se dirigia) eram, na melhor das hipóteses, ambivalentes, e quase sempre tormentosas e envenenadas pela suspeita mútua. O casamento dos autonomeados *elaboradores* da lei com os legisladores que detinham o poder logo se mostrou ser do tipo "amor e ódio", incuravelmente frágil e sempre à beira do divórcio.

Por pelo menos um século, a principal opção intelectual para o papel de "agente histórico" da emancipação foi um coletivo que se esperava ser (ou se acreditava que já tivesse sido) construído e cimentado a partir de um variegado sortimento de artes e ofícios, sumariamente categorizado como "classe trabalhadora". Forçada a vender sua capacidade laboral/criativa a um preço fraudulento e vítima da negação da dignidade humana que acompanhava essa venda, esperava-se que a classe trabalhadora se erguesse, ou fosse erguida, da existência meramente "objetiva", irracional, de uma "classe em si" para as fileiras de uma "classe para si" – tornar-se consciente de seu destino histórico, abraçá-lo, transformar-se (ou ser transformada) de objeto em sujeito (o sujeito de sua história, por assim dizer) e se unir numa revolução destinada a pôr fim ao sofrimento. Já que, no entanto, as causas de sua miséria tinham raízes sistêmicas, essa classe de sofredores, de acordo com a inesquecível sentença de Karl Marx, era uma classe singular de pessoas que não poderiam se emancipar sem fazer o mesmo com o conjunto da sociedade humana, nem poderiam acabar com sua miséria específica determinada pela classe sem acabarem com toda a miséria humana. Uma vez dotada desse poder, a classe trabalhadora oferecia um abrigo seguro e natural para a esperança – muito mais seguro do que as cidades longínquas em que os autores das utopias do início da Era Moderna colocaram os seus "déspotas iluminados", dos quais se esperava e confiava que impusessem a felicidade a seus súditos inconscientes e originalmente também relutantes.

Se essa atribuição era ou não justificada foi, desde o princípio, uma questão discutível. Podia-se afirmar que – ao contrário da crença de Marx – a inquietação nos recintos das fábricas no capitalismo inicial era estimulada mais pela perda da segurança do que pelo amor à liberdade, e que uma vez recuperada ou reconstruída, sobre novos alicerces, a segurança perdida e lastimada, seria inevitável que a agitação se dissipasse, parando bem antes de seu destino supostamente revolucionário/emancipatório. Também se podia argumentar que a transformação de artesãos, arrendatários rurais e muitos trabalhadores manuais despossuídos, forçados a se incorporar a uma classe trabalhadora aparentemente homogênea, era um passo mais subserviente do que independente, e que os poderes econômicos poderiam decompor essa classe exatamente da mesma forma como haviam funcionado para constituí-la...

Essas e outras numerosas advertências eram, contudo, fáceis de fazer com o benefício da distância – *depois* de acumuladas as evidências de que, longe de constituir um passo preliminar na direção da tomada revolucionária do sistema de poder, as manifestações de "luta de classes" como as práticas coletivas de barganha e o emprego da "capacidade de provocar prejuízos" em defesa dos diferenciais de salário eram voltadas para objetivos situados bem *dentro* dos limites das relações capital-trabalho, e não iriam romper as fronteiras da ordem capitalista – muito menos a ordem em si. E *depois* que, além disso, essa possibilidade se tornou, de modo gradual porém constante, cada vez mais verossímil – contribuindo assim para uma correção regular, quase rotineira, de deformidades sistêmicas intoleráveis, logo potencialmente explosivas –, as lutas trabalhistas serviram como um instrumento homeostático, estabilizador, de "restauração do equilíbrio", em vez de perturbar, que dirá solapar, a ordem capitalista.

Após um longo período de inquietação inicial, com o colapso das estruturas econômicas pré-modernas, veio o período da "estabilidade relativa" – sustentado pelas estruturas emergentes, mas aparentemente sólidas, da sociedade industrial. Os instrumentos politicamente administrados da "reacomodação do capital e do trabalho" tornaram-se um traço constante do mundo capitalista – com os Estados desempenhando o papel ativo de "encher a bomba", promovendo e garantindo a expansão intensiva e extensiva da economia capitalista, por um lado, e recondicionando e recapacitando a força de trabalho, de outro. Apesar da rispidez das dificuldades sofridas na extremidade receptora da expansão capitalista, e do caráter desconcertante dos medos perpétuos provocados pelos periódicos acessos de depressão econômica, arcabouços capazes de acomodar expectativas e projetos para toda a vida, e equipados com ferramentas de manutenção testadas e garantidas, pareciam firmemente estabelecidos – permitindo o planejamento a longo prazo das vidas individuais, com base em um crescente sentimento de segurança e confiança no futuro. Capital e trabalho, confinados a uma dependência mútua aparentemente inquebrantável, cada vez mais convencidos da permanência de seu vínculo recíproco e certos de que iriam se encontrar com frequência no futuro, buscavam e encontravam um acordo mutuamente benéfico e promissor, ou pelo menos tolerável – um modo de coabitação pontuado por sucessivos cabos de guerra, mas também por rodadas de renegociação exitosa, já que reciprocamente satisfatória, das regras de cooperação.

Frustrado e impaciente com o rumo que as coisas pareciam estar tomando, Lênin se queixou de que, caso os deixassem fazer o que quisessem, os trabalhadores desenvolveriam apenas uma "mentalidade sindicalista" e permaneceriam demasiadamente tacanhos em seu pensamento, além de egocêntricos e divididos, para assumirem sua missão histórica, que dirá realizá-la. A mesma tendência que exasperava Lênin – inventor e defensor ardente dos "atalhos", assim como da substituição das inconfiáveis explosões espontâneas de fúria proletária pela tomada do poder, meticulosamente preparada, por "revolucionários profissionais" – foi também percebida, embora com uma equanimidade moderadamente otimista, por seu contemporâneo Eduard Bernstein – o fundador (juntamente com a importante ajuda dos Fabians*) do programa "revisionista" de acomodação e busca por valores e ambições socialistas dentro da estrutura política e econômica de uma sociedade essencialmente capitalista: do "aperfeiçoamento" gradual, mas permanente, no lugar de uma reforma revolucionária, de uma só vez, do *status quo*.

Os diagnósticos de Lênin e Bernstein eram notavelmente similares – mas suas respostas à pergunta "se é assim, o que deve ser feito?" foram radicalmente diferentes. Verdade que ambos permaneceram fiéis à proposta de Marx de que o casamento com a prática é a melhor terapia para a fraqueza endêmica do pensamento, e também a sua escolha do parceiro que deveria se

---

* Movimento intelectual socialista britânico do fim do século XIX. (N.E.)

unir com a teoria emancipatória nas bodas iminentes ("que os que pensam se encontrem com os que sofrem"). Mas enquanto Bernstein visualizava o papel dos intelectuais segundo o padrão de uma dona de casa leal e obediente, Lênin alocava os papéis de maneira diversa: a teoria é que ocuparia o papel principal do casal, armando-se para esse fim por meio da apropriação, parcial ou total, do vigor, da força e da tenacidade normalmente imputados ao cônjuge masculino. Para atingir esse propósito, contudo, aqueles que sabiam o que deveria ser feito precisavam se transformar de uma sociedade de debates em um corpo de "revolucionários profissionais" estritamente integrado, implacavelmente disciplinado e impiedoso, consciente de que (na comovente descrição desse credo por Alain Finkielkraut) "os conceitos estão na rua, os argumentos nos eventos e a razão no drama em que os homens são atores antes de se tornarem pensadores".[2] O proletariado é que, em última instância, vai reformar a realidade segundo as regras da razão e os princípios da justiça – mas não o fará a menos que seja espicaçado, forçado e, de outras maneiras, coagido pelos que conhecem e/ou codificam tais regras e princípios. Os trabalhadores precisam ser obrigados a realizar o derradeiro ato de libertação, o qual – por um veredicto inapelável da história – tem sido sua missão desde o começo da guerra de classes, mas que eles foram demasiado indolentes ou preguiçosos, ou então ingênuos e facilmente ludibriados, para cumprir – a não ser convocados a pegar em armas e forçados a agir...

O movimento ousado/desesperado de Lênin passou os intelectuais, como "conhecedores da história", do escritório de planejamento para a mesa de controle da revolução. Eles deviam transformar *a si mesmos* em atores históricos colocando o ator coletivo nomeado pela história sob seu comando direto e então batendo, misturando e adestrando esse coletivo para torná-lo um Exército disciplinado preparado para a guerra e/ou uma arma de destruição em massa.

O lance de Lênin talvez tenha sido imaginado como algo capaz de libertar os intelectuais de sua aflição original de impotência: estimulá-los a se reconstituírem como o "ator histórico" coletivo que eles mesmos, assombrados pelos temores de sua própria impotência, até então procuravam fora de suas fileiras. Dessa vez o ator não era algo a ser imaginado ou postulado, mas uma coisa muito real, nem o objeto potencial da iluminação e orientação dos intelectuais, mas um chefe implacável, onisciente desde o início e cada vez mais onipotente, exigindo obediência, renúncia e submissão incondicional. Quaisquer que fossem suas intenções, o estratagema de Lênin se revelou na prática apenas uma troca de gerência no esquema por trás do trauma da fraqueza inata dos intelectuais. O Partido – produzido pelos intelectuais autorreconstituídos como o "ator histórico" – superou as "massas sofridas e humilhadas" como ponto de referência para os trabalhos intelectuais. Diferentemente das massas proletárias que substituiu no papel de motor da história, o Partido não queria (nem deveria permitir a mera suposição de que quisesse) qualquer esclarecimento e orientação de fora. Exigia, em vez disso, a auto-obliteração, a subserviência, a obsequiosidade e o servilismo. Precisava de soldados disciplinados, não de professores. Servidores, não dirigentes.

Os tempos difíceis pelos quais passaram os antigos legisladores, os descendentes dos *philosophes* e executores de seu testamento teriam sido obra deles mesmos? Será que eles procuraram sarna para se coçar desde o momento em que iniciaram sua busca pelo ator histórico? Eles sonhavam com um mundo de transparência plena e ordem total. Não sabiam que a "transparência plena" vem acompanhada da plena vigilância e que a "ordem total" pertence aos sonhos e propósitos do totalitarismo, dos comandantes dos campos de concentração e das administrações dos cemitérios. Eles tiveram aquilo que ajudaram a dar à luz – e pelo qual não barganharam.

Marx insistia que o trabalho escravizado pelo capital nada mais era do que força de trabalho alienada. Seria o Partido outra coisa que não a alienação dos poderes pensantes dos intelectuais?

Tal como havia acontecido com o caminho que leva a palavra à ação, da mesma forma a trilha que conduz do desespero da impotência aos prazeres da presunção agora devia ser transferida e por longo tempo mediada pelo Partido sob sua exclusiva administração.

À medida que os fatos continuaram confirmando as previsões de Lênin – sombrias – e de Bernstein – otimistas –, Geörgy Lukács explicou a evidente relutância da história em seguir o prognóstico original de Marx com um conceito cunhado para essa finalidade (embora referido à alegoria de Platão das sombras lançadas sobre as paredes da caverna), o conceito de "falsa consciência", insidiosamente inspirado pela "totalidade fraudulenta" da ordem social capitalista, que a promove e não deixa de promovê-la – a menos que contra-atacada pelas forças do Partido, que são capazes de ver, através das aparências enganosas, a verdade inexorável das leis históricas e depois, seguindo o padrão dos filósofos de Platão, compartilhar suas descobertas com os iludidos habitantes da caverna.

Quando combinada com os conceitos de Antonio Gramsci do Partido como o "intelectual coletivo", assim como o de "intelectuais orgânicos" – articulando os interesses de classe a fim de serverem a classe cujos interesses articularam –, a reinterpretação de Lukács das extravagâncias da história pós-Marx aparentemente elevaram o papel histórico dos intelectuais, e assim também sua responsabilidade ética/política, a novos patamares. Porém, no mesmo viés, foi aberta uma caixa de Pandora de acusações, imputações de culpa e suspeitas de traição recíprocas, inaugurando uma longa era de acusações de *trahisons des clercs*, guerras incivis, difamação mútua, caça às bruxas e assassinato de caráter. Com efeito, se em algum momento ou algum lugar o movimento trabalhista deixou de se comportar de acordo com os prognósticos de sua missão histórica, e principalmente se recuou da derrubada revolucionária do poder capitalista, os únicos culpados eram os presunçosos mas fracassados "intelectuais orgânicos", os quais haviam negligenciado ou mesmo traído ativamente seu dever de se condensarem (e depois se dissolverem) no tipo certo de Partido.

Paradoxalmente, os intelectuais reconhecidos, autonomeados, aspirantes ou fracassados consideraram difícil resistir à tentação de adotar essa visão pouco lisonjeira de si mesmos, já que ela convertia até mesmo as demonstrações mais espetaculares de debilidade teórica e impotência prática em argumentos poderosos que, de modo indireto, embora perverso, reafirmavam seu papel histórico chave. Lembro-me de, logo após chegar à Grã-Bretanha, ter ouvido um aluno de doutorado que, depois de examinar os textos de Sidney e Beatrice Webb, correu a proclamar, para total aprovação do público que se espremia assistindo ao seminário, que os motivos pelos quais a evolução socialista demorava tão abominavelmente a chegar àquele país estavam todos ali, naqueles livros.

Havia presságios que, se apenas tivessem sido ouvidos a tempo, e lidos com cuidado e sem preconceitos, teriam lançado dúvidas sobre esse conceito intelectualista. Os pensamentos de Lukács ou Gramsci, recém-descobertos pela esquerda intelectual britânica, não ajudaram, contudo, a decodificar as mensagens que os presságios transmitiam. Como vincular, digamos, a inquietação estudantil ao inverno do descontentamento?* O que de fato se estaria testemunhando – batalhas na retaguarda travadas por tropas em retirada e perto de capitular, ou unidades avançadas de Exércitos em progressão, cada vez mais violentos? Seriam ecos distantes de antigas batalhas e remontagens tardias de velhos cenários, ou sinais e augúrios preliminares de novas guerras por vir? Sintomas do fim ou do princípio? E se do princípio, então princípio de quê?

---

* Em inglês, *winter of discontent* – termo usado para descrever o inverno de 1978-79 na Inglaterra, durante o qual ocorreram greves generalizadas por aumento de salários, algumas das quais causaram sérios problemas para o cotidiano dos ingleses. A inabilidade do governo em lidar com essas greves ajudou a oposição a conduzir Margaret Thatcher ao poder e resultou na adoção de leis limitando o poder dos sindicatos. O termo vem da peça *Ricardo III*, de William Shakespeare, em que esse personagem diz: "*Now is the winter of our discontent.*" (N.T.)

As notícias sobre as últimas agitações intelectuais no exterior só faziam aumentar a perplexidade e a confusão, assim como os anúncios de um "adeus ao proletariado" vindos do outro lado do Canal [da Mancha], juntamente com as observações de Althusser de que finalmente chegara o momento para a ação revolucionária. A visão encantadoramente romântica de E.P. Thompson de uma imaculada autoconceição da classe trabalhadora recebeu um ataque frontal dos editores da *New Left Review* por sua debilidade teórica (significando, provavelmente, a ausência conspícua de intelectuais no edificante relato de Thompson).

Seria desonesto e enganoso alguém proclamar, retrospectivamente, seu conhecimento antecipado. Também seria desonesto, injusto e absolutamente não esclarecedor culpar os envolvidos nos últimos acontecimentos pela confusão. Como quer que se aloquem as culpas e absolvições, permanece o fato de que o iminente final dos "trinta anos gloriosos" (como foram retrospectivamente descritas as três décadas do pós-guerra de construção do Estado social, embora somente depois que as condições que os tornaram viáveis se haviam dissipado ou fragmentado, e apenas quando se tornou gritantemente óbvio que fora esse o caso) colocou o mundo conhecido fora de eixo e tornou inúteis as ferramentas testadas que haviam sido utilizadas para examinar e descrever esse mundo. Tinha chegado o tempo dos palpites e adivinhações, e de muita confusão. As ortodoxias afundaram em trincheiras cada vez mais profundas e cercadas por arame farpado, enquanto as heresias, tornando-se mais numerosas, ganharam em coragem e impertinência mesmo quando buscavam em vão uma linguagem comum sem sequer chegarem perto de um consenso.

A fonte dessa desordem intelectual, explicitamente apontada por alguns e encoberta por outros, foi, permitam-me repetir, o aparente desaparecimento do até então inquestionável agente histórico (como o eixo central em torno do qual, embora divergindo entre si, todas as estratégias acabavam girando) – primeiramente percebido na esquerda intelectual como uma crescente separação e um rompimento da comunicação com "o movimento". Na medida em que postulados e prognósticos impecáveis eram, um a um, refutados pelos fatos, os círculos intelectuais (com poucas exceções – alguns resistindo consistentemente a essa tendência, outros esporadicamente, quando havia "piquetes secundários" ou quando grupos *ad hoc* se formaram para dar apoio espiritual aos mineiros que tentavam, em vão, escapar do carro de Jagrená thatcherista) se voltaram de modo cada vez mais fervoroso e conspícuo a interesses e atividades autorreferenciais, como que obedientes à proclamação de Michel Foucault do advento de "intelectuais específicos" (e portanto também de políticos "específicos", ou seja, profissionalmente divididos e cindidos).

Se o conceito de intelectuais especializados podia ser outra coisa que não um paradoxo, evidentemente era então, como continua sendo agora, uma questão discutível. Mas quer seja ou não legítima a aplicação do termo "intelectual" no caso de professores universitários que visitam a arena pública somente por ocasião dos sucessivos desacordos sobre seus salários, ou de artistas protestando contra os sucessivos cortes de subsídios para produções teatrais ou cinematográficas, ou de consultores entrando em greve contra demandas excessivas de seus serviços, uma coisa é certa: para essas novas variedades de postura política e lutas de poder, autocentradas e autorreferenciais, a figura do "agente histórico" é totalmente irrelevante. Pode ser tirada da agenda sem culpa na consciência, e sobretudo sem remorsos nem o gosto amargo da perda.

Será que as esperanças e o trabalho de emancipação devem levar o decadente "agente histórico" para o abismo, tal como o capitão Ahab, cantando, exortou seus marinheiros a fazer?* Eu afirmaria que o trabalho de Theodore W. Adorno pode ser relido como uma longa e profunda tentativa de enfrentar essa questão e justificar um enfático "não" como resposta.

---

* Referência ao romance *Moby Dick*, de Herman Melville. (N.E.)

Afinal, bem antes que as paixões dos intelectuais britânicos por um agente histórico começassem a definhar e murchar, Adorno preveniu seu velho amigo Walter Benjamin daquilo que chamou de "motivos brechtianos": a esperança de que os "verdadeiros trabalhadores" salvariam as artes da perda de sua aura ou seriam salvos pela "proximidade do efeito estético combinado" da arte revolucionária.[3] Os "verdadeiros trabalhadores", insistiu ele, "na verdade não gozam de nenhuma vantagem sobre seus correlativos burgueses" a esse respeito – eles "portam todas as marcas de mutilação do típico caráter burguês". E então vinha o tiro final: tenha cuidado para não "transformar nossa necessidade" (ou seja, a dos intelectuais que "precisam dos proletários para a revolução") "numa virtude do proletariado, como constantemente somos tentados a fazer".

Ao mesmo tempo, Adorno insistia que, embora as perspectivas de emancipação humana, centradas na ideia de uma sociedade diferente e melhor, agora parecessem menos encorajadoras do que as que eram tão evidentes para Marx, as acusações por ele lançadas contra um mundo indesculpavelmente inimigo da humanidade não perderam nem um pouco de sua atualidade, e nenhum júri competente encontrou alguma prova da irrealidade das ambições emancipatórias originais que pudesse reconhecer como decisiva. Não existe até o momento nenhuma razão suficiente, muito menos necessária, insistiu Adorno, para tirar a emancipação da agenda. Pelo contrário: a persistência perturbadora dos males sociais é mais uma razão, e reconhecidamente poderosa, para tentar com mais tenacidade ainda.

Eu sugiro que a advertência de Adorno é tão atual hoje em dia quanto o era da primeira vez que a escreveu: "A presença não atenuada do sofrimento, do medo e da ameaça faz com que o pensamento que não pode ser concretizado não deva ser descartado." Agora como então, "a filosofia deve tomar conhecimento, sem atenuação, do motivo pelo qual o mundo – que poderia ser o paraíso aqui e agora – pode se tornar o inferno amanhã". A diferença entre "agora" e "então" deve ser procurada em outro lugar que não a noção de que a tarefa da emancipação perdeu sua urgência ou que o sonho da emancipação foi considerado fútil.

Mas o que Adorno se apressou em acrescentar foi o seguinte: se para Marx o mundo parecia preparado para se transformar em um paraíso "lá e então" e pronto para uma virada instantânea de 180°, e se portanto parecia que "a possibilidade de transformar o mundo 'de cima abaixo' estava imediatamente presente",[4] esse não é mais o caso, se é que já foi ("só a teimosia ainda pode sustentar a tese tal como Marx a formulou"). É a possibilidade de um *atalho* para um mundo mais adequado à habitação humana que se perdeu de vista e parece mais irreal do que antes.

Também se poderia dizer que não existem pontes transitáveis entre este mundo aqui e agora e o outro, "emancipado", hospitaleiro à humanidade e "amigável ao usuário". Não há multidões ávidas por se precipitar por toda a extensão da ponte, caso esta fosse planejada, nem veículos esperando para levar os desejosos ao outro lado e deixá-los a salvo em seu destino. Ninguém pode saber ao certo de que modo se poderia planejar uma ponte utilizável e onde, ao longo da margem, seria possível localizar a cabeça de ponte de modo a facilitar um tráfego tranquilo e seguro. As possibilidades, somos levados a concluir, *não* estão imediatamente presentes.

"O mundo quer ser enganado" – o veredicto direto de Adorno parece um comentário sobre a história de Lion Feuchtwanger de Odisseu e do porco que se recusava a retomar forma humana porque detestava a preocupação de tomar decisões e assumir a responsabilidade que a condição de ser humano necessariamente implicava; ou, nesse sentido, a "fuga à liberdade" de Erich Fromm, ou ainda o arquétipo de todas elas, a melancólica especulação de Platão sobre o destino trágico dos filósofos que tentam compartir com os homens da caverna as boas novas trazidas do mundo ensolarado das ideias puras. "As pessoas não estão apenas, como diz o ditado, caindo na trapaça... Elas desejam um engano... Elas percebem que suas vidas seriam totalmente intoleráveis tão logo deixassem de se apegar a satisfações que na verdade não existem."⁵

Adorno cita com franca aprovação o ensaio de Sigmund Freud sobre psicologia de grupo. O grupo, escreve ele, "deseja ser governado pela força irrestrita: tem uma paixão extrema pela autoridade; na expressão de Le Bon, tem sede de obediência. O pai primal é o ideal do grupo, que governa o ego no lugar do ideal de ego."⁶

Nas palavras de Adorno, "espírito" e "entidade concreta" tomaram rumos diversos e o espírito só pode se apegar a realidades por sua conta e risco, e portanto, em última instância, ao risco da própria realidade.

> Somente um pensamento que não tem refúgio mental nem a ilusão de um reino interior, e que reconhece sua falta de função e poder, talvez possa captar um lampejo de uma ordem do possível e do não existente, onde os seres humanos e as coisas estariam em seu devido lugar.⁷
>
> O pensamento filosófico começa tão logo deixa de se contentar com as cognições previsíveis e das quais nada mais emerge senão o que ali foi colocado de antemão.⁸
>
> O pensamento não é a reprodução intelectual daquilo que, de qualquer forma, já existe. Desde que não se interrompa, o pensamento tem um apoio seguro na possibilidade. Seu aspecto insaciável, sua aversão a ser rápida e facilmente satisfeito, recusa a sabedoria tola da resignação. O momento utópico no pensamento é mais forte quanto menos... se objetifica numa utopia e portanto sabota sua realização. O pensamento aberto aponta para além de si mesmo.⁹

A filosofia, insiste Adorno, significa a "determinação de se agarrar à liberdade intelectual e real", e só nessa condição ela pode, como deveria, permanecer "imune à sugestão do *status quo*".¹⁰

"A teoria", conclui Adorno, "fala pelo que não tem mentalidade estreita".¹¹ A prática, e a *praticalidade* em particular, é com muita frequência a desculpa ou autoilusão dos "canalhas", tal como aquele "parlamentar idiota na caricatura de Doré", orgulhoso por não enxergar além das tarefas imediatas. Adorno nega à prática o apreço que lhe é prodigamente dispensado pelos porta-vozes da ciência "positiva" e pelos profissionais da filosofia acadêmica (com efeito, a maioria esmagadora destes) que se submetem ao seu terror.

Se a "emancipação", objetivo supremo da crítica social, visa "ao desenvolvimento de indivíduos autônomos, independentes, que julguem e decidam por si mesmos",¹² esta vai de encontro à resistência assombrosa da "indústria cultural" – mas também contra a pressão daquela massa cujos anseios essa indústria promete satisfazer (e, genuína ou enganosamente, o faz).

Então o que sobra para as expectativas, as tarefas, as estratégias dos intelectuais, enquanto são e desejam continuar sendo os guardiões das esperanças e promessas irrealizadas do passado, assim como críticos de um presente culpado de esquecê-las e abandoná-las sem realização?

Pela opinião comum, inaugurada ao que parece por Jürgen Habermas e só contestada por uns poucos estudiosos de Adorno, e mesmo assim apenas recentemente, a resposta de Adorno a essa pergunta e outras semelhantes é mais bem transmitida pela imagem da "mensagem na garrafa". Quem escreveu a mensagem, colocou-a na garrafa, fechou a garrafa e a atirou no mar não tinha ideia de quando (se algum dia) e qual (se algum) marinheiro veria a garrafa e a recolheria; e se esse marinheiro, destampando a garrafa e retirando o pedaço de papel nela contido, teria capacidade e disposição para ler o texto, compreendê-lo, aceitar seu conteúdo e fazer dele o tipo de uso pretendido pelo autor. A equação inteira consiste em variáveis desconhecidas, e não há como o autor da "mensagem na garrafa" possa resolvê-la. Tudo que ele pode é repetir o que disse Marx: *Dixi et salvavi animam meam* – o autor cumpriu sua missão e fez tudo a seu alcance para salvar a mensagem da extinção. As esperanças e promessas que o autor conhecia, mas que seus contemporâneos nunca aprenderam ou preferiram esquecer, não vão ultrapassar um ponto sem retorno em seu caminho rumo ao esquecimento. Ganharão pelo menos a chance de uma nova vida. Não morrerão intestadas juntamente com o autor – pelo menos não *precisam* morrer, como *deveriam* caso o pensador sucumbisse à mercê das ondas em vez de procurar alcançar uma garrafa hermeticamente fechada.

Como adverte Adorno, e repetidas vezes, "nenhum pensamento é imune à comunicação, e proferi-lo no lugar errado e por meio de um entendimento errado é suficiente para solapar sua verdade".[13] E assim, quando se trata de comunicação com os atores, com os supostos atores, com os atores fracassados e com as pessoas que relutam em se juntar à cena no devido tempo, "para o intelectual, o isolamento inviolável é agora a única maneira de mostrar algum grau de solidariedade" por aqueles que estão "abaixo e fora".

O isolamento autoinfligido não é, na visão de Adorno, um ato de traição – nem tampouco um sinal de retirada ou um gesto de condescendência, ou mesmo ambos ("condescendência e autocrítica são a mesma coisa", como ele mesmo assinala). Manter distância, paradoxalmente, é um ato de engajamento – na única forma que o engajamento, ao lado das esperanças irrealizadas ou traídas, pode sensatamente assumir: "O observador destacado está tão enredado como o participante ativo; a única vantagem do primeiro é o discernimento de seu embaraço, e a liberdade infinitesimal que se encontra no conhecimento como tal."[14]

A alegoria da "mensagem na garrafa" implica dois pressupostos: que havia uma mensagem adequada para ser escrita e digna do trabalho necessário para se colocar a garrafa no mar; e que no momento em que for encontrada e lida (em um momento que não pode ser definido de antemão) a mensagem ainda será digna do esforço, da parte de quem a encontrou, de retirá-la e estudá-la, absorvê-la e adotá-la. Em alguns casos, como o de

Adorno, confiar a mensagem ao leitor desconhecido de um futuro indefinido pode ser preferível a se unir a contemporâneos despreparados ou indispostos a ouvir, que dirá apreender e reter o que ouviram. Nesses casos, enviar a mensagem a um espaço não mapeado e a uma época desconhecida baseia-se na esperança de que sua força possa sobreviver ao descaso do presente e ultrapassar as condições (transitórias) que provocaram esse descaso. *O expediente da "mensagem na garrafa" faz sentido se (e apenas se) a pessoa que recorre a ele confia em valores que sejam eternos, acredita que haja verdades universais e suspeita que as preocupações que atualmente estimulam a busca da verdade e a mobilização em defesa de valores vão persistir.* A mensagem na garrafa é um testemunho da *transitoriedade da frustração* e da *permanência da esperança*, da *indestrutibilidade das possibilidades* e da *fragilidade das adversidades* que impediram sua implementação. Na versão de Adorno, a teoria crítica é esse testemunho – e isso justifica a metáfora da mensagem na garrafa.

No "Pós-escrito" à sua última obra-prima, *La Misère du Monde*,[15] Bourdieu mostrou que o número de personalidades do cenário político capazes de compreender e articular as expectativas e demandas de seus eleitores está encolhendo rapidamente – o espaço político é voltado para dentro e tende a se fechar sobre si mesmo. Ele precisa ser escancarado novamente, o que só pode ser feito trazendo problemas e anseios "privados", frequentemente incipientes e desarticulados, para a relevância direta no processo político (e, consequentemente, vice-versa).

Porém é mais fácil dizer isso do que fazer, pois o discurso público está inundado das "prenoções" de Émile Durkheim – pressupostos raramente explicitados de forma aberta e menos frequentemente ainda esmiuçados, empregados de maneira acrítica sempre que a experiência subjetiva é alçada ao nível do discurso público e problemas privados são categorizados, reciclados em discurso público e novamente representados como temas públicos. Para prestar seu serviço à experiência humana, *a sociologia precisa começar limpando o terreno*. A avaliação crítica de *prenoções* tácitas ou estridentes deve proceder em conjunto com um esforço para tornar visíveis e audíveis os aspectos da experiência que normalmente ficam além dos horizontes individuais ou abaixo do limiar da consciência individual.

Um momento de reflexão vai mostrar, contudo, que alcançar uma consciência dos mecanismos que tornam a vida dolorosa ou mesmo impossível não significa que eles já estejam neutralizados – trazer à luz as contradições não significa que elas tenham sido resolvidas. Há um caminho longo e tortuoso entre o reconhecimento das raízes do problema e sua erradicação, e dar o primeiro passo não garante de forma alguma que outros passos venham a ser dados, muito menos que o caminho será percorrido até o fim. E, no entanto, não há como negar a importância crucial do começo – de desnudar a complexa rede de elos causais entre as dores sofridas individualmente e as condições coletivamente produzidas. Na sociologia, e mais ainda em uma sociologia que se esforça por estar à altura de sua tarefa, o começo é ainda mais decisivo do que em outras áreas; é o primeiro passo que indica e pavimenta o caminho para a retificação que de outro modo não iria existir, muito menos ser notada.

Com efeito, precisamos repetir com Pierre Bourdieu: "*Aqueles que têm a chance de dedicar suas vidas ao estudo do mundo social não podem recolher-se, neutros e indiferentes, diante da luta da qual a aposta é o futuro do mundo*".[16]

Seu dever (nosso, dos sociólogos) é, em outras palavras, o dever da esperança. Mas em que devemos depositar nossa esperança?

Como se afirmou anteriormente, nenhuma das acusações gêmeas lançadas por Marx contra o capital quase dois séculos atrás – sua destrutividade e sua iniquidade moral – perdeu algo que seja de sua atualidade. O que mudou foi apenas o escopo do desperdício e da injustiça: ambos adquiriram agora *dimensões planetárias*. E assim também a formidável tarefa da emancipação – sua urgência estimulou o estabelecimento, mais de meio século atrás, da Escola de Frankfurt, orientando desde então seus trabalhos, e também animou a vida e a obra de Ralph Miliband.

Permitam-me observar, contudo, que é a elite do conhecimento, cada vez mais "transnacional", a classe cada vez mais assertiva e ruidosamente *extraterritorial* dos criadores e manipuladores de símbolos, que se coloca na linha de frente da "globalização" – esse termo taquigráfico que significa o enfraquecimento genuíno ou suposto, gradual mas inexorável da maior parte das distinções territorialmente fixadas e a substituição dos grupos e associações territorialmente definidos pelas "redes" eletronicamente mediadas, indiferentes ao espaço físico e desprendidas do apego a localidades e soberanias localmente circunscritas. E permitam-me assinalar que é o conhecimento da elite, em primeiro lugar e acima de tudo, que vivencia sua própria condição como "transnacional", e que é essa experiência que ela tende a reprocessar, transformando-a na ideia de "cultura global" e de "hibridização" (a denominação atualizada da desacreditada noção de "caldeirão cultural") como sua tendência dominante – uma imagem que a parcela restante da humanidade, com menos mobilidade, pode muito bem achar difícil de adotar como representação adequada de suas próprias realidades cotidianas.

O pacto entre "os intelectuais" e o "povo" que eles um dia pretenderam soerguer e conduzir no rumo da história, da liberdade e da coragem da autoafirmação, foi rompido – ou melhor, revogado tão unilateralmente quanto fora anunciado no limiar da Era Moderna. Os descendentes dos intelectuais de outrora, a atual "elite do conhecimento", tendo compartilhado a "secessão dos satisfeitos", agora se movem em um mundo profundamente diverso, e decerto não sobreposto, dos muitos e diferentes mundos em que as vidas e expectativas (ou ausência delas) do "povo" são ocultas e trancadas.

O preceito de Adorno de que a tarefa do pensamento crítico "não é a conservação do passado, mas a redenção das esperanças do passado" nada perdeu de sua atualidade. Mas é precisamente por ser atual, em circunstâncias que mudaram de forma radical, que o pensamento crítico precisa se repensar continuamente a fim de permanecer à altura de sua tarefa. Dois temas devem ocupar um lugar especial na agenda desse repensar.

Em primeiro lugar, a esperança e a oportunidade de atingir um equilíbrio aceitável entre liberdade e segurança, essas duas condições *sine qua non* da sociedade humana, cuja compatibilidade não é autoevidente, embora sejam igualmente cruciais, devem ser colocadas no centro do esforço desse repensar. E, em segundo lugar, entre as esperanças do passado que precisam ser mais urgentemente redimidas, aquelas preservadas na "mensagem na garrafa" de Kant, suas *Ideen zur eine allgemeine Geschichte in weltbürgerliche Absicht*, podem reivindicar justificadamente o status de metaesperança: de uma esperança que pode tornar – vai tornar, deve tornar – possível o ato corajoso de ter esperança. Qualquer que seja o novo equilíbrio entre liberdade e segurança, ele deve ser imaginado em escala planetária.

Digo "deve" (verbo para ser usado apenas em circunstâncias extremas) porque a alternativa a prestar atenção, e urgentemente, às proféticas advertências de Kant é o que Jean-Pierre Dupuy descreveu como "catástrofe inevitável", ao mesmo tempo em que assinalava que profetizar o advento dessa catástrofe de modo tão passional e tonitruante quanto possível é a única chance de tornar evitável o inevitável – e talvez até tornar o inevitável impossível de acontecer.[17] "Estamos condenados à perpétua vigilância", adverte Dupuy. Um lapso de vigilância pode se revelar condição suficiente (embora apenas necessária, *sine qua non*) para a inevitabilidade da catástrofe. Proclamar essa inevitabilidade e assim "imaginar a continuação" da presença humana na Terra "como a negação da autodestruição" é, por outro lado, condição necessária (e, ao que se espera, suficiente) para que o "futuro inevitável não aconteça".

Os profetas extraíam seu senso de missão, sua determinação em seguir essa missão, assim como sua capacidade de compreendê-la, do fato de acreditarem naquilo que Dupuy deseja que acreditemos, confrontados pela catástrofe que atualmente nos ameaça. Afinal de contas, eles insistiam na iminência do apocalipse, não por sonharem com lauréis acadêmicos e portanto desejarem que seu poder de predição fosse demonstrado, mas porque *queriam que o futuro provasse que estavam errados*, e porque não viam outra maneira de evitar que a catástrofe acontecesse senão deixando – impondo – que suas profecias fossem refutadas.

Podemos profetizar que, a menos que seja controlada e domada, nossa globalização negativa, alternando-se entre privar os livres de sua segurança e oferecer segurança na forma de não liberdade, torna a catástrofe *inescapável*. Sem que essa profecia seja feita e tratada seriamente, a humanidade pode ter pouca esperança de torná-la *evitável*. O único início promissor de uma terapia contra o medo crescente e, em última instância, incapacitante é compreendê-lo, até o seu âmago – pois a única forma promissora de continuar com ela exige que se encare a tarefa de cortar essas raízes.

O século vindouro pode muito bem ser a época da derradeira catástrofe. Ou pode ser o tempo em que um novo pacto entre os intelectuais e o povo – agora significando a humanidade em seu conjunto – seja negociado e trazido à luz. Esperemos que a escolha entre esses dois futuros ainda nos pertença.

· Notas ·

Introdução (p.7-33)

1. Lucien Febvre, *Le Problème de l'incroyance au XVIe siècle*, A. Michel, 1942, p.380.
2. Cit. de Alain Finkielkraut, *Nous autres, modernes*, Ellipses, 2005, p.249.
3. Hughes Lagrange, *La Civilité à l'épreuve. Crime et sentiment d'insécurité*, PUF, 1996, p.173s.
4. Ver Craig Brown, *1966 and All That*, Hodder and Soughton, 2005; aqui citado segundo o resumo publicado no *Guardian Weekend*, 5 nov. 2005, p.73.
5. Ver Thomas Mathiesen, *Silently Silenced: Essays on the Creation of Acquiescence in Modern Society*, Waterside Press, 2004, p.9-14.
6. Catherine Bennett, "The time lord", *Guardian Wellbeing Handbook*, 5 nov. 2005.
7. Milan Kundera, *Les testaments trahis*, Gallimard, 1990. Publicado em inglês como *Testaments Betrayed*, Faber, 1995.
8. Ver Jacques Attali, "Le *Titanic*, le mondial et nous", *Le Monde*, 3 jul. 1998.
9. Ver Peter Applebome e Jonathan D. Glater, "Storm leaves legal system in shambles", *New York Times*, 9 set. 2005.
10. Ver Dan Barry, "Macabre reminder: the corpse on Union Street", *New York Times*, 8 set. 2005.
11. Mary William Walsh, "Hurricane victims face tighter limits on bankruptcy", *New York Times*, 27 set. 2005.
12. Ver Gary Rivlin, "New Orleans utility struggles to relight a city of darkness", *New York Times*, 19 nov. 2005.
13. "Louisiana sees faded urgency in relief effort", *New York Times*, 22 nov. 2005.
14. Jean-Pierre Dupuy, *Pour un catastrophisme éclairé. Quand l'impossible est certain*, Seuil, 2002, p.10.
15. Ibid., p.143.
16. Corinne Lepage e François Guery, *La politique de précaution*, PUF, 2001, p.16.

17. Dan Barry, op.cit.
18. Timothy Garton Ash, "It always lies below", *Guardian*, 8 set. 2005.
19. Ver Stephen Graham, "Switching cities off: urban infrastructure and US air power", *City*, 2 (2005), p.169-94.
20. Martin Pawley, *Terminal Architecture*, Reaktion 1997, p.162.
21. John Dunn, *Setting the People Free: The Story of Democracy*, Atlantic Books, 2005, p.161.
22. Ver Danny Hakim, "For a G.M. family, the American dream vanishes", *New York Times*, 19 nov. 2005.
23. Sobre isso, ver: Georg Christoph Lichtenberg, *Aphorisms*, trad. R.J. Hollingdale, Penguin, 1990, p.161.

1. O pavor da morte *(p.35-73)*

1. Ver Maurice Blanchot, *The Gaze of Orpheu*, Station Hill, 1981.
2. Ver Sandra M. Gilbert, *Death's Door: Modern Dying and the Ways we Grieve*, W.W. Norton, 2005.
3. Ver George L. Mosse, *Fallen Soldiers*, Oxford University Press, 1990, p.34s.
4. Sigmund Freud, "Thoughts for the time of war and death", in Albert Dick son (org.), *Freud, Civilization, Society and Religion*, , Penguin, 1991, p.77-8.
5. Ver Jacques Derrida, *Chaque fois unique, la fin du monde*, apresentado por Pascale-Anne Brault e Michael Naas, Galilée, 2003.
6. Ver Vladimir Jankélévitch, *Penser la mort?*, Liana Levi, 1994, p.10s.
7. Sigmund Freud, op.cit., p.78.
8. Ver Jean Baudrillard, Selected Writings, Mark Poster (org.), *Polity*, 1988, p.168.
9. Ver, de minha autoria, *Liquid Love*, Polity, 2005, cap.5: "Consumers in consumer society". [Ed.bras.: *Amor líquido*, Zahar, 2006.]
10. Ver Jean Starobinski, "Le concept de nostalgie", in Revue Diogène, *Une antologie de la vie intellectuelle au XXe siècle*, PUF, 2005, p.170ss.
11. Ver sua entrevista em *Tikkun*, jul-ago 2005, p.39-41.
12. Sigmund Freud, "Civilization and Its Discontents", in Freud, *Civilization, Society and Religion*, op.cit., p.264.

2. O medo e o mal *(p.74-95)*

1. Susan Neiman, *Evil in Modern Thought: An Alternative History of Philosophy*, Princeton University Press, 2002.
2. Jean-Pierre Dupuy, *Petite métaphysique des tsunamis*, Seuil, 2005.
3. Jean-Jacques Rousseau, "Lettre à Monsieur de Voltaire", in *Oeuvres complètes*, Pléiade, 1959, vol.4, p.1062.
4. Neiman, *Evil in modern thought*, op.cit., p.230.
5. Ibid., p.240-81.
6. Hannah Arendt, *Eichmann in Jerusalem*, Viking, 1963, p.277.
7. John P. Sabini e Mary Silver, "Destroying the innocent with a clear conscience: a sociopsychology of the Holocaust", in Joel P. Dinsdale (org.), *Survivors, Victims and Perpetrators: Essays in the Nazi Holocaust*, Hemisphere, 1980, p.330.
8. Susan Neiman, *Evil in modern thought*, op.cit., p.287.

9. Hannah Arendt, *Eichmann in Jerusalem*, op.cit., p.295.
10. Hans Mommsen, "Anti-Jewish politics and the interpretation of the Holocaust", in Hedley Bull (org.), *The Challenge of the Third Reich: The Adam von Trott Memorial Lectures*, org. por Hedley Bull, Clarendon Press, 1986, p.117.
11. Hannah Arendt, *Eichmann in Jerusalem*, op.cit., p.25-6.
12. Ver a incisiva análise das opiniões de Primo Levi sobre esse tópico em Tzvetan Todorov, *Mémoire du mal, tentation du bien*, Robert Laffont, 2000, p.260s.
13. Eduardo Mendietta, "The axle of evil: SUVing through the slums of globalizing neoliberalism", *City*, 2 (2005), p.195-204.

3. O horror do inadministrável *(p.96-125)*

1. Ver Jean-Pierre Dupuy, *Pour un catastrophisme éclairé*, Seuil, 2002, e *Petite métaphysique des tsunamis*, Seuil, 2005.
2. Ver Ivan Illich, *Limits to Medicine: Medical Nemesis: The Expropriation of Health*, Oenghin, 1977.
3. Jean-Pierre Dupuy, *Petite métaphysique des tsunamis*, op.cit., p.43.
4. Paul Taponnier, "Tsunami: je savais tout, je ne savait rien", *Le Monde*, 5 jan 2005.
5. Essa citação e as seguintes são de David Gonzalez, "From margins of society to center of the tragedy", *New York Times*, 2 set 2005.
6. Ver, de minha autoria, *Wasted Lives*, Polity, 2004. [Ed.bras.: *Vidas desperdiçadas*, Zahar, 2005.]
7. Simon Shama, "Sorry Mr. President, Katrina is not 9/11", *Guardian*, 12 set 2005.
8. Ver Max Hastings, "They've never had it so good", *Guardian*, 6 ago 2005.
9. Ver Susan Neiman, *Evil in modern thought: an alternative history of philosophy*, Princeton University Press, 2002, Introdução.
10. Ver Max Weber, in Peter Lasman e Ronald Speirs (org.), *Political Writings*, Cambridge University Press, 1994, p.359.
11. Jean-Pierre Dupuy, *Pour un catastrophisme éclairé*, op.cit., p.767.
12. Jodi Dean, "Communicative capitalism: circulation and the foreclosure of politics", *Cultural Politics*, 1 (2005), p.51-73.
13. Ver Hermann Knell, *To Destroy a City: Strategic Bombing and its Human Consequences in World War II*, Da Capo Press, 2003.
14. Ibid., p.25, 330-1.

4. O terror global *(p.126-67)*

1. Arundhati Roy, "L'Empire n'est pas invulnérable", *Manière de Voir*, n.75 (jun-jul 2004), p.63-6.
2. Milan Kundera, *L'Art du roman*, Gallimard, 1986.
3. Ver Jean-Pierre Dupuy, *Pour un catastrophisme éclairé. Quand l'impossible est certain*, Seuil, 2002, p.154.
4. Robert Castel, *L'insécurité sociale. Qu'est-ce qu'être protégé?*, Seuil, 2003, p.5.
5. Mark Danner, "Taking stock of the forever war", *New York Times*, 11 set 2005.
6. Citado de Matthew J. Morgan, "The garrison sate revisited: civil-military implications of terrorism and security", *Contemporary Politics*, 10, n.1 (mar 2004), p.5-19.

7. Michael Meacher, "Playing Bin Laden's game", *Guardian*, 11 maio 2004, p.21; Adam Curtis citado de Andy Beckett, "The making of the terror myth", *Guardian*, 15 out 2004, p.2-3.

8. Ver Richard A. Oppel Jr., Eric Schmitt e Thom Shanker, "Baghdad bombings raise a new questions about US strategy in Iraq", *New York Times*, 17 set 2005.

9. Ver "Generals offer sober outlook on Iraqi war", *New York Times*, 19 maio 2005.

10. Gary Younge, "Blair's blowback", *Guardian*, 11 jul 2005.

11. Ver Carlotta Gall, "Mood of anxiety engulfs Afghans as violence rises", *New York Times*, 30 jun 2005.

12. Ver John F. Burns, "Iraqi offensive met by wave of new violence from insurgents", *New York Times*, 30 maio 2005.

13. Ver Richard W. Stevenson, "Acknowledging difficulties, insisting on a fight to the finish", *New York Times*, 29 jun 2005.

14. Ver Dexter Filkins e David S. Cloud, "Defying US efforts, guerrillas in Iraq refocus and strenghten", *New York Times*, 24 jul 2005.

15. Ver David S. Cloud, "Insurgents using bigger, more lethal bombs, US officers say", *New York Times*, 4 ago 2005.

16. Citado de Dexter Filkin, "Profusion of rebel groups helps them survive in Iraq", *New York Times*, 2 dez 2005.

17. Paul Virilio, "Cold panic", *Cultural Politics*, 1 (2005), p.27-30.

18. Ver Elaine Sciolino, "Europe meets the new face of terrorism", *New York Times*, 1 ago 2005.

19. Ver Larry Elliott, "Rich spend 25 times more on defense than aid", *Guardian*, 6 jul 2005.

20. Michael Meacher, "Playing Bin Laden's game", op.cit.

21. Ver Maurice Druon, "Les stratégies aveugles", *Le Figaro*, 18 nov 2004, p.13.

22. Ver Mark Juergensmeyer, "Is religion the problem?", *Hedgehog Review*, primavera de 2004, p.21-33.

23. Charles Kimball, *When Religion Becomes Evil*, Harper, 2002, p.36.

24. Ver Henry A. Giroux, "Rapture politics", *Toronto Star*, 24 jul 2005.

25. Ver Martin Bright, "Muslim leaders in feud with the BBC", *Observer*, 14 ago 2005.

26. Entrevista com Uri Avnery, *Tikkun*, set-out 2005, p.33-9.

27. Tzvetan Todorov, *Mémoire du mal, tentation du bien. Enquête sur le siècle*, Robert Laffont, 2000, p.139s; Margarete Buber-Neuman, *La Révolution mondiale*, Casterman, 1971; e "Mein Weg zum Kommunismus", in *Plädoyer für Freiheit und Menschlichkeit*, Hentrich, 2000.

28. Ver Jad Mouawad, "Katrina's shock to the system", *New York Times*, 4 set 2005.

29. Ver David Lyon, "Technology vs. 'terrorism': circuits of city surveillance since September 11, 2001", in Stephen Graham (org.), *Cities, War and Terrorism: Towards an Urban Geopolitics*, Blackwell, 2004, p.297-311.

30. Citado de Sandra Lavikke, "Victim of terror crackdown blames bombers for robbing him of freedom", *Guardian*, 4 ago 2005, p.7.

31. Ver Ian Fisher, "Italians say London suspect lacks wide terrorist ties", *New York Times*, 2 ago 2005.

32. Alan Trevis e Duncan Campbell, "Bakir to be banned from UK", *Guardian*, 10 ago 2005.
33. Ver Benjamin R. Barber em conversa com Arthur Domoslawski, *Gazeta Wyboreza*, 24-6 dez 2004, p.19-20.

5. Trazendo os medos à tona *(p.168-207)*

1. Robert Castel, *L'insécurité sociale. Qu'est-ce qu'être protégé?* Seuil, 2003, p.5.
2. Ibid., p.6.
3. David L. Altheide, "Mass media, crime, and the discourse of fear", *Hedgehog Review*, 5, n.3 (primavera de 2003), p.9-25.
4. Ver Neal Lawson, *Dare More Democracy: From Steam-Age Politics to Democratic Self-Governance*, Compass, 2005.
5. Sobre isso, ver: Thomas Frank, *One market under God*, Secker and Warburg, 2001.
6. Thomas Frank, cit. in Neal Lawson, op.cit.
7. Ver "Awash in information, patients face a lonely, uncertain road", *New York Times*, 14 ago 2005.
8. Ver *The Complete Prose of Woody Allen*, Picador, 1980.
9. *Hedgehog Review*, 5, n.3 (primavera de 2003), p.5-7.
10. Caroline Roux, "To die for", *Guardian Weekend*, 13 ago 2005.
11. Mary Douglas, *Natural Symbols: Explorations in Cosmology*, Pantheon Books, 1970, p.21s.
12. Stephen Graham, "Postmortem city: towards an urban geopolitics", *City*, 2 (2004), p.165-96.
13. Eduardo Mendietta, "The axle of evil: SUVing through the slums of globalizing neoliberalism", *City*, 2 (2005), p.195-204.
14. Ray Surette, *Media, Crime and Criminal Justice*, Brooks/Cole, 1992, p.43.
15. Loïc Wacquant, *Punir les pauvres. Le nouveau gouvernement de l'insécurité sociale*, Agone, 2004, p.11s.
16. Ver Joseph Epstein, "Celebrity culture", *Hedgehog Review*, 5, n.3 (primavera de 2005), p.7-20.
17. Richard Rorty, "Love and money", in Rorty, *Philosophy and Social Hope*, Penguin, 1999, p.233.
18. John Dunn, *Setting the People Free*, Atlantic Books, 2005, p.161.
19. Lawrence Grossberg, *Caught in a Crossfire*, Paradigm, 2005, p.112.
20. Polly Toynbee, "Free-market bucaneers", *Guardian*, 19 ago 2005.
21. Ver Andy Beckett, "The making of the terror myth", *Guardian*, 15 out 2004, G2 p.2-3.
22. Ver Hughes Lagrange, *Demandes de sécurité*, Seuil, 2003.
23. Ver Deborah Orr, "A relentless diet of false alarms and terror hype", *Independent*, 3 fev 2004, p.33.
24. Richard Norton-Taylor, "There's no such thing as social security", *Guardian*, 19 ago 2005.
25. Ver "War on terror fuels small arms trade", *Guardian*, 10 out 2003, p.19.
26. Ver Connor Gearty, "Cry freedom", *Guardian*, G2, 3 dez 2004, p.9.
27. Ver, em particular, o arquivo confidencial de aproximadamente 2 mil páginas do setor de investigações criminais do Exército americano, obtido pelo *New York Times* e publicado em 28 de maio de 2005.

28. Ver Neil A. Lewis, "Interrogators cite doctors' aid at Guantanamo", *New York Times*, 24 jun 2005.
29. Ver Eric Schmitt e Thom Shanker, "New posts considred for US commanders after abuse", *New York Times*, 20 jun 2005.
30. Andy Beckett, "The making of the terror myth", *Guardian*, 15 out 2004.
31. Ver Victor Grotowicz, *Terrorism in Western Europe: In the Name of the Nation and the Good Cause*, PWN (Varsóvia), 2000.
32. Tzvetan Todorov, *Mémoire du mal, tentation du bien*, Robert Laffont, 2000, p.47.
33. Ver, de minha autoria, *In search of politics*, Polity, 2000. [Ed.bras.: *Em busca da política*, Zahar, 2000.]
34. Citado de Ken Hirschkop, "Fear and democracy: an essay on Bakhtin's theory of carnival", *Associations*, 1 (1997), p.209-34.
35. Tzvetan Todorov, op.cit., p.47.
36. Richard Rorty, *Achieving our Country*, Harvard University Press, 1998, p.83-4.
37. Ibid., p.88.
38. Max Hastings, "They've never had it so good", *Guardian*, 6 ago 2005.

6. O pensamento contra o medo *(p.208-29)*

Esse capítulo é uma versão editada da Conferência Miliband proferida na London School of Economics em novembro de 2005.
1. Ver Jacques Derrida, *Chaque fois unique, la fin du monde*, apresentado por Pascale-Anne Brault e Michael Naas, Galilée, 2003.
2. Ver Alain Finkielkraut, *Nous autres, modernes*, Ellipses, 2005, p.245.
3. Ver a carta de Adorno a Benjamin datada de 18 de março de 1936, in Theodor Adorno e Walter Benjamin, *Correspondence*, 1928-1940, Harvard University Press, 1999, p.127-33.
4. Ibid., p.14.
5. Theodor W. Adorno, in J.M. Bernstein (org.), *The Culture Industry: Selected Essays on Mass Culture*, Routledge, 1991, p.89.
6. Ibid., p.119.
7. Ibid., p.15.
8. Ibid., p.128.
9. Ibid., p.292-3.
10. Theodor W. Adorno e M. Horkheimer, *Dialectic of Enlightenment*, Verso, 1989, p.263.
11. Theodor W. Adorno, *Critical Models*, Columbia University Press, 1998, p.263.
12. Ibid., p.92.
13. Theodor W. Adorno, *Minima moralia*, trad. E.F. N. Jephcott, Verso, 1974, p.25.
14. Ibid., p.26.
15. *La Misère du monde*, sob a direção de Pierre Bourdieu, Seuil, 1993, p.1449-554. Ver também Pierre Bourdieu et al., *The Weight of the World*, Polity, 1999.
16. Claude Lanzmann e Robert Redeker, "Les méfaits d'un rationalisme simplificateur", *Le Monde*, 18 set 1998, p.14.
17. Ver Jean-Pierre Dupuy, *Pour un catastrophisme éclairé. Quand l'impossible est certain*, Seuil, 2002, p.167.

· Índice remissivo ·

A
adiaforização, 113-9
Adorno, Theodor, 219-27
agente histórico, 209-11, 214-5, 218-20
Ajar, Émile, 7
Altheide, David L., 172, 186
Althusser, Louis, 218
Arendt, Hannah, 81-6, 89, 116, 120, 202
Ash, Timothy Garton, 25-6
Attali, Jacques, 20, 98, 190
Avnery, Uri, 148

B
Bacon, Francis, 110
Bakhtin, Michail, 124, 202
banalização da morte, 56-63
Barry, Dan, 25
Barthes, Roland, 58
batalhas por reconhecimento, 184-5
Baudrillard, Jean, 63
Beck, Ulrich, 189
Bellah, Robert, 70
Benjamin, Walter, 220
Bennett, Cathrine, 14
Bernstein, Basil, 183
Bernstein, Eduard, 213-4, 216
Blanchot, Maurice, 45
Bloch, Ernst, 60

Bourdieu, Pierre, 191, 225
Bousquet, Pierre de, 141-2
Brown, Craig, 12
burocracia, 115-6
Bush, George W., 134, 147

C
cartão de crédito, 15-7
Castel, Robert, 132, 168-9, 171
Castoriadis, Cornelius, 201
catástrofes, 24-5, 80-1, 96-100, 119-20, 228-9
Cervantes, Miguel de, 7
Clarke, Charles, 195
Clarke, Peter, 142
confiança, 90-4
Conrad, Joseph, 25
cosmopolitas, 190, 226-8
Curtis, Adam, 134, 193, 198

D
Danner, Mark, 133-4, 139
Dante Alighieri, 44
Dean, Jodi, 119
débito, 15-7
defasagem moral, 120-1
déficit de regulação normativa, 180-5

Derrida, Jacques, 60-1, 208
desastre naturais *versus* enfermidades morais, 106-15, 119-20
desigualdade, 98-100
Destino, 37-8, 173-4, 179-80
desvio, 8-9, 85-6, 99-103, 122-5, 150-1
Douglas, Mary, 183-4
Druon, Maurice, 144
Dunn, John, 30, 191
Dupuy, Jean-Pierre, 24-5, 79, 96, 102-3, 117-8, 131
Durkheim, Émile, 225

E
elite global, 205-7
Ellul, Jacques, 120
Epstein, Joseph, 189
Espada, Martin, 104
exclusão, 28-30, 35-44, 66-9, 180-1

F
Febvre, Lucien, 8-9
felicidade, 67-8
fetichismo tecnológico, 119-20
Feuchtwanger, Lion, 321
Finkielkraut, Alain, 214
Foucault, Michel, 219
Frank, Thomas, 175
Freud, Sigmund, 57, 61, 73, 222
Fromm, Erich, 221

G
Gearty, Conor, 196-7
Giddens, Anthony, 67
Gilbert, Sandra M., 46
Giroux, Henry A., 147
globalização negativa, 126-33, 142-3, 150-1, 165-7, 175-6, 189-92, 206-7, 228-9
Goffman, Erving, 92
Gonzalez, David, 104
Goytisolo, Juan, 85, 97
Graham, Stephen, 28, 186-7
Gramsci, Antonio, 209, 216-7
Grossberg, Lawrence, 191

Grotowicz, Victor, 198-9
guerra ao terrorismo, 133-44, 195-200, 205-6

H
Habermas, Jürgen, 193, 223
Hadith, Jamiat Ahli, 148
Hastings, Max, 107, 206-7
Hobbes, Thomas, 21
Hoffman, Jan, 178
Hugo, Victor, 8
Husserl, Edmund, 29, 79
Huxley, Aldous, 44

I
Illich, Ivan, 99-100
imortalidade impessoal, 52-5
implosão da civilização, 20-1, 25-8
incerteza, 8-9, 129-33, 166-7, 202-4
insegurança, 9-11, 132-3, 158-60, 170-1, 175-8
intelectuais, 208-11, 214-20, 223-4, 226-9
Islã *versus* Ocidente, 151-8

J
Jankélévitch, Vladimir, 61, 64
Jonas, Hans, 72, 120, 130-1
Juergensmeyer, Mark, 145

K
Kant, Immanuel, 87-8, 113, 228
Kimball, Charles, 146
Knell, Hermann, 122
Kundera, Milan, 19, 128

L
Lagrange, Hughes, 9, 194
Lawson, Neal, 175-6
Lênin, Vladimir, 213-5
Lepage, Corinne, 25
Levi, Primo, 90
Lichtenberg, Georg Christoph, 32
limites do crescimento, 100-3
Lukács, Geörgy, 215-8
Lyon, David, 160

M

Marx, Karl, 210-21, 226
Mathiesen, Thomas, 13
McCall, Davina, 40
Meacher, Michael, 134, 144
Mecanização ética, 115-7
medo da inadequação, 124-5, 132-3, 166-7
medo derivado, 9-11, 44-6
medos deslocados, 173-5, 187-9
Mendietta, Eduardo, 92, 187
"mensagem na garrafa", 223-4, 228-9
Miliband, Ralph, 208-9, 227
Mill, John Stuart, 129
Mohawad, Jad, 154-5
morte metafórica, 65-6
morte
 desconstrução da, 56-9
 substituto da, 48-51
 uma ou duas vezes removida, 62-7
Mosse, George L., 53-4

N

Neiman, Susan, 79-80, 85, 108
Neumann, Johan von, 117-8
Norton-Taylor, Richard, 196

O

Orr, Deborah, 195-6
Orwell, George, 39

P

pânicos de segurança, 170-1, 187-8, 193-5
perigo, 9-25, 68-9, 72-3, 168-9
Platão, 216
Popper, Karl, 126
Prescott, John, 164
progresso, 181

R

regionalização da política, 146-50
Renan, Ernest, 203
risco, 18-20, 128-33
Roosevelt, Franklin Delano, 7, 204
Rorty, Richard, 190, 192, 205
Rousseau, Jean-Jacques, 79-80, 172
Roux, Caroline, 183
Roy, Arundhati, 127
Rumsfeld, Donald, 133, 156, 198

S

Sabini, John P., 83
Saint-Simon, Claude-Henri, 209
Sartre, Jean-Paul, 130
Schmitt, Karl, 164, 202
Schopenhauer, Arthur, 65
Schütz, Alfred, 120
segurança pessoal, 10-1, 169-71, 176-80, 188-9, 192-3, 200-1, 205-6
segurança, 19-20, 68-9, 169-70
Shama, Simon, 106
Silver, Maria, 83
sociedade aberta, 126-8, 165-7, 192-3
sociedade individualizada, 32-3, 49-52
solidariedade, 32-3, 91-4, 171-3, 175-8
Starobinski, Jean, 70
Surette, Ray, 188

T

Taponnier, Paul, 102-3
tendência totalitária, 150-1, 201-4, 215-6
terrorismo, 20-1, 113-6, 134-46, 158-63, 199-200
Thatcher, Margaret, 177
Titanic, síndrome do, 20-1, 27-9
Todorov, Tzvetan, 151-2, 201, 203
Toynbee, Polly, 191
tremores existenciais, 173-81
Truman, Harry, 121

U

universalização, 97-100

V

Virilio, Paul, 140
Voltaire, 80, 109, 111
vulnerabilidade, 9-11

W

Wacquant, Loïc, 188
Weber, Max, 84, 112, 115-6
Wittgenstein, Ludwig, 210

ESTA OBRA FOI COMPOSTA POR FUTURA EM AVENIR E MINION PRO
E IMPRESSA EM OFSETE PELA GRÁFICA PAYM SOBRE PAPEL PÓLEN SOFT
DA SUZANO S.A. PARA A EDITORA SCHWARCZ EM MARÇO DE 2022

A marca FSC® é a garantia de que a madeira utilizada na fabricação do papel deste livro provém de florestas que foram gerenciadas de maneira ambientalmente correta, socialmente justa e economicamente viável, além de outras fontes de origem controlada.